꿈을
이루려면
포기하지 마라

꿈을 이루려면 포기하지 마라 / 지은이: 윤정일. -- 횡성군 : 민사고, 2013 p. ; cm

ISBN 978-89-92526-26-5 03370 : ₩12000 교직 생활[教職生活] 교육 수필[教育隨筆]

370.4-KDC5 370.2-DDC21 CIP2013008962

꿈을 이루려면 포기하지 마라

초판 1쇄 발행일 | 2013년 6월 20일

지은이 | 윤정일
펴낸이 | 최경종
펴낸곳 | 도서출판 민사고

등록번호 | 제99-1호
주소 | 강원도 횡성군 안흥면 봉화로 800
　　　　서울 마포구 합정동 198-49 한이빌딩 601호
전화 | 02-333-8570
팩스 | 02-333-8590

www.minsago.com

ⓒ 윤정일, 2013

ISBN 978-89-92526-26-5 03370

- 본서의 내용과 편집 체제의 무단 전재 및 복재를 금합니다.
- 잘못된 책은 바꿔 드립니다.
- 가격은 표지 뒷면에 있습니다.

꿈을 이루려면 포기하지 마라

윤정일 민족사관고등학교 교장

민사고

CONTENTS

프롤로그
　　하면 된다, 할 수 있다. 해보자! · 8

1. 8·15광복과 6·25전쟁
　　한글보다 먼저 배운 일본어 · 16
　　여러 세대가 함께한 수업시간 · 20
　　온 마을 잔치 가을 운동회 · 26
　　대학입시보다 치열했던 중학교 입시 · 31

2. 측백나뭇잎과 피아노 소리
　　걸어 다니는 사전이라 불린 소년 · 36
　　눈이 오나 비가 오나 · 39
　　아버지! 애들 학교 가는데요 · 43
　　공부가 가장 쉬웠어요 · 47

3. 교육계에 몸담게 된 시발점
　　내가 그린 미래상과 엇갈린 사범학교 입학 · 52
　　자취부터 하숙 생활까지, 그때 그 시절 · 56
　　국영수보다 예체능을 강조했던 사범 교육 · 59
　　과학은 가르쳐질 것이 아니라 발견되어야 · 62
　　하루 20시간 이상 공부하며 홀로 대입 준비를 하다 · 66
　　혀를 깨물며 한강 철교를 넘다 · 69
　　전무후무한 대학별 본고사 · 73

4. 후회 없는 대학 생활

1인 6역을 소화했던 대학 생활 · 78
일찍이 우리 교육의 발전 방안을 모색하다 · 82
말 한마디에 천 냥 빚도 갚는다 · 86
수혜 환원의 기쁨을 가르쳐준 양우장학금 · 89
강인한 체력과 정신력의 산실 서울대 럭비 팀 · 92
우리나라에 교육 연구를 도입, 정착시키다 · 96
모두가 최고가 되는 완전학습 이론 · 99

5. ROTC에서 중위 제대까지

ROTC 합격으로 매력남 인증 받다 · 104
인세 가면 언세 오나 원통해서 못 살겠네 · 108
오색에 4H회관을 지어주다 · 111

6. 친정집 같은 대한교육연합회

생애 최초의 직장, 대한교육연합회 · 118
광화문호텔과 연구 활동 · 121
직장생활에 필요한 거의 모든 것을 배우다 · 124

7. 스쿨버스로 인천교육대학 출퇴근

아련한 소사 복숭아밭의 향기 · 130
다시는 책 번역하지 않으리 · 133
미래를 지배할 컴퓨터 · 137

8. 젊음을 투자한 한국교육개발원

한국교육개발원으로 스카우트되다 · 142
'제1차'라는 단어 하나가 한국 교육의 선진화를 가져오다 · 145
디자인 영역까지 소화하는 만능 기획실 · 150
여보! 눈에 뵈는 게 없어? · 154
하늘이 무너져도 솟아날 구멍이 있다 · 158
교육학 박사와 경제학 박사가 차이가 있습니까? · 161
예산 절감한 효자 책이 국고 17억 원을 낭비했다? · 164
함께 문제가 된 진로교육 자료와 《소녀경》 · 168
덤으로 사는 인생, 두려움은 없다 · 172
2000년을 향한 국가 장기발전 구상 · 178
한국 교육의 질적 수준을 책임지는 한국교육개발원 · 181

9. 청운의 꿈을 품고 미국 유학

유학 떠나는 사람을 열 번 환송하면 유학 갈 수 있다 · 186
꿈에 그리던 입학허가서를 받았는데 · 190
오헤어공항에서 친구 찾는 방송 · 194
학기 중간에 등록금을 돌려받다 · 196
이틀 만에 운전면허증 취득 · 197
문화충격 앞에 혀를 내두르다 · 200
맞은편 기숙사 불이 다 꺼질 때까지 · 203
처음으로 온가족 초청의 문을 열다 · 207
효자 역할 톡톡히 한 컴퓨터 프로그래머 자격증 · 209
피 말리는 논문 자격시험 · 213
최우수 박사 학위 논문상 수상 · 215
누구는 석양을 등에 지고 여유롭게 낚시질하는데 · 218
새 차 살까? 귀국행 비행기 표 살까? · 223

10. 소풍가는 기분으로 출근한 서울대

직장 생활의 종착역 · 228
연구원의 출근시간은 아침 7시 · 233
교육 행정가의 자질 향상은 교육행정연수원에서 · 238
250억 원의 도서관 지원금 · 243
대선공약과 대선토론 · 249
학교바로세우기 실천연대(NGO) · 254
관악구 주민이라는 자긍심을 함께 나누다 · 258
Welcome to Homecoming Day · 264
와인 한잔으로 회의 분위기를 바꾸다 · 268
교육학학회 창설의 선구자 · 272
서울대 장기 발전 계획 수립 · 278

11. 꿈의 고등학교 민사고에서

소중한 인연의 끈이 돌아 민사고 교장에 서다 · 284
학교장 취임사 · 290
건강을 잃으면 모두 다 잃는 것이다 · 295
학교행정체제 확립 · 299
우리는 모두 강원도 횡성군 안흥면 주민 · 303
조금은 불편해도 안전할 수만 있다면 · 307
교원 평가를 반영한 인센티브제도 도입 · 312
G-20 High School에 정식 가입하기까지 · 315
14년간 방치됐던 여학생 기숙사 완공 · 318

에필로그

청소년들이여, 용감해라 · 322

| 프롤로그 |

하면 된다, 할 수 있다. 해보자!

■■■

　내가 이 책을 쓴 이유는 내 삶을 자랑하고 싶어서도, 단순히 기록으로 남기고 싶어서도 아니다. 많은 청소년들이 내 이야기를 읽고 용기를 얻어 꿈을 키우고, 자신의 꿈을 실현하기 위해 노력하기 바라는 마음에서이다. 다분히 교육적인 목적을 가지고 내 삶을 하나씩 이야기하려고 한다. 시골에서 농부의 아들로 태어났지만 논밭에서 일하는 것보다 공부하는 것이 훨씬 쉽고 재미있어서 공부에 매달렸던 소년이 어떤 생각을 하고 어떻게 일생을 살았는지 진솔하게 그리고자 한다.
　무더운 여름날 콩밭을 매 보지 않고는 "콩밭 매는 아낙네야 베적삼이 흠뻑 젖는다. 무슨 설음 그리 많아 포기마다 눈물 심느냐"라는 노랫말을 이해할 수 없다. 34~35도 되는 땡볕 아래서 밭 매고 논을 매 본 경험이 있어야 농부의 어려움을 어렴풋이 이해할 수 있는 것이다.

예부터 농사짓는 일은 자식 키우는 것과 같다고 했다. 그래서 어르신들이 '자식 농사'라는 표현을 쓰지 않는가. 농작물은 농부의 발소리를 듣고 자란다고 한다. 자주 가서 살펴보면서 김도 매주고, 거름이나 물도 제때에 주어야 쑥쑥 자라고 많은 결실을 맺는다. 집 앞 텃밭의 작물이 잘되는 이유는 바로 빈번하게 들여다보며 보살피고, 필요한 조치를 적기에 해주기 때문이다.

몇 년 전, 서울대학교 농업생명과학대학이 경기도 곤지암에 농장을 조성해 서울대 교수들에게 주말농장을 분양해준 적이 있다. 그때 나도 동료 교수들의 권유에 흔쾌히 참여해 한 해 농사를 지어보았다. 마침 동료 중에 주말농장을 몇 년째 해온 경험 많은 교수가 있었다. 그 교수는 이렇게 해야 농작물이 잘되고, 저렇게 해야 많은 수학을 올릴 수 있다는 등 나에게 여러 가지 정보를 주었다. 그러나 나는 동료 교수의 조언이 아닌, 어릴 적 농촌에서 아버지를 따라다니며 배우고 경험한 대로 작물을 심고 가꾸었다. 몇 달 후, 주말농장 선배들의 기우에도 불구하고 처음으로 주말농장을 하는 내 밭에는 상추, 오이, 호박 등이 아주 탐스럽게 열렸다. 가을에는 배추와 무가 다른 어느 집의 것보다 속이 꽉 차고 굵어서 아마 농작물 품평대회를 했다면 당연히 내가 1등을 했을 것이다.

어렸을 적 농사일을 해봤다고 하나 아주 오래 전 일이고, 처음으로 농사를 지은 내 밭의 작물이 잘 자란 이유는 바로 매주 농장에 가서 열심히 보살핀 데 있다. 주말마다 내가 못 가면 딸네 식구들이 가서 보살폈던 것이다.

프롤로그 9

나는 농부와 교육자가 동일하다고 생각한다. 농부는 벼 한 톨, 쌀 한 톨을 금쪽 같이 생각한다. 가을에 벼 타작을 하고 나서 뒷마무리 할 때 또는 벼를 멍석에 말릴 때 벼 한 톨이라도 마당에 떨어져 있으면 반드시 주어 담는다. 콩 한 톨, 옥수수 한 톨, 보리 한 톨을 마치 사람의 생명처럼 존귀하게 여기는 것이 농부의 마음이다. 곡식 한 톨을 소홀히 하는 것은 마치 중죄를 짓는 것으로 인식한다.

나는 철이 들면서 아버지가 말씀하지 않아도 자연스럽게 스스로 곡식 낱알을 대단한 보물처럼 생각하고 귀하게 여겼다. 내가 교육자의 길을 택하게 된 것도 농촌에서 농부의 생활 태도를 보고 배운 영향이 아닌가 생각한다. 교육에서도 학생 한 명 한 명을 천금처럼 여긴다. 어떠한 학생도 절대 포기하지 않고 끝까지 바른길로 인도하려고 최선의 노력을 쏟는다. 학생을 포기하는 사람은 이미 교육자가 아니다. 99마리 양을 두고 길 잃은 양 한 마리를 찾아 헤매듯이 교육자는 앞선 학생보다는 조금 뒤처지고 외로운 학생을 바른길로 인도하고 교육하는 데 모든 심혈을 기울인다.

나는 전형적인 농촌학교인 화곡국민학교를 졸업하고, 괴산중학교에 입학하여 매일 20리 길을 하루도 빠지지 않고 3년간 걸어서 통학했다. 중학교 졸업 후, 국민학교 교사가 되기 위해서 청주사범학교를 다녔고, 다시 중등교사 자격을 받을 수 있는 서울대학교 사범대학을 다녔다. 교육대학원에서 교육학 석사 학위를 받고, 미국에 유학하여 박사 학위를 받고 돌아와 한국교육개발원 연구원, 서울대학교 사범대학교수와 학장을 역임하였다. 현재는 꿈의 고등학교이며 명품교육의 대명사이며 세계 최고의 고등학교들로 구성된 G-20 High School의 회원교인 민족사관고등학교의 교장으로 일하고 있다.

나는 이러한 나의 삶과 경험을 이 책에 가감 없이 보여주고자 한다. 내 자서전이 꿈을 키우고 있는 청소년들에게 용기를 주고, 어려움과 갈등에 직면할 때 바른길로 인도할 수 있기를 바란다. 이 책을 읽는 사람들이 '나도 할 수 있다'는 자신감을 얻는다면 더 이상 바랄 것이 없다.

나는 평생 동안 교육자로 살아왔기 때문에 용기를 필요로 하고, 도움을 필요로 하는 사람들을 위해 이 자서전을 마지막 강의 원고라고 생각하고 썼다. 윈스턴 처칠은 이런 말을 했다. "A pessimist sees the difficulty in every opportunity, An optimist sees the opportunity in every difficulty."

그렇다. 어떤 문제에 부딪혔을 때 긍정적이고 적극적인 사고는 문제를 해결하는 데 도움이 된다. 부정적이고 소극적인 태도와 생각은 문제해결은커녕 더욱 더 악화시키는 결과를 초래할 수 있다. 사람은 누구나 일생을 살면서 이러저러한 여러 가지 어려움에 직면하게 된다. 순풍에 돛달고 평탄하게 항해하듯이 일생을 살면 좋겠지만 이는 한낱 희망에 불과하다. 평온한 바다를 유유히 달리던 배는 곧 세찬 바람과 격랑을 만나 이리저리 흔들리고 방향을 잃어 갈팡질팡한다. 이때 포기하면 모든 것이 끝이다. 고생도 행복도 아무 의미 없다. 더 이상의 삶이 없기 때문이다. 그러나 끝까지 포기하지 않고 여기서 좀 더 참고 노력하면, 파도 너머 하얀 백사장이 펼쳐진 해변에 도달할 수 있다는 긍정적인 생각으로 키를 놓치지 않고 온 힘을 다하면 난관을 극복할 수 있다.

포기하지 않고 "하면 된다. 할 수 있다. 해보자!"는 신념과 태도를 가지고 황소처럼 뚜벅뚜벅 전진하면 성공할 수 있다. 어떠한 어려움이 있더라도 절대 포기하지 말기 바란다. 한 우물을 계속파면 결국 물은 솟아나오게 마련이다. 과학자는 실패라 하지 않고 실험이라고 한다. 성공할 때까지 끊임없이 실험을 한다. 과학자가 실험을 포기하면 성공을 포기하게 되는 것이다.

자서전을 쓰기 위해서는 대단한 용기가 필요했다. 자신이 살아온 과거-그것이 부끄러운 것이든 자랑스러운 것이든-를 남에게 투명하게 보인다는 게 쉬운 일은 아니기 때문이다. 더구나 별로 내세울 것 없는 평범한 사람이 문학 작품으로서의 자서전이 아니라 있는 그대로의 자서전을 쓴다는 것은 참으로 어려운 작업이었다. 그러나 지금까지 나는 어떤 어려운 경우에도 좌절하거나 물러서지 않고 순간마다 최선을 다하며 긍정적, 적극적으로 대처해왔다. 평탄한 삶보다는 오히려 어렵고 힘든 상황을 해결하고 개척하는 것을 즐겼다. 일을 두려워하기보다는 일을 일부러 찾아서 용감하게 도전해왔다. 어떤 지위와 역할이 부여되던 간에 현실에 안주하며 무사 안일한 태도를 갖기보다는 언제나 개선하고 개혁하기 위하여 노력하였다.

우리 청소년들에게 꿈과 희망을 주고, 그들의 용기를 북돋고 도전의식을 고취하기 위하여 집필한 이 자서전이 그 목적을 충실히 달성하기 바란다. 이 책이 그들에게 지금은 조금 힘들고 어려운 상황이지만 보다 나은 내일을 위한 용기와 도전의 동기부여가 될 수 있다면 더 이상 바랄 게 없다.

①
8·15 광복과
6·25 전쟁

당시에는 무엇이 옳고 그른지 전혀 알지 못했다.
학교를 다니는 학생들이 일본어를 쓰니 그게 좋은 것인 줄 알았다.
해방이 되고 나서도 시골에서 일본어를 사용하는 습관은 한동안 지속되었다.
일본이 패망하고 일본 사람들이 물러갔음에도 불구하고
왜 이런 현상이 지속되었는가는 훗날 교육정책을 연구하면서 알게 되었다.
8·15광복 후에 교육에서 가장 큰 문제는
우리말 교과서와 가르칠 교사가 없었기 때문이다.

한글보다
먼저 배운 일본어

...

　세 살 때 해방을 맞고, 초등학교(과거에는 국민학교라는 명칭을 사용함) 2학년 때 민족의 비극인 6·25전쟁을 경험하게 되었으니 나는 교육적인 측면에서 결코 평탄한 출발이 아니었다. 학교에 입학하기 전부터 언어의 혼란을 경험하였으며, 입학해서는 학교생활에 익숙해지기도 전에 피난길에 올라야 했다. 그러니 초등학교 전 과정이 온전하고 정상적일 수가 없었다. 모든 것이 임시변통이었고 비정상적이었다. 돌이켜 생각해보면 그런 열악한 환경 속에서 중단 없이 교육을 지속하였다는 것이 꿈만 같다. 아마도 당시 부모님들의 교육열과 학생들의 향학열이 대단히 높았기 때문에 가능한 일이었으리라 생각한다.

　6남매 중 다섯째로 태어난 나는 어려서부터 우리말과 함께 일본어를 배울 수밖에 없었다. 학교에 다니는 누나 형들이 일본어로 된 교과서를 가지고 공부하고, 일상생활에서도 학교에서 배운 대로 일본어를 사용하는 환경이다 보니 취학 전인 나는 자연스럽게 우리말과 일본어를 배울 수밖에 없었다. 한글을 배우기도 전에 일본어를 어깨너머로 따라 읽고, 동네 친구들 이름도 일본 이름으로 불러야 했으니 얼마나 혼란스럽고 힘들었겠는가.

당시에는 무엇이 옳고 그른지 전혀 알지 못했다. 학교를 다니는 학생들이 일본어를 쓰니 그게 좋은 것인 줄 알았다. 해방이 되고 나서도 시골에서 일본어를 사용하는 습관은 한동안 지속되었다. 일본이 패망하고 일본 사람들이 물러갔음에도 불구하고 왜 이런 현상이 지속되었는가는 훗날 교육정책을 연구하면서 알게 되었다. 8·15광복 후에 교육에서 가장 큰 문제는 우리말 교과서와 가르칠 교사가 없었기 때문이다.

내가 다닌 화곡국민학교(禾谷國民學校)는 충북 괴산군 사리면 이곡리 도로변의 양지바른 산기슭에 자리 잡고, 이 마을 저 마을을 가까이 혹은 멀리 내려다보고 있다. 증평에서 괴산 쪽으로 오면서 모래재를 넘어 조금만 내려오면 눈앞에 높은 언덕 위에 울창한 상록수 사이로 아담하게 보이는 건물이 바로 내가 다닌 학교이다. 마을에서 가장 좋은 명당자리에 학교가 있다. 특히 교문에서 학교를 바라보면 학교 오른쪽 산자락에 600년 이상 된 느티나무가 있는데, 그 위풍당당함이 학교를 더욱 아름답게 보이게 했다. 이 느티나무는 여름철에는 시원한 야외학습장을 제공했고, 가을이면 예외 없이 그네가 매어져 쉬는 시간마다 학생들을 유혹했다. 졸업생들 모두에게 아기자기한 추억을

필자가 다닌 화곡초등학교

만들어준 나무이다.

　화곡학교는 지역유지인 이태호 선생이 학교 대지를 제공하고, 김태용 선생이 학교 설립에 필요한 자금을 출연하여 설립한 학교이다. 따라서 설립자가 지방 자치단체가 아니라 개인이기 때문에 공립학교라기보다는 사립학교라고 해야 옳을 것이다. 그런데 왜 공립학교로 설립인가를 받았는지는 의문이다. 일제 치하였던 1940년 5월 21일에 사리 제2공립 심상소학교로 설립인가를 받고 6월 21일에 개교하였으며, 1941년 4월 1일에 '화곡국민학교'로 개명하였다. 6·25전쟁으로 북한 인민군이 점령했을 당시에는 잠시 동안 '조선민주주의인민공화국 화곡국민학교'로 개칭되었다가 수복과 동시에 원래의 교명을 되찾았고, 1996년 3월 1일부터 일제의 잔재를 청산하는 의미에서 '화곡초등학교'로 개명, 1999년 3월 1일부터 '보광초등학교화곡분교'로 개명되어 현재까지 유지되어왔다. 그러나 이농현상과 출산율의 저하로 학생 수가 지속적으로 감소하여 2013년에는 재학생이 9명에 불과했다. 결국 학부모 9명 전원과 동문회 임원들이 보광초등학교로의 통합요청서와 건의서를 교육청에 제출, 교육청은 이 건의를 받아들여 2013년 새 학기부터 보광초등학교에 통합하도록 결정하였다.

사리 제2공립 심상소학교로 개교한 화곡초등학교는 설립 이래 72년간 약 4,000명에 달하는 졸업생을 배출하면서 지역사회의 교육·문화 센터로서 평생교육과 체육활동의 중심으로서 지역사회 발전에 크게 기여했다.

여러 세대가 함께한
수업시간

■ ■ ■

　1학년 때의 교실 풍경이 생각난다. 당시에는 취학 적령기를 훨씬 넘긴 나이 많은 학생들이 흔했다. 그러다 보니 한 교실에 두 세대가 함께 모여서 수업을 할 수밖에 없었다. 제때에 입학한 어린 학생들과 뒤늦게 입학한 나이 많은 성인 학생들이 한글 자음과 모음을 선생님의 선창에 따라 크게 외쳐대는 모습이 지금도 선하다. 뒷자리에 앉은 몇몇 성인 학생은 이미 결혼도 했고, 우리만 한 자녀도 있다고 학생들 간에 수군대는 소리가 들려오곤 했다.
　자연히 나이 많은 학생들은 쉬는 시간이면 왕처럼 호령하며 어린 학생들을 군림하려 했다. 그러나 학교생활이 괴롭지는 않았다. 왜냐하면 그들은 일반적으로 결석이 잦았고, 대부분 한두 시간의 수업이 끝나면 사라졌다. 처음에는 무척 의아했는데 나중에 알고 보니 농사일을 해야 했기 때문이었다. 어쩌다 오래 수업을 받다가도 그의 부모가 학교를 찾아와 복도에서 손짓하면 선생님께 인사도 없이 조용히 교실을 나가고는 했다. 늘 일손이 부족한 농촌에서 학생들은 중요한 노동력이었던 것이다.

학교생활이 어느 정도 익숙해져 이제 막 재미를 느끼기 시작하던 2학년 1학기 어느 날, 빨갱이들이 쳐들어와서 더 이상 수업을 할 수 없다고 학교 문을 닫는다고 했다. 우리 학교에는 교문에 별도의 문이 없어서 닫을 수도 없는데 닫는다니 이상했다.

할 일 없이 집에서 멀뚱멀뚱 놀면서 가끔씩 논밭에 나가 일을 거들며 무료한 나날을 보내야 했다. 간간이 들려오는 소식은 한강 다리가 끊어졌고, 대통령이 대전으로 이사했고, 계속 아군이 밀려서 김천, 대구까지 후퇴하였고, 마지막 부산을 사수하려고 낙동강을 사이에 두고 치열한 전투를 벌이고 있다는 것이다. 가끔씩 전투기가 산등성이에 나타났다가 맞은편 산등성이로 순식간에 사라질 때면 환호성을 지르며 박수를 치기도 했다. 몸체가 큰 B29 비행기는 서서히 점잖게 지나가고, 우리가 호줏기라고 불렀던 쌕쌕이는 요동을 치면서 잽싸게 날아 구름 속으로 사라졌다.

전황과는 관계없이 마을에 붉은 완장을 찬 사람들이 하나 둘씩 늘어가면서 동네 분위기가 이상하게 바뀌어갔다. 전에 잘살고 큰소리 치던 사람들은 쥐 죽은 듯이 지내고, 못 살고 힘 못 쓰던 사람들이 앞에 나서는 진풍경이 생겨났다. 학교는 여전히 그 자리에 있는데 어느 날 교문 앞을 지나며 보니 학교 이름을 새겨놓았던 반짝반짝하는 대리석은 산산조각이 나고 그 자리에 나무판이 대신 붙어 있는데, 학교 이름이 '조선민주주의인민공화국……'이라고 바뀌어 있었다. 하루는 장총과 따발총을 둘러멘 빨갱이가 초등학생들을 불러 모으더니 잡풀이 무성한 학교 운동장에 앉혀놓고 북한 노래를 가르치기도 했다. '장백산 줄기줄기'로 시작하는 노래인데 이 노래를 발맞춰 걸으면서 열심히 부르라기에 뭣도 모르고 불러댔던 기억이 있다.

얼마 후, 전세가 바뀌었는지 마을 앞 도로에 패잔병 모습을 한 괴뢰군들이 줄지어서 북으로 퇴각했다. 낮에는 아군 비행기의 공습이 시도 때도 없이 감행되니까 공산군이 움직이는 것은 주로 야간이었다. 그렇게 며칠을 공산군이 물러가더니 곧이어 요란스러운 소리를 내는 탱크를 앞세우고 유엔군과 국방군이 의기양양하게 올라왔다. 어디에다 감추어 두었었는지 언제 누가 만들었는지 우리들은 저마다 손에 태극기를 들고 이들을 열렬히 맞았다.

그런데 너무 빠른 유엔군의 추격에 미처 도망치지 못한 빨갱이들이 산속으로 숨어들었다가 밤이 되면 민가에 와서 밥을 얻어먹고 잠을 자기도 했다. 그렇게 우리 동네는 밤에는 인민군이 지배하고, 낮에는 아군이 지배하는 일이 반복되었다. 어느 때는 산속에 숨어 있던 빨갱이와 북진하는 아군 사이에 밤새도록 총격전이 벌어지기도 했다. 비행기까지 동원되어 폭격을 하는데, B29는 날아가다가 주춤하면서 폭탄을 떨어뜨리는데 처음에는 한 개였던 것이 이내 분리되어 수십 개가 된다. 전투기는 거꾸로 꽂으면서 폭탄을 던지고 곧바로 하늘로 솟구쳤다.

평양을 점령하고 신의주, 장진호를 거쳐 압록강의 혜산진까지 진격해서 승리를 눈앞에 둔 시점에서 중공군의 개입으로 아군은 후퇴를 거듭하여 다시 수도 서울을 내주게 되었다. 1·4후퇴 때 우리 마을 사람들은 또다시 빨갱이들의 모진 시련을 겪을 것을 걱정하여 모두 짐을 싸서 피난길에 올랐다. 피난에서 돌아와 먹을 식량 등 중요한 것들을 집터의 여기저기에 묻어두고, 간단한 물건들과 식량을 챙겨서 머리에 이고 지게에 지고 남으로 향했다.

처량하고 한심스러운 피난길이었지만 철없는 나는 조그만 보따리 하나 들고 눈 쌓인 곳과 얼음 언 곳만을 골라서 걸어갔다. 물에 빠져 신발이 젖고 양말이 젖기 일쑤였고 밤이면 어머니가 불에 양말을 말려주시던 기억이 새롭다. 가도 가도 끝이 없는 피난행렬이 이어졌고, 밤이면 남녀 가릴 것 없이 한 방에서 등을 마주대고 눈을 부쳤다. 가끔 미군 트럭이 지나가기라도 하면 어린아이들은 너도나도 "초콜릿 기브 미"를 외쳐댔는데, 자주는 아니지만 가끔은 초콜릿을 얻어 호기롭게 먹기도 했다.

전세가 호전되면서 우리는 피난길에서 발을 돌려 고향으로 돌아왔다. 그렇게 피난길에서 고생을 했음에도 다시 돌아온 집의 상태를 보고서야 '전쟁이 이런 것이구나' 하고 전쟁의 참화를 뼈저리게 느꼈다. 집 뒤에 가지런히 정렬되어 있던 장독대는 반 이상이 부서져 있고, 광에 보관되어 있던 벼는 질척질척한 마당에 가득 뿌려져 있고, 쓸 만한 살림도구는 거의 보이지 않았다. 철없는 아이의 눈에도 막막하고 절망적인 모습이었는데, 한 가족의 생활을 책임지고 있는 어른들의 심경은 어떠했을까 상상이 되지 않는다.

학교 쓰레기장에는 미군들이 먹다 버린 깡통들이 산더미처럼 쌓여 있었는데, 덮인 눈을 파헤쳐서 먹다 남은 통조림을 하나 찾으면 그날 운수가 대통했다고 했다. 매스컴을 통해 가난한 나라의 어린이들이 쓰레기장을 뒤지는 모습을 보며 요즘 학생들은 더럽고 이해할 수 없다고 생각하겠지만, 나는 그 아이들에게서 6·25전쟁 당시의 우리들의 모습을 보는 것 같아 마음이 짠하다.

학교에는 다시 선생님들이 오시고 학생들이 모이기 시작했다. 그런데 웬일인지 몇 개 학년씩 합반을 하는 것이다. 어느 때는 두 학년씩 세 개 반으로 합반하거나 세 학년씩 두 개 반으로 나눠 합반하기도 했다. 또 어느 때는 저학년과 고학년을 한 교실에서 가르치고, 나머지 중급학년들을 한 곳에다 모아서 수업하고는 했다. 학생 수가 적어서 그런 것 같기도 하고, 선생님의 숫자가 적어서 그런 것 같기도 했다. 어느 경우에나 합반 수업을 한다는 것은 여간 어려운 것이 아니었다. 학년별로 가르치는 내용이 달라야 하니 선생님이 다른 학년을 가르치고 있을 때 나머지 학년들은 자습을 하거나 칠판에 써준 과제를 조용히 할 수밖에 없었다. 전쟁 중에 아이들이 가지고 놀 수 있는 것은 탄피치기 놀이가 전부였다. 마치 구슬치기처럼 탄피를 던져서 맞히면 따는 놀이였다. 6·25전쟁을 기록하고자 하는 것이 아니라 당시에 내가 학교를 중심으로 경험한 바를 이야기하고자 한 것이기에 이 정도에서 마무리한다.

옛날에 세운 초등학교들 대부분이 마을 한가운데 제일 좋은 곳에 위치하고 있지만 화곡학교는 그중에서도 가장 좋은 곳에 있어서 참으로 보기 좋다. 더구나 학교 주변의 언덕에는 졸업생들이 졸업 기념으로 심어놓은 잣나무와 리키다 소나무가 아름드리 거목으로 자라서 풍광을 한층 더 받쳐주고 있다. 봄, 여름, 가을, 겨울 4계절 따라 변화하는 경치는 그 자체가 보는 이의 마음을 평안하게 하고 기쁘게 한다. 이러한 학교가 2013년 3월 1일부터 사리면사무소 근처에 위치한 보광초등학교로 통합되었다고 하니 참으로 안타까운 일이다. 내가 6년간 다녔던 학교라서 보다 자연과 잘 어울리는 너무도 아름다운 학교가 문을 닫는다는 게 마음이 아프다.

  시골 농촌 지역에 초등학교가 있는 것과 없는 것은 대단히 큰 차이가 있다. 자녀를 교육시킬 수 있는 학교가 있다는 지역 주민들의 자부심과 졸업생들이 고향을 방문하면 언제나 변치 않고 그 자리에 자신들의 추억을 간직한 학교가 있다고 하는 위로감이나 만족감은 경제적인 수치로 계산할 수 없는 것이다. 경제적 효율성을 내세워 농어촌 지역의 소규모 학교를 통·폐합한 것은 이농을 부추기고 인구감소를 촉진시키는 결과를 초래한다. 오히려 대도시의 인구가 농어촌의 자연과 잘 어우러진 좋은 학교를 바라보고 귀농을 결심할 수 있도록 교육정책과 농어촌 지원 정책을 수립해야 할 것이다.

온 마을 잔치
가을 운동회

． ． ．

　오곡이 무르익기 시작하고 추석 명절이 가까워지면 어김없이 학교에서는 운동회 연습을 하기 시작한다. 운동장에 횟가루로 선을 새로 긋고, 학년마다 운동회 때 경기할 종목을 선택해서 각각 연습을 하고, 몇 개 학년이 연합해서 할 경기는 따로 시간을 맞춰서 연습한다. 청군 백군으로 나누어서 목이 터져라 응원가를 부르고, 경기 연습을 하던 일이 참으로 아름다운 추억으로 떠오르곤 한다.
　추석 전날은 언제나 운동회 총연습이 있고, 추석날에는 제사를 지낸 후에 동네 청년들이 학교에 모여서 교문에 운동회 아치를 세운다. 그리고 나서 운동장을 가로질러 화려한 만국기를 늘어뜨리고, 개선문과 출전문을 세운다. 추석 다음 날은 예외 없이 대운동회가 개최되는 날로 학부모들뿐 아니라 온 동네 사람들이 운동회를 구경하기 위해 삼삼오오 학교로 모인다. 그야말로 마을 잔치가 벌어지는 날이다.

학부모들의 볏가마니 나르기, 줄다리기, 마을 대항 달리기, 2인 3각 등 다채로운 경기가 기다리고 있으니 마을 잔치가 되는 것은 당연한 것이다.

학교 공부를 좋아했고, 그만큼 성적이 아주 우수했던 나는 방과 후에 운동회를 대비한 연습 경기라든가 단체응원, 총연습에도 열심히 참여했다. 운동회 당일에도 내가 참여하는 경기가 아니더라도 모든 프로그램을 보는 게 즐거웠다. 그때의 추억은 평생 잊지 못하고 남아 있다. 운동도 공부 못지않게 자신 있었던 나는 개인 경기 혹은 단체 경기에서 우승 상품을 독차지하다시피 받고는 했다. 그때는 주로 노트를 상품으로 주었는데, 특히 부모님과 가족, 친척들이 지켜보는 가운데 상을 받노라면 하늘을 나는 기분이었다.

운동회의 또 다른 재미라면 운동장 여기저기에 가마솥을 걸어놓고 육개장과 여러 가지 맛있는 군것질거리를 파는 장사꾼들을 구경하는 것이다. 코를 자극하는 맛있는 냄새를 따라 구경하다가 부모님이 사주시기라도 하면 그 맛은 말로 표현할 수 없을 만큼 최고였다.

운동회 때는 어김없이 본부석을 중심으로 몇 개의 대형 차일이 펼쳐진다. 시골에서 차일은 보통 잔치 때나 초상이 났을 때 치는데 현재의 텐트와 비슷한 구실을 한다. 본부석에는 교장 선생님을 위시하여 학부모 중 학교 임원 분들이 앉는다. 그곳에 바로 우승자에게 줄 상품들이 수북이 쌓여 있다. 그리고 운동회가 진행될수록 차일을 지탱하는 밧줄에 기부자의 이름과 기부액이 적힌 큼직한 리본이 계속 늘어간다. 액수가 큰 학부모의 이름이 가장 잘 보이는 가운데에 매달리고, 액수가 작은 학부모의 이름은 주변에 매달린다. 그렇게 운동회가 끝날 즈음에는 차일 가장자리에 기부자의 명단이 빼곡히 붙어서 바람에 펄럭이는 게 만국기를 보는듯했다. 학생들의 관심은 자신의 아버지는 얼마나 기부했는지, 누구의 아버지가 가장 많이 기부했는지에 있다. 아마도 학부모의 기부금이 운동회를 개최하면서 사용된 경비를 충분히 충당하고도 남았을 것이다.

이런 일도 있었다. 한 해는 도안초등학교에서 충청북도 내 초등학교 간 육상대회가 개최되었다. 나는 학교 대항 릴레이 선수로 선발되었는데, 대회를 며칠 앞두고 방과 후에 몇 번 연습한 게 전부였다. 연습량이 부족한 감이 있었지만, 대회 날짜는 정해져 있어 어쩔 수 없이 대회 당일 친구들과 도안초등학교로 향했다. 그런데 도안초등학교는 우리 학교에서 25리 정도 떨어져 있는 데다 가는 도중에는 모래재라는 험한 고개를 넘어야 했다. 현재는 도로를 정비하여 거의 평지처럼 이어져 있지만 당시에는 아주 험해서 6·25전쟁 중에는 공비도 자주 출몰하던 곳이다.

우리 선수들은 아침 일찍 일어나서 점심 도시락을 싸들고 학교에 모여 버스는커녕 인솔 교사도 없이 우리끼리 걸어서 갔다. 지금 같으면 당연히 인솔 교사의 차를 타고 가던지 어느 학부모가 제공하는 교통편을 이용했을 것이다. 힘들게 학교 정문을 들어서니 육상 시합이 한창이었다. 마침 화곡초등학교 선수들은 지금 곧 출전하라는 방송이 나왔다. 시합 장소에 도착해 단 5분도 쉬지 않고 곧바로 출전을 했으니 그 성적이 좋을 리 없다. 예선 탈락의 고배를 마시고 되돌아오면

화곡초등학교의 상징인 느티나무

서 우리들은 학교를 많이 원망했다. 버스라도 타고 갔더라면, 그리고 인솔 교사라도 있었더라면 우리는 결승까지 갈 자신이 있었는데 하고 푸념하며 서로의 아쉬움을 달래며 학교로 돌아왔다.

중·고등학교 때 운동을 열심히 하고, 대학에 가서는 남성미 넘치는 럭비부에 들어가 서울대학교 대표 선수 생활을 하게 된 것도 초등학교 때 운동회의 영향이 아닐까 생각한다. 그리고 민족사관고등학교에서 '지덕체'가 아니라 '체덕지'라고 하여 체육을 최우선시하게 된 것도, 아직까지 건강에 자신 있는 것도 모두 초등학교 때의 영향이라고 생각한다.

요즘 대부분의 중·고등학교에서 체육이 소홀히 취급되고, 가을 운동회가 자취를 감추게 된 것은 대단히 안타까운 일이다. 건강은 어려서부터 체계적으로 관리되어야 한다. 당장 눈앞의 입시를 이유로 학생 때 체육이나 운동을 소홀히 했다가 성인이 되어 뒤늦게 건강을 챙긴다고 운동을 시작하는데, 웬만한 의지와 노력 없이는 하기가 힘들다. 공부도 그렇지만 건강이야 말로 하루아침에 만들어지는 게 아니다. 건강할 때 건강을 지키는 것이 현명한 일이다.

대학입시보다 치열했던
중학교 입시

■ ■ ■

　교육을 받는 대상자와 교육 장소, 방법은 현재와 많이 달랐지만 입시 교육은 옛날에도 있었다. 당시에는 괴산군 내에 중학교가 두 곳밖에 없었기 때문에 초등학생들의 입시 교육이 상당히 치열했다. 중학교에서 고등학교로의 진학이나 고등학교에서 대학으로의 진학은 중학교 진학에 비하여 상대적으로 수월했다.

　가끔 서울에서 대학을 다닌다는 형들이 방학이라고 시골집에 와서 특별히 하는 일 없이 빈둥빈둥 놀거나 어쩌다 한 번씩 농사일을 돕는 모습을 보고는 했다. 그래서 먹고 대학생이라는 말도 생겼는데, 어린 내 눈에도 그들은 노트 한 권 옆에 끼고 이리 저리 산책하는 한량 같이 보였다. 그러나 초등학생의 경우는 대학생과 사뭇 달랐다. 각 면마다 두 개 이상 있는 초등학교에서 졸업하는 학생들이 군 단위에 두 곳밖에 없는 중학교를 목표로 입시 공부를 해야 하니 중학생이나 고등학생 혹은 대학생보다도 훨씬 많이 공부를 해야 했다.

내가 다닌 화곡초등학교는 6학년이 32명이었는데, 그중 4명을 제외하고 28명이 입시 준비 공부를 해서 전원이 중학교에 합격하였다. 우리 학교 설립 이래로 가장 좋은 성적이었다고 했다. 당시에는 중학교 입학을 희망하는 학생 전원이 합격한다는 것은 마을의 큰 경사가 아닐 수 없다. 그만큼 중학교 합격은 현재의 대학 합격 못지않게 어려운 일이었다. 중학교 입학시험이 끝나면 한참동안 누가 합격했고 누가 불합격했는지가 주요 화젯거리였다. 그러니 각 초등학교에서는 어떻게 하면 보다 많은 학생들을 중학교 입시에 합격시킬 것인가를 고심하지 않을 수 없었다.

6학년 여름방학이 끝나고 2학기가 시작되면 방과 후 수업이 본격적으로 실시되었다. 중학교 진학을 희망하는 학생들만을 대상으로 입시 교육을 실시한 것이다. 시골에서도 부모들의 교육열은 누구에게도 뒤떨어지지 않았다. 그런 반면 자녀를 중학교에 보내지 않으려는 학부모도 많았다. 공부를 잘하고 못하고의 문제가 아니라, 교육열이 떨어져서가 아니라 중학교 학비가 걱정이 되어서 혹은 농사일에 부족한 일손 때문이었다. 이러한 경우에 대부분의 학생은 부모의 결정에 순종하는 태도를 보였다. 그러면 담임선생님이 나서서 부모를 설득하곤 했다. 선생님의 설득에 넘어가면 다행이지만 대부분 안타깝게도 부모의 완고한 결정에 따라 중학교 진학을 포기할 수밖에 없었다.

가을이 깊어가면서 방과 후 수업 시간은 점점 더 길어지고, 겨울방학에도 입시를 대비한 과외수업은 계속되었다.

　옛날에는 유리창이 겹창이 아닌 홑창이어서 매서운 겨울바람이 그대로 교실로 들어왔다. 교실을 조금이나마 따듯하게 하기 위해서 유리창마다 거적과 가마니를 둘러쳐야 했다. 낮에는 해를 가려서 일부를 걷어놓았다가 저녁이 되면 창마다 거적이 내려지고 가마니가 둘러쳐졌다. 난로를 계속 땔 수 있도록 학부형들이 번갈아서 장작을 지게에 지고 오기도 했다.

　지금은 그렇게 많은 눈을 볼 수 없지만 옛날에는 눈이 한번 왔다 하면 엄청 많이 쌓였다. 늦은 밤, 방과 후 수업이 끝나 교실을 나서면 수북이 쌓인 눈 때문에 귀가가 어려운 때가 한두 번이 아니었다. 나는 우리 집이 학교 교문과 가까워서 별 문제가 없었으나 집이 먼 아이들의 경우에는 학부형들이 등불을 들고 학교 교문까지 마중을 와서 아이들을 데려가기도 했다. 예나 지금이나 부모들의 자녀 교육열은 대단했다. 이런 강력한 교육열이 우리나라 발전의 원동력이 되었다는 것은 부인할 수 없는 사실이다.

②

측백나뭇잎과
피아노 소리

나는 누가 무어라 해도 결코 흔들리지 않고
능하게 시간을 철저히 나만의 시간으로 가져 공부를 했다.
중학교를 다니는 3년 내내 통학 길에 내 손에서 책을 놓은 적이 없다.
시험공부를 하는 것도 소설책을 읽는 것도 걸어 다니면서 했다.
작은 사전을 가지고 다니면서 영어 단어를 외웠는데,
3년간 영어사전을 첫 페이지부터 끝 페이지까지 두 번이나 읽고 외웠다.
그래서 3학년 때는 친구들이 나를
'걸어 다니는 사전(walking dictionary)'이라고 부르기도 했다.

걸어 다니는 사전이라 불린 소년

■ ■ ■

　드디어 중학교 입학시험 날, 도시락을 싸 들고 긴장 반 설렘 반의 마음으로 20리나 떨어져 있는 중학교를 찾아갔다. 당시 여러 가지 시험을 치렀는데, 그중 가장 기억에 남는 시험이 세 가지이다.
　첫째는 체육시험인데 달리기, 던지기, 턱걸이 등 여러 가지가 있었다. 철봉에서 턱걸이 30개를 해야 만점인데 30개를 아주 쉽게 했더니 시험관이 몇 개나 더 할 수 있는지 해보라고 해서 계속해서 50개 정도를 더 했더니 그만하라고 할 정도였다. 둘째는 음악시험인데, 생전 처음 보는 악기로 곡을 치더니 그 음계를 오선지에 그려 넣으라는 것이었다. 풍금 소리만 듣고 배운 내가 어찌 피아노 소리를 제대로 인식할 수 있겠는가? 셋째는 자연과학 시험인데, 몇 가지 나뭇잎을 보여주면서 무슨 나뭇잎인지 쓰라는 것이었다. 그런데 한 나뭇잎은 태어나서 처음 보는 잎이었다. 입학식이 끝나고 학교 울타리를 보았더니 온통 이 나무가 울타리를 이루고 있는데 바로 측백나무였다. 결국 입학시험에서 피아노 소리 문제와 측백나뭇잎 문제 두 개를 틀려서 아쉽게도 수석 합격의 영광을 놓치고 말았다.

　1학년 때의 반 편성은 1등부터 50등까지 1반, 51등부터 100등까지 2반, 이런 식으로 했다. 즉, 우열반 편성을 한 것이다. 1반 학생들은 자신감과 긍지를 가지고 열심히 공부하는 반면에 2반부터 끝 반까지의 학생들은 열등감을 가지고 있어서 공부에 그다지 열중하지 않았던 것 같다. 2, 3학년 때는 다른 식으로 반을 편성했지만 우열반 편성의 영향은 졸업 후 고등학교, 대학교 때까지 이어졌다. 중학교 동창회를 해도 1반 학생들은 적극적으로 참석하는데 열반에 속해 있던 학생들은 별로 참석하지도 않고 대부분 연락처도 알 수가 없다.

　입학식 날부터 5등으로 합격한 나는 잃었던 1등의 자리를 찾겠다는 굳은 각오로 공부에 매진할 계획을 세웠다. 그 하나가 20리 통학길에 소비되는 시간을 철저히 활용하자는 것이었다. 학교에 갈 때 1시간, 집에 올 때 1시간을 효율적으로 활용하기 위해서 걸으면서 책을 보기로 결심했다. 옛날 신작로는 울퉁불퉁한 도로 바닥에 자갈을 깔아서 걷기에 아주 불편했고, 차가 지나가면 먼지만 일으키는 것이 아니라 자주 자갈을 튕겨서 잘못하다가는 튀는 자갈에 맞을 수도 있었다. 이러한 길을 걸으면서 공부를 한다는 것이 그리 쉬운 일은 아니다. 또한 함께 다니는 친구들과 이야기를 나누지 않고 혼자 뒤쳐져서 혹은 앞서 가면서 책을 읽는다는 것은 엄청난 용기와 각오가 있어야 하는 것이다.

나는 누가 무어라 해도 결코 흔들리지 않고 등하교 시간을 철저히 나만의 시간으로 가져 공부를 했다. 중학교를 다니는 3년 내내 통학길에 내 손에서 책을 놓은 적이 없다. 시험공부를 하는 것도 소설책을 읽는 것도 걸어 다니면서 했다. 작은 사전을 가지고 다니면서 영어 단어를 외웠는데, 3년간 영어사전을 첫 페이지부터 끝 페이지까지 두 번이나 읽고 외웠다. 그래서 3학년 때는 친구들이 나를 '걸어 다니는 사전(walking dictionary)'이라고 부르기도 했다.

20리를 아무런 생각 없이 그냥 묵묵히 걷는다면 지루하기 짝이 없고 금방 피곤이 몰려와 힘들기만 하다. 그러나 한 손에 책을 들고 그 안에 가득 들어 있는 지식과 지혜를 읽고 외우며 음미하는 동안 지루할 틈이 없다. 책에 빠져 걷다 보면 어느새 학교에 도착했고, 집에 도착했다. 나른한 봄날, 푹푹 찌는 여름날, 상쾌하고 시원한 가을날, 그리고 눈이 펑펑 쏟아지고 찬바람이 휘몰아치는 겨울날들이 어떻게 지나가는지도 몰랐다. 그저 손에 들려 있는 책의 페이지가 하나 둘씩 넘어가고 있다는 것만 알았을 뿐이다.

그렇게 공부해서 결과가 어땠는지 궁금할 것이다. 물론 뜻한 바대로 1위 자리를 차지했다. 중학교 3년 내내 1, 2등을 놓친 적이 없이 열심히 공부를 했다. 누가 시킨 것이 아니라 내 자신이 목표를 세웠고, 그 목표를 달성하기 위한 결심을 행동에 옮겼고, 그래서 목표를 달성하게 된 것이다. "뜻이 있는 곳에 길이 있다"는 말을 중학교 때부터 굳게 믿어왔으며, 지금도 믿고 있다. 이 격언은 내 인생에서 가장 강력한 힘이 되어왔다.

눈이 오나
비가 오나

...

아마 지금은 3년 동안 20리를 걸어서 학교를 다니라고 하는 부모는 없을 것이다. 웬만한 시골길은 모두 포장이 되어 있으며, 버스도 시간 맞춰서 다니고, 자전거도 많이 이용되고 있기 때문에 다리품을 팔도록 두지는 않을 것이다. 학교 가는 데 20리, 집에 돌아오는 데 20리, 하루에 40리를 걸은 셈이다. 한두 명은 자전거로 통학을 했는데, 나머지 학생들은 모두 걸어서 다녔다. 대학 다닐 때 럭비운동을 하면서 내 다리통보다 굵은 선수가 없었던 것은 중학교 때 매일같이 걷는 운동을 열심히 했기 때문이라고 생각한다. 그리고 지금도 걷는 데 자신 있는 것은 그때 통학하면서 굳게 다져진 결실이라고 본다.

중학교를 졸업하면서 3개년 개근상을 받은 것이 우등상을 받은 것보다 자랑스러웠다. 비가 오면 그대로 비를 맞고, 눈이 오면 눈을 벗삼아 하루도 결석하지 않고 그 길을 걸었다. 집을 나설 때부터 비가 내리면 우비나 우산을 챙겨가지만 가는 도중에 비가 오거나, 집에 오는 길에 비가 오면 그 비를 흠뻑 맞으며 걸을 수밖에 없었다. 소나기면 소나기, 가랑비면 가랑비를 속수무책으로 맞으면서 다녔다. 집에 올 때 비를 맞는 것은 그래도 학교 갈 때 맞는 것보다는 견딜만했다. 비를 쫄딱 맞고 학교에 등교하면 그날 공부는 거의 망쳤다고 봐야 한다. 몸의 열기로 오후에는 어느 정도 마르기는 하지만 완전히 마를 때까지는 수업에 집중도 안 되고 축축한 기운 때문에 고통은 이루 말할 수 없었다.

우비는 요즘 같이 가볍고 몸에 딱 맞는 게 아니라 군인들이 전투 때 입는 초록색 판초우비였던지라 우비를 걸치고 먼 길을 걷기가 대단히 불편했다. 우산도 지금 같은 천으로 된 것이 아니라 대나무살에 기름종이를 붙여서 만든 것이었는데 한두 번 쓰거나 바람이 세차게 불면 곧 찢어지기 일쑤였다. 당시에도 그 길에 버스가 정기적으로 다녔는데 왜 부모님들은 비 오는 날에라도 버스를 이용할 수 있도록 버스비를 주지 않았는지 모르겠다.

당시 우리가 걸었던 통학 길에 군용 트럭들이 자주 다녔는데, 어느 때는 고개 중턱에서 기다리고 있다가 차가 힘에 겨워서 속도를 내지 못하고 천천히 올라가면 가방을 트럭 위로 던지고는 무조건 올라탔다. 학교에 다다라 내려달라고 운전석 위를 마구 두드리면 마음씨 좋은 아저씨는 별 말 없이 세워주는데, 심술궂은 아저씨는 모르는 체하며 일부러 정문을 지나서 멀리 더 가서 세우고는 호되게 야단을 치기도 했다. 그래도 군용 트럭을 몰래 타고 학교에 가거나 집에 오는 날은 운수가 좋은 날이고 행복했다.

눈이 내리는 날은 오히려 전혀 걱정되지 않았다. 펑펑 쏟아지는 함박눈을 맞으며 소복이 쌓인 눈 위에 발자국을 남기면서 신나게 오고 갔다. 그런데 눈도 잠깐 맞으면 괜찮으나 오랫동안 맞으면 옷이 젖기 시작하고, 좀 더 지나면 비와 별로 다를 바가 없다. 옷이 축축이 젖고, 신발마저 젖기 시작하면 서서히 괴로워진다. 더욱이 햇볕이 나서 쌓인 눈이 서서히 녹기 시작할 때는 길이 금세 질척질척해져서 빗길보다도 걷기에 더 나쁘다. 신발에 반은 녹고 반은 녹지 않은 눈덩이가 들어가서 얼마 걷지 않아서 신발이 축축이 젖고, 가끔씩 지나가는 차량은 멀리까지 눈 녹은 물을 튕겨서 물벼락을 주기도 한다.

2학년 겨울방학을 앞둔 12월 어느 날이었다고 생각된다. 하루는 아침에 일어나 보니 함박눈이 펑펑 쏟아지고 있고, 이미 꽤 많은 눈이 쌓였다. 한길에는 차량은 물론 사람이 지나다닌 흔적조차 없었다. 밤새 너무 많은 눈이 쌓여서 차량이 다닐 수 없을 정도가 된 것이다.

학교에 가야 하나 말아야 하나 결정해야 할 상황이 되었다. 지금 같으면 휴대전화 문자 메시지나 전화 혹은 컴퓨터를 켜고 학교 홈페이지를 보면 수업을 하는지 안 하는지를 쉽게 알 수 있으나 당시에는 연락할 방법이 없었다. 직접 학교에 가서 확인하는 도리밖에는 다른 길이 없었다.

고민 끝에 3년간 개근을 하겠다는 일념으로 아무도 가지 않은 등굣길을 따라 걷기 시작했다. 처음에는 그래도 발을 옮길 수가 있었는데, 시간이 지나면서 계속 내린 눈으로 무릎까지 쌓여 발을 내딛기가 무척 힘들었다. 보통 때 같으면 1시간이면 학교에 도착하는데 그날은 거의 3시간이나 걸렸다.

　학교에 도착해보니 가까이 사는 학생 몇 명만 왔을 뿐 모두 등교하지 않았고, 선생님도 한두 분만 오신데다 학교는 휴교라는 것이다. 참으로 맥이 탁 풀렸다. 이제 집에는 어떻게 돌아갈 것인지 걱정이 태산 같았다. 그날 집에 도착한 시간은 오후 4시가 넘어서였다. 지금도 그날을 생각하면 아찔하지만 강인한 정신력은 훗날 어려움을 극복하는 데 큰 도움이 되었다.

아버지!
애들 학교 가는데요

■ ■ ■

어느 집 자식이나 부모를 존경하는 것은 자연스러운 이치다. 내가 아버지를 아주 특별히 존경하는 이유는 이렇다.

우리 아버지는 8살 되던 해에 아버지가 돌아가셨고, 16살 때 어머니마저 돌아가셔서 고아자가 되셨다. 의지할 곳 없던 아버지는 큰집에 얹혀서 살게 되었다. 사촌 동생이나 형들이 글방에 다니며 공부할 때 아버지는 들에 나가서 머슴처럼 일을 해야 했다. 남들이 책을 보며 공부할 때 아버지는 옆에서 새끼를 꼬며 어깨너머로 한문과 한글을 익혔다. 그러면서 새경으로 받은 곡식과 돈을 차곡차곡 모아서 논과 밭을 하나 둘씩 사들이기 시작하셨다.

근면과 신뢰를 바탕으로 농부에게 가장 필요한 논밭을 점점 넓혀 갔으며, 6남매 중 끝에서 둘째인 내가 초등학교에 입학할 때는 마을에서 어느 누구보다도 많은 논과 밭을 소유하게 되었다. 마을에서 가장 비옥한 논과 밭은 모두 아버지 소유였으며, 아버지의 땅을 밟지 않고는 어디에도 갈 수가 없을 정도였다. 가을에 우리 집에서 타작을 하는 날에는 온 동네 사람들의 잔칫날이 될 정도로 많은 양의 벼를 수확했다.

그뿐만 아니라 아버지는 어깨너머로 배운 한문과 한글을 가지고 동네 반장과 이장 일을 여러 해 하셨고, 학교의 기성회장, 육성회장도 오랫동안 맡아 하셨다. 한 마디로 지역에서 자수성가한 대표적인 인물이었다. 일찍 부모를 여의고 친척집에서 머슴살이를 하며 힘든 시기를 보냈지만, 그 괴로움과 못 배운 서러움을 본인의 노력으로 깨끗이 청산하고, 주변의 모든 사람으로부터 칭송과 존경을 한 몸에 받게 된 것이다. 내가 훗날 열심히 공부를 하게 된 계기도 알고 보면 아버지가 고난과 역경을 극복한 것을 거울로 삼았기 때문이다. 아버지가 무에서 유를 창조하며 부를 형성했는데, 나는 아버지가 제대로 배우지 못한 것을 내가 대신 보상한다는 생각으로 학문 쪽으로 우리 가문을 일으키리라 일찍감치 각오를 다졌다.

농촌에서 좋은 논과 밭이 많다는 것은 분명 자랑스럽고 힘이 되는 것이 사실이다. 그러나 마을의 어느 집보다도 일찍 들에 나가야 하고, 해가 저물어 다른 사람들이 집으로 돌아간 후에도 컴컴한 들에 남아 일을 해야 하는 어려움이 있다. 일터에 나갈 때는 아버지를 따라서 3형제가 나란히 출동을 하는데, 언제나 동네에서 제일 부지런하게 일을 했다.

새벽부터 나가 일을 하다가 잠깐 집에 와서 아침을 먹고 잠시 쉴 사이 없이 곧바로 들로 나가면 어머니와 누나가 새참, 점심, 새참을 이고 오셨다. 그러고는 해가 질 때까지 일을 하다가 달을 보면서 집으로 돌아와 저녁 식사를 했다. 아버지는 언제나 마지막으로 한 고랑만 더 매고 가자고 하셨고, 두 형은 아무런 토를 달지 않고 묵묵히 아버지의 요구를 받아들였다. 어린 나는 가끔 "아버지 논과 밭을 좀 팔아서 농토를 줄이면 어떻습니까?" 하고 시치미를 뚝 떼고 이야기를 건네 보지만 언제나 씨도 먹히지 않았다. 그도 그럴 것이 아버지가 피땀 흘려서 어렵게 장만한 농토는 아버지의 생명과도 같은 것이었기 때문이다.

아침 일찍이 일어나 도로변에 있는 논에서 피사리를 한참 하다 보면 윗마을에 사는 중학생들이 떼를 지어 앞서거니 뒤서거니 하며 등교를 한다. "아버지, 애들 학교 가는데요." 하고 말하면 그제야 "그래, 그럼 너도 가보아라." 하셨다. 그제야 나는 하던 일을 멈추고 우물가에 가서 대충 세수를 하고, 마루에 차려놓은 밥을 그대로 국에 말아서 한숨에 들이켜고는 도시락을 책보에 싸서 어깨에 둘러메고 마라톤 선수처럼 달리고 또 달려서 친구들을 따라 잡는다.

점심시간에 도시락을 펼쳐보면 밥은 도시락 한 쪽으로 몰려서 거의 떡처럼 딱딱해져 있고, 김치 국물은 흘러서 책과 노트를 적시고는 했다. 반찬으로 고추장을 싸 갈 경우에는 절대로 친구들과 함께 도시락을 먹을 수가 없다. 가끔 고추장에 쉬파리가 앉았다가 날아간 흔적인 작고 하얀 구더기가 굼실대기 때문이다. 요즘 학생들 같으면 그런 도시락을 보고 점심 먹을 생각도 못하겠지만 그때는 지금보다 위생

관념이 부족한 것도 있고 그런 일이 일상이었기 때문에 구더기를 잡아 옆으로 치우고는 아무렇지도 않게 밥을 먹었다. 반찬으로 멸치볶음이나 김을 싸 가면 최상이었고, 계란 프라이를 해가면 따로 말로 자랑할 것도 없이 보란 듯이 당당하게 펼쳐놓고 먹었다.

공부가
가장 쉬웠어요

■ ■ ■

한여름에 뜨거운 햇볕 아래서 콩밭을 매고, 논을 매고, 담배 밭에서 담배를 뜯어 본 사람은 공부하는 게 얼마나 쉬운 일인지를 안다. 땀 한 방울 흘리지 않고 시원한 그늘에서 공부하는 것은 누워서 떡 먹기이며, 신선놀음이다.

농촌에서는 특히 농번기에는 일손이 부족해서 초등학생까지도 일터로 나가야 했다. 공부는 당연히 등한시되었다. 학교에서 내준 숙제는커녕 다음 날 시험이 있어 공부하는 것도 농사일에 밀려 무시되기 일쑤였다. 언제나 논밭에서의 일이 먼저이지 공부가 우선시되는 경우는 거의 없다. 이는 우리 집에도 마찬가지였다. 아침 식사 후에 4부자가 밀짚모자를 눌러 쓰고, 호미나 곡괭이를 들고 논밭으로 나가면, 동네 사람들이 부러운 얼굴로 아주 보기 좋다고 한마디씩 했다. 말씀은 안 하셨지만 아버지도 내심 뿌듯하고 기분이 좋으셨을 것이다.

그런데 이렇게 아침 일찍 징집당해 들판에 나가면 거의 예외 없이 하루 종일 땡볕 아래서 땀을 뻘뻘 흘리며 일하고, 해가 서산에 넘어가고도 한참을 지나 논밭에 잡초가 구분되지 않을 때까지 일해야 했다. 공부를 하고 싶었던 나는 아침나절에 어떻게 하면 일터 징집에서 면제받을 수 있을까 궁리하다가 생각해낸 것이 꾀병이었다. 일부러 잠자리에서 일어나지 않거나 아침을 굶는 것이다. 아파서 열이 나고 밥을 먹을 수 없다고 핑계를 대면 어머니가 내편을 들어주고, 또 작은형이 나서서 집에서 쉬라고 거들어준다. 내가 꾀병을 부리는 줄 알면서도 모르는 척 하고 넘어가주는 것이다.

일단 일하러 가는 부대가 떠나고 나면 나는 곧바로 책을 들고 공부에 몰입했다. 어느 때는 들판으로 나가던 형이 무언가를 가지러 되돌아왔다가 내가 멀쩡하게 앉아 공부하는 모습을 보고는 웃으면서 꾀병이었구나 하며 놀리기도 했다. 또 어느 때는 집으로 와서 점심 식사를 하고는 함께 나가야 한다고 해서 강제 징집되기도 했다.

뜨거운 햇볕 아래서 일하는 것을 면제 받았으니 더 열심히 공부할 수밖에 없었다. 공부하는 것이 어렵고 힘들다고 하는 사람은 구름 한 점 없는 한여름에 그늘 한 뼘 없는 논밭에 나가 구슬땀을 흘리면서 단 하루만이라도 일을 해보라. 그래도 공부가 힘들고 어려운지.

이것은 나의 초등학교, 중학교 시절 이야기이다. 나는 친구들은 열심히 공부하고 있을 때 책을 놓고 논밭에 나가 일을 하면 경쟁에서 밀린다고 생각했다. 그래서 어떻게든 공부를 하고 싶었다. 초·중학교 때 내 곁에는 항상 선의의 경쟁자가 있었는데, 이 경쟁자가 학습동기를 강하게 유발하였다. 그리고 나는 들에 나가서 열심히 일하는 것보다 공부를 열심히 하는 것이 미래를 대비한 더 큰 투자이며, 성공의 지름길이라고 생각했다. 내가 집에 남아서 공부할 생각으로 꾀병을 부리는 줄 알면서도 모르는 척 하고 속아 넘어가준 형들에게 지금도 감사한 마음을 가지고 있다. 아마도 형들은 나를 집에 남겨놓고 일터로 나가면서 '그래, 일은 우리가 할 테니 공부하는 것을 좋아하고 잘하는 너는 집에서 열심히 공부해라.' 하는 마음이었을 것이다. 공부가 무엇보다도 쉬운 일이라는 생각은 그 후에도 언제나 변함없었으며, 그래서 공부에 전심전력을 다했다.

③ 교육계에 몸담게 된 시발점

대학입시와 무관한 사범학교 교육은
초등학교 교사에게 필요한 내용 위주로 교육과정이 편성 운영되었다.
여기에 아이들의 심리를 이해할 수 있도록 교육심리학이 있었고,
어떻게 가르쳐야 하는가를 배우는 교육방법론이 있었다.
때는 영어를 가르치지 않았으니 영어가 소홀히 될 수밖에 없었고,
수학은 초등학교 산수를 잘 가르칠 정도면 되었다.
따라서 사범학교 교육은 미술, 음악, 공작, 체육 등을 상대적으로 강조하였다.
학교 교육의 목표가 지덕체가 아니라 체덕지였으며,
교육학에서 말하는 전인교육을 지향하였다.

내가 그린 미래상과
엇갈린 사범학교 입학

■ ■ ■

중학교를 졸업하면서 어느 고등학교로 진학할 것인가에 대하여 별로 고민하지 않았다. 일찍부터 시골에 있는 고등학교가 아니라 청주에 있는 고등학교에 간다는 목표를 세웠기 때문이다. 두 개의 고등학교를 선택해서 시험을 보되 최종 목표는 청주고등학교로 진학하는 것이었다. 사범학교는 각 도에서 수재들이 가는 학교로서 특차로 시험을 봤기 때문에 일단 연습 삼아 시험을 보고, 청주고등학교로 진학해서 육군사관학교에 갈 생각이었다.

당시 청주사범학교는 남학생 100명, 여학생 100명을 선발했는데 도내 각 중학교에서 수재나 천재라는 학생들이 치열하게 경쟁하는 학교였다. 사범학교에 합격하면 자타가 수재로 인정하였으며, 인근 마을에까지 소문이 자자하고, 3년 후에 초등학교 교사라는 직업이 예약되어 있어 선망의 대상이었다. 나는 사범학교에 무난하게 합격하고, 얼마 후에 청주고등학교에도 합격하였다. 두 명문 고등학교에 동시에 합격하자, 당사자인 나보다도 아버지가 온 세상을 얻은 듯이 더 기뻐하셨다. 몇 날 며칠을 여기저기 자랑하며 다니시느라 여념이 없었다.

합격의 기쁨에 도취되어 있는데 하루는 아버지께서 고등학교 입학금과 등록금을 납부하셨다고 했다. 그래서 어느 학교냐고 물었더니 "어디는 어디야, 당연히 사범학교지." 하시는 것이었다. 왜 한마디 상의 없이 혼자 결정하셨느냐고 따졌더니 수재들만이 가는 사범학교를 포기하고 일반 고등학교로 가는 바보가 어디 있느냐고 하셨다.

앞에서도 이야기했지만 당시 사범학교는 머리 좋은 학생들만이 갈 수 있는 선망의 대상이었으며, 졸업 후에는 초등학교 교사라는 든든한 직장이 보장되어 있었다. 초등학교 교사는 보수도 여느 직장인보다 상대적으로 높았으며, 지역의 유지로 대우를 받았다. 따라서 아버지에게는 사범학교가 최고의 선택이었고, 자랑이었던 것이다.

이럴 줄 알았더라면 진즉 학교 선택에 관하여 내 의견을 아버지에게 밝혔어야 했는데 하는 후회가 컸다. 입학 등록을 물릴 수도 없어서 울며 겨자 먹기로 아버지의 의견을 따랐다. 졸업 후 미래가 탁 트이는 일반 고등학교를 포기하고, 졸업 후 선택의 여지없이 초등학교 교사가 되는 사범학교를 가게 된 것이다. 아버지의 결정이 바로 내가 평생 동안 교육계에 몸을 담게 된 시발점이 되었다.

내가 사범학교가 아닌 일반 고등학교로 가서 육군사관학교로 진학하고자 했던 것은 여러 가지 이유가 있었다. 우선 내 성격이나 취향이

청주사범학교 1학년 때의 필자

조용히 학생들을 가르치는 것보다는 씩씩하고 용감하게 나라를 지키는 군 생활이 맞을 것이라고 생각했다. 앞서서 사색하고, 연구하며 글 쓰는 직업보다는 밖에서 활동하면서 리더십을 발휘할 수 있는 직업이 내 적성에 부합할 것으로 보았다.

둘째는 당시에 국방과 군에 대한 사회인식이 높았으며, 중등학생들의 사관학교 선호도가 높았다. 1950년대 말에는 6·25 전쟁의 비극을 경험한 지 얼마 되지 않아서 사회 분위기가 군의 존재를 높이 평가했다. 뿐만 아니라 사관학교에 입학하면 학비가 일체 들지 않으며, 4년 동안 옷도 나라에서 제공해주고 생활비도 들지 않으며, 졸업 후에는 자동으로 장교로 임관하게 되니 직장에 대한 걱정이 없었다. 그래서 공부 잘하는 학생들이 사관학교 입학을 목표로 세웠으며 실제로 우수한 학생들이 많이 입학했다.

중학교를 졸업하고 내 뜻대로 일반 고등학교로 진학했다면 틀림없이 육사로 진학해서 신나게 생도 생활을 하고, 육군 소위로 임관해서 중대장, 대대장, 연대장, 사단장을 거쳐서 군단장과 군사령관도 했을 것이며, 마지막에는 하나회에 연루되어 임기를 다 채우지 못하고 도중하차했을 것 같다. 이런 군 생활에 대한 미련 때문에 대학교 때 ROTC 제도가 생겼을 때 주저하지 않고 지원해 절도 있고 씩씩한 장교 생활을 2년 6개월이나 했다. 지금도 장교로 군 생활을 했다는 데 대한 자부심은 대단하다.

자취부터 하숙 생활까지,
그때 그 시절

▪▪▪

　사범학교에 합격하고 등록은 했지만 가까운 친척도 없고 아는 사람도 없어서 숙식 문제 해결이 큰 문제였다. 그런데 마침 사범학교 3학년에 재학 중인 외사촌 형이 친구들과 함께 자취를 하고 있었다. 우선 급한 대로 다른 곳을 찾을 때까지 형과 형 친구들이 있는 방에서 함께 생활하기로 했다. 그 자취방이 있는 곳이 금천동인데 학교까지는 족히 40분 이상 걸리는 곳이다. 지금은 남다리 건너서 사범학교의 후신인 교육대학까지 주택이 꽉 들어차 있는데, 옛날에는 금천동에서 개천을 건너서 석교동 제방 길을 따라 한참을 걸어야 남다리가 나오고 거기서부터는 길 양옆으로 논밭만이 있었다. 형이 왜 그렇게 먼 곳에 자취방을 구했는지 모를 일이었다. 몇 달을 형에게서 밥하고 설거지하는 법을 배우고 나서 청주공고 학생들이 자취하는 옆집으로 방을 옮겼다.
　학생의 신분으로 자취생활을 한다는 것이 그리 쉬운 일이 아니었다. 쌀과 반찬은 물론 땔나무까지 집에서 가져와야 하는데 자가용이 없으니 체면 불구하고 버스에 이것저것 싣고 와서 버스 정류장부터는 걸어와야 했다. 서문다리 근처에 있는 버스 정류장부터 자취방까지 걸어서 1시간 정도 걸렸던 것 같다. 이때의 자취경험은 미국 유학 때 아내가 셋째 아이를 낳고 산후조리를 할 때 굉장히 큰 도움이 되었다.

2학년 때는 버스정류장에서 그리 멀지 않은 곳에 있는 S여인숙에서 입주 가정교사로 있었다. 자취생활을 하다가 남이 해주는 밥을 얻어먹으니 그렇게 편할 수가 없었다. 여인숙 주인집에는 여고 1년생, 중학교 3학년 남학생, 초등학교 5학년 남학생 그리고 학교에 다니지 않는 아이가 두 명 더 있었다. 내가 가르쳐야 할 학생은 중3 학생과 초등 5학년생이었다. 숙박 손님이 들락날락하는 여인숙의 문간방에 살면서 아이들을 가르친다는 것 역시 쉬운 일은 아니었다. 예나 지금이나 여관이나 여인숙이 그리 건전한 곳은 아니다. 무엇보다 힘들었던 것은 여고생인 주인집 딸 친구들이 친구를 만나러 왔다는 빙자로 빈번하게 찾아와서 내 동태를 살피는 것이었다. 입주 가정교사로 있는 것이 별로 부끄럽거나 창피한 일이 아닌데도 그때는 여학생들이 오면 몸 둘 바를 몰랐다.

어쨌든 아이들을 가르치면서 숙식문제는 해결했는데 아이들을 가르친 대가는 받지 않은 것 같다. 고2의 신분으로 중3을 가르쳤지만 엄격하게 지도했으며, 학생들의 성적도 매월 급상승했다. 일찍이 고2 때의 가정교사 경험은 대학 4년, 대학원 2년간 가정교사 생활을 하는

데 많은 도움이 되었다.

   3학년 때는 사범학교 뒤편의 수곡동에서 하숙 생활을 했다. 등하교 거리도 가깝고, 밥을 하거나 설거지하는 일도 없고 학생들을 가르쳐야 하는 의무도 없으니 이제 제대로 고등학교 생활을 하는 기분이 들었다. 하숙집은 농사를 꽤 많이 짓는 집이었는데, 그 마을에서는 제법 인정받는 지체 높은 집이었다.

   같은 반에 있는 친구와 함께 하숙을 했는데, 이 친구는 성격이 차분하고 조용해서 우리는 여러 가지로 잘 어울렸다. 독실한 기독교인이었던 그 친구 따라 주일에 시내에 있는 교회에 출석하기도 했다. 그런데 하루는 우연히 이승만 정권의 부정 선거에 대한 이야기를 하다가 서로 의견이 엇갈려 한참을 설왕설래한 적이 있다. 나는 부정선거 운동에 대해 강하게 비판하는데 친구는 반대로 옹호하는 것이었다. 평소 친구의 언행과 맞지 않은 의견이라 의아하고 약간 실망도 했는데, 훗날 그의 아버지가 어느 군 경찰서의 서장이라는 것을 알고는 어쩔 수 없었겠다 하고 이해하게 되었다.

   하숙 생활은 무엇보다도 대학 입시준비 공부를 하는 데 크게 도움이 되었다. 만일 3학년 때도 자취나 가정교사 생활을 했다면 대학 입시 준비를 할 생각을 못했을 것이다.

국영수보다 예체능을 강조했던
사범 교육

고등학교 수준인 사범학교는 초등학교 교사를 양성하는 기관이었고, 사범대학은 중등학교 교사를 양성하는 기관이었다. 사범학교를 졸업하면 18세로서 미성년자인데도 초등학교 교사로 발령했다. 좀 더 오랜 기간 교사교육을 시키고, 성년이 된 후에 교사로 임명하기 위해서 사범학교는 2년제 초급대학으로 승격시켰다가 다시 4년제로 승격시켰으며, 현재는 대학원 과정도 설치 운영하고 있다.

사범학교는 초등교사 양성을 목적으로 하고 있기 때문에 일반 고등학교와는 전혀 다른 교육과정을 운영하였다. 일반 고등학교는 대학입시를 대비하여 국영수 등 주지교과 위주로 편성 운영되는 데 반하여 사범학교에서는 초등학교 교사에게 필요한 음악, 미술, 체육이 강조되었다. 예컨대 영어시간이 1주일에 4시간 정도이고, 수학은 기초라고 할 수 있는 '수학 I'만 겨우 배웠다. 그리고 나머지 시간은 음악, 미술, 체육으로 채워졌다. 그것도 부족하여 방과 후에 미술실에서 데생과 습자를 연습하고, 음악실에서 풍금과 피아노를 연습하고, 운동장이나 체육관에 가서는 유도, 레슬링, 검도 등을 연습했다. 3학년 때 부속초등학교로 교생실습을 나가기 몇 주 전부터는 아예 초등학교 교과서를 펴놓고 교육내용과 교육방법을 공부했다.

대학입시와 무관한 사범학교 교육은 초등학교 교사에게 필요한 내용 위주로 교육과정이 편성 운영되었다. 여기에 아이들의 심리를 이해할 수 있도록 교육심리학이 있었고, 어떻게 가르쳐야 하는가를 배우는 교육방법론이 있었다. 지금은 초등학교에서 영어를 가르치니 초등교사 양성과정에서 영어는 필수과목이지만 그때는 영어를 가르치지 않았으니 영어가 소홀히 될 수밖에 없었고, 수학은 초등학교 산수를 잘 가르칠 정도면 되었다. 따라서 사범학교 교육은 미술, 음악, 공작, 체육 등을 상대적으로 강조하였다. 학교 교육의 목표가 지덕체가 아니라 체덕지였으며, 교육학에서 말하는 전인교육을 지향하였다. 사범학교 출신 교사들 중에 서예를 잘하고, 국전에 미술 작품을 출품하고, 체육 특기 소유자가 많은 게 우연이 아닌 것이다.

피아노 연주를 통과해야 졸업이 되었기에 밤새워 피아노 연습을 하면서 어려움도 많았지만 나는 지금도 가끔 피아노를 친다. 즐거울 때 혹은 마음이 편치 않을 때 피아노를 치면서 노래 부르며 마음을 달랜다. 서울대학교 재학 시절에는 4년간 서울대학교 럭비 선수로 활동하기도 했다. 초등학교 3학년 때부터 배웠던 붓글씨를 오랫동안 놓고 있다가 이곳 민족사관고등학교 교장으로 취임하면서 시간이 날 때

붓글씨 연습을 하겠노라고 필요한 도구를 모두 준비해왔지만 아직까지 펼쳐놓고 제대로 연습해보지는 못했다. 학생들 사이에서 민족사관체육고등학교라는 말이 나올 정도로 나는 민사고에서 체육을 강조하고 있다. 이와 같은 나의 정서적인 활동과 체육활동이 사범학교 교육의 영향이라고 할 수 있으며, 사범학교에서 인생에 가장 필요하고 값진 것을 교육받은 것에 대해 항상 자부심을 갖고 있다.

과학은 가르쳐질 것이 아니라 발견되어야

■ ■ ■

　사범학교에서 가장 중요한 것 중의 하나는 바로 교생실습이었다. 재학 중에 교사로서 갖추어야 할 기본적인 태도와 기술을 습득할 수 있도록 하기 위한 것이 교생실습이다. 교생실습은 3년에 걸쳐서 실시되었다. 주로 사범학교 부속초등학교에서 실시되었는데, 1학년 때는 1주일간 수업관찰을 하고, 2학년 때는 2주일간의 참관수업이 있었으며, 3학년 때는 8주일간의 본격적인 교생실습을 하게 된다. 교생실습을 나가기 전에는 사전준비 교육을 철저히 받는다. 준비교육은 외모에 관한 것부터 태도와 언어, 출퇴근과 근무시간, 교생실습록 작성, 교육방법 등 교사로서 구비해야 할 태도, 자질, 실력 전반에 관한 것이다.

　당시는 두발 자율화 시대가 아니라 학생들은 머리를 짧게 깎아야 했다. 성인과 학생을 구별하는 유일한 방법이 머리 길이었다. 그런데 사범학교 학생들은 교생실습을 나가기 전부터 머리를 길게 길러서 겉모습부터 교사들과 비슷하도록 했다. 옷을 단정하게 입고, 사용하는 말씨도 학생들이 쓰는 말투가 아닌 교사들이 쓰는 말투로 해야 하고, 친구 간에도 욕설을 해서는 안 되었다. 어린 초등학생들이 보고 배울 수 있기 때문이다. 그리고 학생들을 편애하지 말고, 잘 따른다고 해서 손잡고 걷거나 자기 집에 데려가서는 안 되며, 수업을 진행하면서 한 아이만 계속 쳐다봐서도 안 되며, 특히 고학년 여학생들과 눈을 마주치면 괜히 설레는 마음에 수업할 내용을 놓치거나 제대로 가르치지 못할 수 있어서 차라리 천정을 보거나 창밖을 보며 수업하라고 했다.

칠판에 글씨 크기는 어느 정도로 할 것이며, 판서는 한 시간 동안에 어디서부터 어디까지 칠판을 사용해 할 것인가를 미리 계획해야 하며, 서체는 언제나 흘림체가 아닌 정자체로 써야 하고, 음성은 적당하게 높낮이가 있어야 학생들이 피곤해하거나 졸지 않으며, 교단 한 가운데 부처처럼 서 있지 말고 좌우로 움직이거나 교실 앞뒤로 순시하면서 가르쳐야 한다고 했다. 절대로 손을 주머니에 넣거나 팔짱을 껴서도 안 되며, 정시에 시작하고 정시에 끝내야 하는 등등 참으로 많은 사전 교육을 받았다. 그리고 나서 부속초등학교에 교생실습을 나갔는데, 나는 이러한 교육을 받으면서 교사는 그냥 교사가 아니라 예술가이며, 도덕 실천가이며 가르치는 기술자라는 생각이 들었다.

수업을 하기 위해서는 '본시 학습목표, 학습내용, 준비물, 도입-전개-평가 및 정리, 차시학습 예고' 등이 포함된 수업계획서를 작성하고, 그 계획에 따라서 수업을 진행해야 한다. 이 수업계획서에는 수업의 도입단계에서 어떤 이야기로 학생들의 흥미를 야기 시키고, 무슨 질문을 누구에게 하며, 어떤 방식으로 평가하고 정리할 것인지를 구체적으로 기술하고 있다. 마치 드라마 대본과 같다. 따라서 이 수업계획서를 보면 수업이 어떤 식으로 전개될 것인지를 가늠할 수 있다. 이렇게 철저한 사전준비 없이 강단에 올랐다가는 목표한 바를 다 가르치지 못하거나 너무 수업이 일찍 끝나서 당황하게 된다. 그래서 특히 교생실습에서는 수업계획서를 꼼꼼히 작성하도록 하고, 수업 전에 교생담당 교사나 담임교사에게 승인을 받아야 한다.

교생실습을 총 정리하는 것이 교생의 대표수업인데, 어찌하다가 내가 대표수업을 맡게 되었다. 가르칠 내용은 4학년 자연교과 전기 중 '두꺼비집의 얼개와 퓨즈' 였다. 약 1개월간 수업계획서를 작성하고, 준비물을 준비하고, 예행연습도 철저히 했다. 일반 가정집의 두꺼비집과 동일하게 실험 장치를 만들어서 각 분단에 배부하고, 학생들이 직접 퓨즈를 잇고 전기가 합선되었을 때 퓨즈가 어떻게 되는가를 실험하는 것이었다. 교생 전체가 참관함은 물론 사범학교 교장과 부속학교 교장, 그리고 마침 사범학교에 시찰 왔던 피바디 교육사절단이 내가 진행하는 대표 교생수업을 참관했다.

수업은 대성공이었다. 학생들이 굉장히 흥미로워했다. 합선되었을 때 두꺼비집의 퓨즈가 불꽃을 튀기면서 끊어지는 것을 바로 앞에서 보았으며, 전기가 나갔을 때 왜 철사로 이으면 안 되고 퓨즈로 이어야 되는지를 똑똑히 경험하게 되었다. 사범학교 교장 선생이 지금까지의 대표 교생수업 중 최고였다고 칭찬을 하고는 피바디 교육사절단 단장에게 강평을 해달라고 요청했다. 사절단 단장은 몇 차례 사양하다가 마지못해서 교단에 오르더니 칠판에 '0점'이라고 쓰는 것이었다. 그 이유는 과학의 기본을 어겼다는 것이다. 즉, 과학은 가르쳐질 것이 아니라 발견되어야 하는데 수업에서 교생이 퓨즈를 영어 알파벳 'S'자로 만들어서 이어야 나사를 돌릴 때 풀어지지 않고 조일 수 있다고 가르쳤다는 것이다. 당시에는 이 평가가 무척 섭섭했으나 내가 교직생활을 하면서 평생토록 금과옥조로 간직하고 있다.

조지 피바디 대학의 교육사절단은 한국 교육 발전에 지대한 공헌을 했다. 1956년 10월 12일부터 1962년 8월 28일까지 6년간 한국에 내한하여 교원양성교육을 중심으로 교육 연구, 기타 문교행정 분야 등의 개선과 발전을 위해 다양한 활동을 전개하였다. 이 사절단은 1955년 7월에 개편된 미국 국제협조처(International Cooperation Administration: ICA)의 원조활동 일환으로 내한하여 한국의 문교부와 중앙교육연구소의 협조를 얻어 활동했다. 교육사절단의 노력으로 동대문구 용두동에 있었던 서울대학교 사범대학에 과학관, 도서관, 교육행정연수원 건물을 신축할 수 있었다. 특히 피바디 교육사절단의 건의로 문교부는 사범학교를 초급대학 수준으로 승격시키기로 결정하고, 1962년 3월에 교육대학을 설립했다.

하루 20시간 이상 공부하며
홀로 대입 준비를 하다

■ ■ ■

나는 사범학교에서도 성적은 최상위권을 유지했다. 그런데 3학년 1학기가 끝나면서 내 미래에 대한 회의가 생겼다. 과연 사범학교를 졸업하고 초등학교 교사로 일생을 보내는 것이 좋은가, 아니면 사범 대학으로 진학하여 중등학교 교사로 일생을 보내는 것이 좋은가를 곰곰이 생각하게 되었다. 결론은 더 넓은 곳에 가서 더 많은 것을 배우고 직장 생활은 천천히 시작하자는 것이었다. 그래서 여름 방학 때부터 본격적으로 대학 입시를 대비한 공부를 하기 시작했다. 시험 준비를 하기 위해서 참고서는 물론 입시 예상 문제집과 기출문제집도 샀다. 한 학기 동안 열심히 준비하면 가능할 것이라 생각했다. 하지만 입시과목 수도 많고, 특히 영어와 수학의 경우에는 학교에서 기본적인 것만 배웠기 때문에 혼자 준비하는 데 여간 어렵지 않았다. 그래서 2학기 중간고사를 본 후에는 아예 학교에 나가지 않고 집에서 입시 공부에 매달렸다.

달력에 있는 날짜를 하나씩 지워가며 하루 20시간 이상 공부를 하고 있는데, 하루는 담임선생님이 자전거를 타고 내 하숙집을 찾아오셨다. 학기말 시험이 내일부터 시작되는데 그래도 학교에 나와서 마지막 시험을 봐야 하지 않겠냐며 꼭 시험을 보라고 하셨다. 어쩔 수 없이 사범학교에서의 마지막 학기말 시험은 아무런 준비 없이 치르고, 오로지 대학입시를 대비한 공부에 전념하였다.

부엌에서부터 세 번째 방이었던 하숙방은 온기가 미치지 않아 겨울에도 냉방이었다. 그런 방에서 이불을 뒤집어쓰고 공부하다가 졸음이 오면 방문을 활짝 열어서 바깥의 찬 공기를 맡았으며, 그래도 졸리면 우물가에 가서 찬물로 세수도 했다. 어느 때는 바늘로 허벅지를 찌르며 몰려오는 졸음을 막으려고 필사적으로 노력했다. 너무 공부를 열심히 하다가 죽었다는 이야기를 듣지 못했기에 정말 무식할 정도로 미친 사람처럼 입시 공부를 했다. 어느 때는 일어서면 머리가 핑 돌아서 마루 기둥을 잡고 한동안 정신을 가다듬기도 여러 차례 했다. 이러다 혹시 대학 입학시험도 못보고 큰일이 생기는 것은 아닌가 하는 걱정이 들 정도였다.

졸업식 날 성적을 받아 보니 2학기 성적이 중간 정도로 뚝 떨어졌는데, 그래도 1학기 성적이 좋아서 전체 평균은 그리 나쁘지 않았다. 그러나 사범학교의 졸업성적은 곧바로 교사 발령과 직결되어 있기 때문에 좋은 학교 발령은 기대할 수 없게 되었다. 일반적으로 성적 우수자가 청주 시내 학교로 발령을 받고, 성적에 따라서 점차 시내에서 먼 학교로 발령을 받아 꼴찌는 모든 학생이 제일 기피하는 벽지나 오지로 가게 된다.

　나는 3학년 1학기 때까지 최상위 성적을 받았으므로 아버지는 당연히 청주 시내로 발령 받게 될 것이라 기대하고 있었다. 그런데 예상외로 괴산의 Y초등학교로 발령이 나자 아버지는 깜짝 놀라시며 뭔가 잘못된 것 같다고 의심스러워하셨다. 결국 나는 사실대로 이실직고 했다. 아버지는 실망이 무척 컸을 텐데도 내 이야기를 다 듣고는 이렇다 저렇다 반응이 없으셨다. 그렇게 열심히 준비했던 대학 입학시험 결과는 어떻게 됐는지 묻지 말기 바란다. 바로 뒤에서 숨김없이 솔직히 밝힐 것이다.

혀를 깨물며
한강 철교를 넘다

■ ■ ■

　초등학교 교원 양성을 목적으로 하는 사범학교를 다니면서 대학입시를 준비한다는 것은 거의 불가능한 일이다. 대학입시의 주요과목인 국영수는 물론 선택과목의 주당 수업시간 수가 일반학교에 비하여 상대적으로 적을 뿐만 아니라 배우는 내용도 기초적인 것으로 대학입시와는 거리가 멀었다. 따라서 사범학교 학생이 대학입시 준비를 하려면 독학으로 해야 하는데 독학이 말처럼 쉽지가 않다.
　예를 들면 수학의 경우에 순열, 조합, 미분과 적분 등은 사범학교에서 가르치지 않는데 이를 독학으로 공부를 해야 하니 어느 때는 수학 한 문제를 가지고 밤을 홀딱 새우는 것은 물론, 3일 혹은 1주일간 씨름하기도 했다. 그래서 풀리면 다행인데 그래도 풀 수 없으면 그때는 거의 반은 미치고, 자신의 무능을 한없이 탓하게 된다. 무엇보다 자신감을 잃게 되는 게 가장 큰 문제다. 실력이 있는 유능한 선생님으로부터 배워도 서울에 있는 대학에 합격하기 어려운데 일류대학은 그야말로 하늘의 별 따기와 다름없는 것이다.

특차로 제일 먼저 시험을 보는 서울대학에 입시원서를 내고, 서울에 있는 K대학 법대 장학생 선발시험에 지원하고, 청주에 있는 대학에도 지원서를 냈다. 서울대학교 외에 두 대학에 원서를 냈던 것은 그 대학에 들어가고 싶었다기보다 열심히 고생해서 입시준비를 했는데, 한 곳만 시험을 본다는 게 왠지 손해를 보는 것 같았기 때문이다. 무엇보다 나 자신의 실력을 테스트해보고 싶기도 했다.

역시 서울대학교의 입시문제는 대단히 어려웠다. 국어, 국사, 사회 등 암기과목은 그런대로 풀 수 있었으나 수학의 경우는 예상했던 것보다 훨씬 어려웠다. 그나마 열심히 공부해서 '수학 Ⅱ'도 어느 정도 자신 있었는데 시험지를 받고 보니 독학의 한계를 뼈저리게 실감했다.

합격자 발표 날, 일찍이 학교를 찾아갔다. 지금은 온라인상에서 발표를 하지만 당시에는 대학 건물의 외벽에 합격자의 수험번호를 붙였다. 나처럼 혼자 와서 결과를 보는 학생, 부모나 친구와 함께 와서 보는 학생 등 많은 사람들이 모여들었고, 합격자 발표 장소는 희비가 엇갈리는 냉정하고도 무참한 곳이었다. 여기저기서 환호성이 터지는가 하면 한숨과 울음이 교차하기도 했다.

그런 속에서 나는 두근거리는 마음을 억제하면서 합격자 명단에서 내 수험번호를 찾아 내려갔다. 내 앞 번호도 있고, 뒤 번호도 있는데 중간에 내 번호는 없다. 다시 보고 또 보아도 분명히 내 번호는 그곳에 없었다. 하늘이 노랗고, 그동안 쏟은 노력이 물거품이 된 것 같아 아깝고 분한 생각이 들었다. 내 인생에서 처음으로 실패를 경험하는 순간이었다. 불합격을 확인하고 뒤돌아서는 심정은 말로 표현할 수가 없었다. 누구에게도 위로 받고 싶지 않고, 아무도 마주치고 싶지 않았다. 그날로 짐을 싸서 고향으로 돌아갔다. 기차를 타고 한강 철교를 건너면서 혀를 깨물며 굳은 각오를 했다.

"그래 다시 도전해서 서울대학 문턱을 넘어보자. 그래서 도대체 어떤 학생들이 들어오는지 내 눈으로 직접 확인해보자."

일 년 후에 오늘의 슬픔을 영광으로 씻어내겠다고 독하게 다짐하고 또 다짐했다. 대학입시 문제 수준이 어느 정도로 출제되는지를 경험했으니 이제는 두 번 다시 실패하지 않도록 철저히 준비하리라 마음먹었다. 부족했던 부분을 보완할 방법을 고심하면서 고향에 왔다.

집에는 Y초등학교 교사로 발령이 났다는 통지서가 와 있었으며, 신학기에 맞추어서 며칠까지 학교에 부임해야 한다고 쓰여 있었다. 그리고 다른 대학에서 합격했다는 통지서와 함께 등록금 고지서도 와 있었다. 부모님은 발령이 난 초등학교에 부임해서 아이들을 가르치고 봉급도 받는 것이 순리라고 하셨다. 시골에서 초등교사의 사회·경제적인 위치가 꽤나 높았으므로 부모님의 요구사항은 당연한 것이었다.

그렇다면 장학생으로 합격한 대학에 우선 등록을 하고 시간을 내서 다시 도전할 것이냐, 아니면 고향의 대학 야간부에 등록을 하고 교사생활을 함께할 것이냐를 결정해야 하는 기로에 서게 되었다. 살년서 많은 선택의 기로에 있었지만 이때만큼 결정이 어려웠던 적이 없었던 것 같다. 자신의 진로를 누구의 자문을 받지 않고 홀로 결정한다는 것은 참으로 어려운 문제였다. 더구나 부모님의 의사를 따르지 않고 내가 원하는 길을 선택한다는 것은 매우 큰 모험이었다.

결국 나는 시골 모든 사람의 선망의 대상인 초등 교사직을 포기하고, 서울의 사립대학 법대 장학생도 팽개치고, 한강 철교를 건너며 자신에게 한 약속을 지키겠다는 신념을 갖고 서울 누님 댁으로 도피했다. 이것저것 어려운 상황을 한꺼번에 해결할 수 있는 것은 서울로 와서 본격적인 입시준비를 하는 것이었다.

수학을 보충할 생각으로 종로 2가에 있는 학원에 등록하여 새벽에 첫 전차를 타고 대입 '수학 Ⅱ'를 3개월 수강하였다. 학원에도 제일 먼저 등원하여 맨 앞자리에서 수업을 들었는데, 어찌나 강의가 재미있고 귀에 쏙쏙 들어오는지 참으로 신기했다. 내가 독학하면서 밤새워 끙끙거리며 풀던 문제, 1주일씩 머리를 싸매고 매달렸던 문제, 도저히 풀지 못했던 문제들을 아주 쉽게 척척 풀어주고 설명해주는 것을 보고는 감격을 금치 못했다. 지금도 그 수학 선생님의 이름을 잊지 않고 기억하고 있을 정도이다. 수학을 정복하고 나서 영어도 3개월간 문법과 독해강의를 들었는데 영어의 경우는 별로 도움이 된 것 같지 않았다. 나머지 입시 과목들은 입시 준비 참고서를 가지고 집에서 혼자 공부했다. 매시간을 허투루 보내지 않고 오로지 공부에만 매달려 치열하게 보냈다. 그렇게 1년간의 재수 생활은 정말로 눈 깜짝할 사이에 흘러갔다.

전무후무한
대학별 본고사

　5·16 군사 쿠데타가 일어난 후 실시한 대학 입시제도는 전무후무한 제도였다. 입시는 국가고사와 대학별 본고사로 구성되어 있는데, 국가고사를 볼 때 전공을 미리 결정하고 시험을 본 후, 대학별 본고사를 볼 때는 자신이 선택한 전공이 있는 대학에 지원해서 시험을 보는 것이다. 현재는 수학능력 시험 결과를 가지고 어느 대학 무슨 학과를 지원할 것인가를 결정하지만 그 당시는 국가고사를 볼 때 먼저 전공학과를 결정하고 국가고사 결과에 따라서 대학만을 결정하게 되었다. 즉, 국가고사를 보고 나서 어느 학과를 선택할 것인가가 아니라 자기가 선택한 학과가 있는 대학을 선택하는 것이다.
　예를 들어 국가고사를 볼 때 교육학과를 선택했으면, 대학 본고사에서는 교육학과가 있는 대학을 선택해서 시험을 보는 것이다. 이러한 제도를 도입한 이유는 입시 경쟁이 점점 치열해지면서 전공은 관계없이 학교를 우선시해서 일단 들어가고 보자 하는 세태를 고치기 위함이었다. 자신이 정말로 하고 싶은 공부를 하고, 학교는 실력에 따라 들어가는 제도. 이는 입시에서 적성과 흥미를 중시한다는 면에서 타당한 제도라고 할 수 있다.

나는 사범학교 교육의 영향을 받아서 국가고사 원서에 교육학과를 지망하고 국가고사를 보았다. 국가고사 성적은 학과별로 채점되어 본인에게 통보되는데, 전국 석차를 확인할 수 있었다. 따라서 자신의 성적이 어느 수준의 대학에 합격할 수 있는지를 어느 정도 합리적으로 판단할 수 있었다. 나는 성적을 받아보니 큰 실수가 없는 한 서울대학교에 합격할 수 있겠다고 생각되었다. 대학 본고사는 필기시험, 체력장 검사, 면접시험의 세 가지로 구성되어 있다. 체력장 검사는 철봉 턱걸이, 야구공 멀리 던지기, 제자리에서 멀리뛰기, 100미터 달리기 등이었는데 모두 만점을 받았다. 면접시험은 몇 가지 질의응답 후 〈타임〉 한 페이지를 펴서 읽고 해석하라고 했다.

합격자 발표 날, 사범대학에 가서 합격자 명단을 보았더니 내 이름이 제일 앞에 붙어 있었다. 당시에는 서울대학교 합격자 명단은 주요 일간지에 발표되었는데, 일간지마다 내 이름이 제일 위에 있었다. 주변 사람들은 내가 사범대학에 수석 합격한 줄 알고 놀라워하며 크게 칭찬해주었는데, 사실은 내가 입학원서를 제일 먼저 접수시켜서 수험번호가 빨랐기 때문에 합격자 명단의 맨 앞에 있었던 것이다.

과거 서울대학교 입학식과 졸업식은 모두 동숭동의 문리과 대학 운동장에서 거행되었으며, 대통령이 반드시 참석해서 축사를 해주었다. 나는 입학식이 끝나고 나서 한 친구의 제안으로 7~8명이 함께 남산 팔각정을 올라가기로 했다. 종로 5가에서부터 걸어서 장충단공원을 거쳐 팔각정에 올라 처음으로 서울 시내를 구경했다. 대부분이 시골에서 온 학생들이라 남산에 오른 것도 처음이며, 서울 시내를 한눈에 내려 보는 것도 처음이라서 모두 감탄하느라 정신이 없었다.

그때 한 친구가 이번에는 창경원을 구경하자고 제안했다. 온 길을 되돌아가자는 것이다. 차라리 창경원을 먼저 구경하고 왔더라면 좋았을 것이라고 하면서도 우리들은 입학의 기쁨을 만끽하기 위해서 다시 창경원으로 향했다. 그런데 창경원에 입장하여 '칠 주의'라는 경고문을 보지 못하고 무심코 벤치에 앉았다가 큰 낭패를 보았다. 일어나면서 보니 우리 모두의 궁둥이와 등에 흰 페인트가 줄줄이 찍혀 있는 것이 아닌가. 오늘 입학식에 처음 입은 새 교복인데 곧바로 세탁소로 보낼 수밖에 없었다.

기왕에 창경원 이야기를 했으니 창경원과 관련한 또 다른 이야기를 해야겠다. 한 해는 서울대학교 총학생회와 이화여자대학교 총학생회가 공동으로 창경원을 하루 저녁 통째로 빌려서 양교 학생들이 집단적으로 쌍쌍파티를 했던 적이 있다. 창경원 역사상, 우리나라 대학 역사상 전무후무한 행사였다.

4

후회 없는
대학 생활

대학을 다니는 동안 참으로 많은 활동을 했다.
대학 1학년 때부터 졸업할 때까지 가정교사를 계속했으며,
럭비부에 들어가 서울대학교 대표선수 생활을 했고,
사범대학 씨름선수로 활동했고,
2학년 때부터는 ROTC 후보생으로서 중대장 역할을 했고,
학과 대표에 학생회 임원까지 정말로 하루 24시간을 거의 초 단위로 쪼개서 활용했다.
그러면서도 결코 공부를 소홀히 하지 않고 항상 우수한 성적을 유지했다.
성적 최우수자에게 주는 양우장학금을 2학년 때부터 받기 시작해서
졸업하고 대학원을 마칠 때까지 받았다.
1인 3역이 아니라 5역, 6역을 하면서 대학 생활을 즐겼다.

1인 6역을 소화했던
대학 생활

■ ■ ■

　대학을 다니는 동안 참으로 많은 활동을 했다. 지금 생각하면 너무도 욕심이 많았던 것 같다. 대학 1학년 때부터 졸업할 때까지 가정교사를 계속했으며, 럭비부에 들어가 서울대학교 대표선수 생활을 했고, 사범대학 씨름선수로 활동했고, 2학년 때부터는 ROTC 후보생으로서 중대장 역할을 했고, 학과 대표에 학생회 임원까지 정말로 하루 24시간을 거의 초 단위로 쪼개서 활용했다. 그러면서도 결코 공부를 소홀히 하지 않고 항상 우수한 성적을 유지했다. 성적 최우수자에게 주는 양우장학금을 2학년 때부터 받기 시작해서 졸업하고 대학원을 마칠 때까지 받았다. 1인 3역이 아니라 5역, 6역을 하면서 대학 생활을 즐겼다.
　지금도 누가 대학 생활을 어떻게 하는 것이 좋으냐고 자문을 요청해온다면 가능한 한 여러 활동을 하면서 경험을 축적함과 동시에 많은 친구를 사귀라고 할 것이다. 망설이지 말고 하고 싶은 일을 모두 해보라고 할 것이다. 그리고 활동을 할 때는 아마추어 수준을 넘어서 프로에 접근할 정도로 열심히 해야 한다고 말할 것이다.

대학 시절의 낭만에 대해 이야기하는 사람들이 많이 있다. 무엇을 낭만이라고 하는지는 모르지만 우리 때는 낭만이라고 할 만한 일들이 별로 없었던 것 같다. 대학 4년간 매년 여름방학은 조기에 실시되었다. 학생 데모 때문에 예상치 않게 일찍 방학을 하는가 하면, 먹을 쌀이 부족하다고 고향에 빨리 돌아가라며 일찍 방학을 시작했던 것이다. 덕분에 긴 방학 동안 가정교사 일을 하면서 학비를 마련하기는 용이했다.

당시에 대학교수는 강의 시간에 늦게 나타날수록, 강의를 정해진 시간보다 일찍 끝낼수록 권위 있는 교수로 평가되었다. 이런 교수도 있었다. 타 대학교수로 서울대학에 출강하게 된 K 교수인데 학기가 시작되고 거의 한 달이 되도록 강의실에 나타나지 않아서 학과장 교수에게 가서 불평을 했더니 그 다음 주에 강의실에 와서 출석을 부르고는 학기가 끝날 때까지 다시는 강의실에 모습을 보이지 않았다. 그리고 학생들에게 준 학점은 모두 B 학점이었다. 그래서 당시에는 '먹고 대학생'이라는 말도 있었고, 시골서 소 팔아서 대학을 보낸다고 대학을 '우골탑'이라고도 했다. 이러한 대학 풍토 속에서 한 눈 팔지 않고 스스로 바쁜 일과를 컨트롤하면서 4년 내내 즐겼다는 사실이 자랑스럽다.

그때는 대학 시설이 부족해서 교수들의 개인 연구실이 따로 없고

동대문구 용두동의 사범대학 학생회 사무실 앞에서 학생회 간부들(뒷줄 중앙이 필자)

교수 휴게실이 하나 있어 강의를 하러 온 교수들은 모두 휴게실에 모였다. 함께 모여 있으니 책을 보고 강의 준비를 하거나 연구를 하기보다는 휴게실에 비치된 바둑이나 장기를 두면서 강의 시간을 기다리는 것이 일반적인 모습이었다.

게다가 당시에는 가르치고 배울 마땅한 전문서가 없었으며, 교육 분야에도 전문서 몇 권이 출판되었을 뿐이다. 학생들이 사서 공부할 만한 대학 교재가 참으로 귀했으며, 그나마 이런 문제를 해결할 수 있는 방법 중의 하나가 교수가 정리해온 강의 노트를 읽어주면 학생들이 받아쓰는 것이다. 교수가 강의실에 들어오자마자 강의 노트를 읽으면 시간이 끝날 때까지 계속 받아쓰는데, 몇 시간을 받아쓰고 나면 손가락이 아플 정도였다. 지금 같으면 간단히 복사하는 것으로 끝날 일을 그때는 그렇게 엄청난 시간과 품을 들일 수밖에 없었다. 경우에 따라서는 중간시험 대신에 노트 정리한 것을 평가하기도 했다. 풍문에 짓궂은 선배 몇몇이 교수님의 노트를 감췄다가 큰 소동이 벌어졌다는 이야기도 들리고는 했다.

일찍이 우리 교육의
발전 방안을 모색하다

대학교 2학년 때의 일이다. 이제 어느 정도 대학 생활에도 적응되고 교육학에 대한 이해의 지평도 넓혔다고 자부하면서 교육학을 전공하는 학생들끼리 모여서 공동관심사에 대해 연구, 토론하며 상호 교류도 할 필요성을 느꼈다. 그래서 나는 뜻을 같이 할 수 있는 몇몇 학생의 의견을 수렴하여 교육연구회를 조직하자고 제안했다. 몇 차례 비공식적인 회의를 거친 끝에 회원 대학을 서울에 위치한 대학 중에 교육학과가 있는 대학으로 한정하자고 의견을 모았다. 당시에 교육학과가 있는 대학은 서울대를 포함하여 연세대, 고려대, 이화여대, 숙명여대, 중앙대 등 몇 개 대학에 불과했다.

우선 각 대학의 교육학과 대표를 만나서 우리의 뜻을 전하고 참가 여부를 묻기로 했다. 지금 같으면 휴대폰 문자나 E-mail을 보내 쉽게 의견을 들을 수 있지만 당시에는 직접 찾아가서 만나는 방법밖에 없었다. 남녀공학에 가는 것은 별 문제가 없는데, 여자대학교를 찾아가는 일이 난감했다. 각 대학을 방문하여 교육학과 대표에게 의견을 전달할 희망자를 물색했더니 남녀공학만 희망하고 여자대학은 아무도 나서려고 하지 않았다. 그래서 할 수 없이 최초에 교육연구회를 구성하자는 의견을 제시한 내가 연락책임을 지고 이화여대와 숙명여대를 방문하기로 했다. 혼자 방문하기는 너무 부끄러울 것 같아서 친구 한 명을 설득해서 함께 갔다.

지금은 대학생들이 교복을 입지 않지만 그때는 대학생들도 교복을 입고 학교를 다녔다. 서울대 교복은 다른 대학 교복과는 완연히 다르고 모자도 베레모 스타일이었다. 교복과 모자를 쓰고 전차나 버스를 타면 승객들의 선망의 시선이 집중되고, 가끔은 아주머니들이 자리를 양보해주기도 했다. 으쓱해지는 기분도 없잖아 있었지만 꼭 그래서라기보다 입을 옷이 교복 한 벌밖에 없어서 늘 입고 다닐 수밖에 없었다. 2학년 때는 ROTC 후보생이었기에 어깨와 모자에 학훈단 마크까지 달려 있었다. 이런 교복차림으로 이화여자대학교 정문을 들어서자 수위 아저씨가 앞을 막고 "무슨 용무로 어디를 가느냐?"고 물었다. 예상치 못한 질문에 사범대학에 W 교수를 만나러간다고 얼렁뚱땅 둘러댔다. 당시에는 한 대학의 교수가 다른 대학에 가서 강의하는 것이 보편화되어 있었는데, 마침 이화여대 W 교수가 우리 대학에 정신위생학 강의를 나오고 있었다.

여하튼 위기를 모면하고 교문을 통과했다. 이제 한시름 놓는가 싶었는데 교문부터 사범대학까지 들어가는 길 양옆의 잔디밭에 여학생들이 쫙 열을 지어 앉아서 우리를 바라보며 킥킥거리면서 농을 걸어오는 것이다. 어떤 무리의 학생들은 점심 식사를 하면서 함께 식사하자고 말을 걸어오기도 했다. 이때가 아마도 5월 말 경이었던 것 같다. 정말로 얼굴이 홍당무가 되어 앞만 보고 정신없이 걸어갔다. 그런데 사범대학 건물 앞에 도착하여 옆을 보니 함께 걸어왔던 친구가 보이지 않는 것이다. 용무를 마치고 교문 밖으로 나오니 그 친구가 교문에서 기다리고 있었다. 어떻게 된 일이냐고 물으니 도저히 끝까지 들어갈 용기가 없어 뒤돌아서 교문 밖으로 나왔다는 것이다.

우여곡절 끝에 각 대학에 연락을 취하고, 교육연구회를 만드는 데 찬동하는 학생들이 모였다. 당시에 함께한 대학은 서울대, 연세대, 고려대, 이대, 숙대, 성균관대, 중앙대의 7개 대학이었다. 몇 차례 회합을 갖고 교육연구회의 명칭을 '교우회(敎友會)'로 결정했다. 회칙도 만들고, 연구하고 논의해야 할 주제도 선정하는 등 연구회 운영에 필요한 기본적인 사항들을 마련하였다. 특히 각 대학의 교육학 교수님들께 지도 교수 부탁을 드리고 회의 때마다 한 분씩 오셔서 특강을 해달라고 요청했다.

교우회는 연구, 토론뿐 아니라 회원 대학 간에 운동 경기도 열심히 했다. 한번은 의정부 근처에 있었던 성균관대 야구장에서 학교 간 야구 시합을 개최한 적이 있다. 서울대학과 연세대학이 결승전을 하게 되었는데, 4번 타자로 출전한 내가 마지막 회에 만루 홈런을 쳐서 승리하고 우승컵을 받았던 일은 지금도 생생하다.

이 교우회 조직은 후배들에게까지 이어져 한동안 잘 운영되었으나 1기 회원들이 대학을 졸업하면서 연구 활동이 대폭 위축되었다. 비록 교우회 활동은 계속 이어지지 못했지만, 우리 1기 회원들은 그 후에도 계속적으로 유대를 강화하면서 지금까지도 교류를 계속하고 있다.

여러 대학의 학생들이 자발적으로 연구회를 조직하고 우리 교육의 당면 문제를 해결하려고 노력했다고 하는 것은 예사로운 일이 아니라고 생각한다. 돌이켜 생각해보면 대학 시절부터 학회 활동에 관심이 많아 여러 활동을 했던 경험과 지식이 훗날 여러 학회를 결정하고 운영하는 데 밑거름이 된 것 같다.

말 한마디에
천 냥 빚도 갚는다

....

　가정교사 제도가 없었다면 나는 공부하는 데 어려움이 대단히 많았을 것이다. 사범학교 시절부터 부모로부터 자립하려고 부단히 노력했다. 그래서 고등학교 때도 가정교사 생활을 했던 것이며, 대학 때부터는 학비는 내가 스스로 벌어서 해결한다는 생각을 가지고 열심히 가정교사 자리를 찾았다. 대학 입학금 이외에는 공식적으로 부모님께 학비를 요청한 일이 없었다. 가정교사로 학비와 생활비를 벌거나 장학금으로 학비를 해결했다.

　가정교사는 입주 가정교사와 시간제 가정교사가 있다. 입주 가정교사는 생활비가 들지 않는 대신에 가끔 자존심이 상하고 비굴한 일이 생길 수 있으며, 시간제 가정교사는 떳떳하고 어깨를 펼 수 있지만 오가는 데 시간을 많이 소비하는 단점이 있다. 가끔 입주 가정교사는 입주한 집의 딸과 인연이 되어 결혼까지 가기도 했다. 당시에는 가정교사가 상당히 보편화돼 있었는데 아마도 중학교와 고등학교 입시제도의 영향이었던 것 같다. 학기 중에는 한 곳 정도만 나가지만 방학 때는 서너 곳에 나가서 아이들을 가르쳤다. 다음 학기 등록금을 마련하기 위해 평소보다 더 많이 벌어야 했기 때문이다. 어느 때는 방학 중에 가정교사를 못한 친구의 등록금도 대신 내준 적도 있다.

가정교사 광고는 주로 주요 일간지에 게재하는데 광고비가 거의 공짜 수준이었다. 문제는 연락처를 어디로 해야 하는가이다. 요즘처럼 전화가 흔치 않던 시절이라 주로 자주 가는 중국집이나 학교 옆 담배 가게 전화번호를 빌려서 연락처로 사용했다. 우리들에게 전화번호를 빌려주었던 사범대학 주변의 마음씨 좋은 분들에게 지금도 감사하다.

가정교사 생활을 하면서 다양한 사람들을 만날 수 있었고 그를 통해 대인관계에 대해 많이 배웠다. 어느 집에 가서는 정말로 열심히 가르쳐주고 싶고, 어느 집에 가서는 약속된 대로만 최소한으로 가르쳐주고 싶은 경우가 있다. 비록 돈을 적게 받더라도 최선을 다하고 싶은 생각이 절로 나는 집이 있고, 내일 당장 그만두고 싶은 집도 있다. 비록 대학생 선생이지만 마치 자녀의 담임선생을 대하듯이 예의를 갖추고, 밤늦게 끝날 때까지 기다리고 있다가 대문 밖까지 나와서 "수고하셨습니다. 조심히 가세요."라고 정중하게 인사하는 부모가 있다. 이와는 반대로 가정교사를 결정할 때 한 번 보고는 선생이 오는지, 가는지 전혀 관심 없고, 심지어는 학생의 성적이 크게 올라도 고맙다는 인사 한마디 없는 부모도 있다. "말 한마디에 천 냥 빚도 갚는다"는 속담을 절실히 느꼈다.

내가 마지막으로 가정교사 일을 한 것은 육군 장교로 예편해서 대학원을 다닐 때였다. 중학교 입시를 위해서 초등학교에서 3수를 하고 있던 학생이었다. 학생의 아버지는 가난하지만 청렴한 모범 경찰이었다. 부모가 간곡하게 자식을 가르쳐달라고 부탁해서 이 학생을 마지막으로 가정교사 생활을 접으리라 다짐하고 가르쳤다. 비록 보수는 적었으나 최선을 다했고, 그 학생은 당시에 일류 중학교였던 서울중학교에 전체 2등으로 합격하는 쾌거를 이루었다.

수혜 환원의 기쁨을 가르쳐준
양우장학금

■ ■ ■

　내가 대학 2학년 때부터 대학원까지 받았던 장학금이 양우장학금이었다. 양우장학금은 당시 서울대학 내에서 가장 큰 장학금 중의 하나로서 조그만 염료 사업을 하는 김양회 씨가 주는 장학금이었다. 김 선생님이 사범대학에 장학금을 주기로 결정한 이유는 자신이 일제 강점기 때 징용으로 공부를 제대로 못했기 때문에 다른 사람을 가르치는 직업을 갖게 될 학생들에게 도움을 주기 위해서라고 했다. 아주 작은 사업을 하시기 때문에 등록 때마다 등록금을 어렵게 마련해오는 모습을 보면서 더욱 감사한 마음을 가졌다. 대학 등록금을 납부해야 하는 마지막 날에 겨우 시간에 맞추어 땀을 뻘뻘 흘리시며 오셔서 전해주는 수표를 받아보면, 한 은행에서 찾은 수표가 아니라 여러 은행에서 찾은 것이거나 혹은 여러 고객으로부터 받은 수표였다.

　내가 양우장학회 1기생인데 한 번 장학생으로 선발되면 성적과 관계없이 졸업 때까지 지급되었다. 처음에는 두 명을 선발했고, 그 다음부터는 1년에 4명 혹은 5명씩을 선발하여 매년 장학금을 받는 학생 수는 10~15명 정도가 되었다. 장학생들은 매년 설과 추석 명절 때와 회장님과 사모님의 생신 때에 댁으로 초대를 받았으며, 봄철과 가을철에는 한 차례씩 야유회를 가기도 했다. 이렇게 자주 만나니 장학회 회원들 간은 물론 장학회 회장님의 가족과도 가깝게 지냈다. 장학금을 주시는 김양회 씨를 처음에는 회장님이라 호칭하다가 나중에는 아버님이라고 했으며, 사모님은 자연히 어머님이라고 불렀다.

   세월이 흘러 회장님의 사업이 사양길로 접어들면서 더 이상 장학생을 선발하여 장학금을 지급할 수 없게 되었다. 그 사이 장학금을 받은 학생들은 사회로 진출하여 대학의 교수로 혹은 중진 사원으로 활동했다. 양우장학생의 대가 끊어지는 것을 안타깝게 생각한 우리들은 각자가 능력껏 장학기금을 출연하여 회장님의 장학 사업을 이어가자고 합의했다. 장학금 혜택을 전혀 받은 일이 없는 사람도 장학금을 내는데, 하물며 장학금 혜택을 받은 우리들이야 말로 당연히 받았던 혜택을 사회에 환원해야 한다는 것이 우리의 생각이었으며, 양우회 회원은 여기에 모두 찬성했다. 그래서 1980년대 초반부터는 장학금을 받은 졸업생들이 모은 장학기금으로 후배들에게 장학금을 주었다. 물론 장학회 설립자의 뜻을 존중하여 사범대학 재학생 중에서 장학생을 선발하여 장학금을 주었는데, 이 장학금은 내가 정년퇴직 할 때까지 지속되었다.

   현재는 은행 금리가 낮아서 장학기금에서 발생하는 이자로 장학

양우장학회 김양회 회장님과 함께(뒷줄 왼쪽 두 번째가 회장님)

금을 지급하는 것이 불가능하여 중단된 상태이다. 서울대학교에 많은 종류의 장학금이 외부로부터 들어오고 있지만 장학금 혜택을 받은 졸업생들이 장학 기금을 만들어서 후배들에게 장학금을 주었던 것은 양우장학회가 처음이자 마지막이었다. 그래서 언젠가 대학신문에 양우장학회에 대한 기사가 크게 게재되기도 했다. 좋은 뜻으로 출발해서 유지되었던 양우장학회를 더 이상 지속시키지 못한 것이 못내 아쉽다. 앞으로 기회가 있고 능력이 되면 장학회를 꼭 부활시키고 싶다.

강인한 체력과 정신력의 산실
서울대 럭비 팀

	대학 시절에 럭비부에 들어가서 4년간 대학 대표선수로 활동했다는 것은 지금도 자랑스럽고 올바른 선택이었다고 스스로 평가하고 있다. 현재까지 어려운 일을 회피하거나 두려워하지 않고 자신감을 가지고 도전할 수 있었던 그 밑바탕에는 럭비선수 시절에 체득한 강인한 체력과 용기에 있다. 언제 어디서나 허약한 모습을 보이지 않고, 하면 된다는 신념으로 강력하게 추진할 수 있는 힘의 원천이 학창시절에 단련한 체력과 정신력이었다고 주저 없이 대답한다.
	최근에는 학교의 운동선수도 일반 학생들과 같이 열심히 공부를 해야 운동도 할 수 있지만 옛날에는 대부분의 대학에서 운동선수는 공부는 뒷전이고, 매일같이 운동에만 전념했다. 그러나 서울대학의 경우에는 예나 지금이나 운동선수에 대한 특권이 인정되지 않고, 공부할 것 다하고 운동하도록 규정되어 있다. 따라서 서울대학교 스포

츠 팀이 전국대회나 지역대회에 출전하여 우승하는 것은 하늘의 별 따기만큼 정말로 어려운 일이다. 서울대 럭비 팀의 경우에 1950년대 중반에는 전국 대학 시합에서 우승한 적이 있지만 우리 때는 전국 대회에서 우승한 일이 없었다.

선수들은 교육학과 학생 두 명 외에는 모두 체육과 학생들로 구성되어 있었다. 그러다 보니 체육과의 수업시간표에 맞추어서 연습하거나 모든 강의가 끝난 오후 늦게 또는 시합을 대비해서는 주말에도 연습했다. 나는 운동을 좋아해서 강의가 없는 시간에는 주로 체육관에 가서 체육과 학생들과 함께 철봉, 평행봉, 역도 등을 연습하고는 했다. 너무 열심히 해서 체육과 학생들은 물론 체육과 교수님들도 나를 체육과 학생으로 착각할 정도였다.

여름방학에 럭비 팀은 광나루 백사장 위에 대형 텐트를 설치하고 합숙훈련을 했다. 이른 새벽에 천호초등학교까지 구보해서 럭비 연습을 하고, 한낮에는 한강에서 실시하는 대학의 수영 강의를 들었다. 가끔 밤에 배를 타고 상류로 가서 백사장 근처의 수박밭과 참외밭에 가서 서리를 하기도 했다. 당시에는 마음도 많이 졸였지만 돌이켜 생각해보니 하나하나 좋은 추억이 아닐 수 없다.

겨울철에는 스케이트 강의를 신청하고 중랑천 논바닥에 마련된 스케이트장에 가서 스케이트를 탔다. 그 당시에 내가 가장 부러웠던 것은 우리들은 신발, 가방, 옷 등의 물건을 논두렁에 두고 스케이트를 타는데, 부잣집 아이들은 검은 승용차를 몰고 와서 차에서 스케이트를 신고 내려와 한참 스케이트를 타다가 추우면 차 속으로 들어가는 모습이었다. 그래서 훗날 나도 여유가 생기면 차를 사서 아이들을 데리고 스케이트장에 가야겠다고 마음먹었다. 그러나 막상 자가용도 사고 아이들이 스케이트를 배우게 되었을 때는 이런 저런 바쁜 일로 한 번도 아이들을 차에 태워서 스케이트장에 가지 못했다. 나 대신 조카가 이 일을 열심히 해주었다.

내가 선수 생활을 해보았기 때문에 나는 운동선수들이 얼마나 고생하는지 잘 이해하고 있다. 세계 최고가 되어서 올림픽에서 금메달을 목에 건다는 것이 무엇을 의미하는지를 알기 때문에 메달리스트를 존경하는 수준으로 높게 평가한다.

럭비 훈련은 운동장에서 100미터 달리기를 하는 것처럼 빠른 속도로 왕복 10회를 하고, 실제 시합하는 것처럼 치열하게 했다. 그렇게 연습하면서 땀을 바가지로 쏟은 날은 화장실에 가도 소변이 나오지 않아서 쩔쩔맸다. 커다란 주전자로 물을 한 주전자 마시고 나면 그때부터 소변이 나오기 시작하는데, 처음 나오는 소변은 너무 걸쭉해서 혹시 병이 아닌가 걱정할 정도였다.

시합 전에는 학교 구둣방에 가서 스파이크 신발에 달려 있는 가죽으로 된 봉을 매번 수선했다. 한 번 시합을 하고 나면 가죽으로 된 봉은 모두 닳아서 없어지고 날카로운 못이 신발 바닥을 뚫고 올라와 발바닥에 박혀서 신발을 그냥 벗을 수 없게 된다. 스파이크 끈을 모두 풀고 그대로 발을 위로 들어서 발바닥과 신발 바닥을 분리시켜야 신발이 벗겨지고, 발바닥에서는 그때부터 피가 나오기 시작한다. 그 상처는 빨간 소독약을 한 번 바르면 언제 그랬느냐는 듯이 감쪽같이 치

럭비시합 장면(왼쪽 상단이 필자)

료되었다. 지금의 축구화나 럭비화는 많이 발전되어서 신발 바닥의 봉이 빠지거나 닳아서 없어지는 일은 없을 것이다. 서울대 럭비 팀과 육군사관학교 럭비 팀은 문무전이라는 이름으로 매년 정기적으로 교환경기를 했는데 그 전통이 아직까지도 이어지는 것으로 안다. 지금도 함께 럭비운동을 하던 친구나 선배를 만나면 마치 형제를 만난 것처럼 반갑다.

우리나라에
교육 연구를 도입, 정착시키다

∎∎∎

군 제대 후, 의기양양하게 서울시 교육청을 찾아가서 교원 인사업무를 담당하고 있는 선배에게 이제 제대를 했으니 서울시내 중등학교에 발령을 해달라고 요청했다. 하지만 인사담당의 대답은 중등학교 교사 자리가 없으니 몇 주간 초등교사 연수를 받으면 초등교사로 발령해주겠다는 것이다. 충북에서 초등교사로 발령 난 것도 포기하고 중등교사를 하려고 사범대학을 졸업했는데 다시 초등교사로 가는 것을 권고하니 어이가 없었다.

중등교사 수급계획에 의해서 사범대학 정원을 책정하기 때문에 사범대학 졸업자는 의무 발령을 해야 하는 것이 아니냐고 항의도 해보았지만 소용이 없었다. 실제로 사범대학 졸업생 중에 서울시내 배정을 받은 사람들은 단기간의 초등교사 연수를 받고 초등학교에 발령을 받기도 했다. 결국 나는 군에 입대하기 전에 대학원 시험에 합격했기 때문에 대학원 다닐 준비를 하기로 했다.

대학원 등록을 하고 공부할 자리를 찾던 중 교육심리연구실에 자리가 있다고 해서 그곳의 책상을 하나 얻어서 공부할 수 있었다. 강의가 없는 시간에는 주로 연구실에서 다른 학생들과 함께 공부를 하는데, 학기 중간쯤에 J 교수님이 교육 관련 출판사로부터 검사지 개정을 의뢰받았다며 지능검사, 인성검사를 개정하는 작업을 시작하자고 하셨다. 각종 검사지는 일정기간이 지나면 현실에 부합하게 수정·보완하여 표준화하는 작업을 해야 높은 신뢰도, 타당도, 객관도를 유지할 수 있는 것이다. 특별한 연구과제 없이 연구실에서 자신의 공부만 하던 대학원생들은 공동으로 할 일이 생겼다는 데 만족하고 본격적으로 기존의 검사를 개정하는 작업에 착수했다. 당시에는 연구실에서 연구나 사업에 참여하는 연구원에게 보수나 수당을 지급하는 사례가 없었다. 무보수였지만 함께 협동해서 할 일이 있다는 그 자체만으로 우리는 즐거웠다.

우리는 검사지의 문항과 답지를 새로 개발하고, 이를 현장에 실시하여 결과를 분석하여 표준화시키는 작업을 했다. 나는 이러한 작업을 통해 각종 검사지의 수정·보완·개정의 중요성을 일찍이 이해했기에 서울대학교 교육연구소 소장을 할 때 《한국교육심리검사 총람》을 계획하고 출판할 수 있었다. 각종 심리검사의 결과는 학생 진로지도 및 진학지도 상담에 필요한 기본적인 자료와 정보를 제공해준다.

교육심리연구실에서 연구 과제를 추진하면서 생활했던 연구원들은 한때 우리나라 교육계의 연구를 선도하며, 한국 교육 발전에 크게 기여하였다. 교육 연구를 우리 사회에 처음으로 소개하고 과학화하는 데 앞장 선 것이 바로 서울대학교 사범대학의 교육심리연구실이었다. 그 이전에는 어느 누구도 연구다운 연구를 해본 일이 없기에 교육 연구라는 개념도 생소했고, 무엇을 어떻게 하는 것인지에 대한 확실한 지식이 없었다. 교육심리연구실에서 연구 과제를 택해 본격적으로 연구를 추진하면서 연구원들은 경험을 축적하게 되었고, 이들을 중심으로 교육 연구가 교육계 전반으로 전파되기 시작했다. 이와 때를 같이하여 서울대학교 교육대학원에서 석사 학위 논문을 엄격하게 심사하면서 과학적 연구 방법에 대한 이해가 보다 빠르게 확산되었다.

 이처럼 교육심리연구실은 연구를 할 수 있는 연구 인력을 집결시켜 놓고, 새로운 연구방법을 도입·적용함으로써 우리나라에 교육 연구를 도입·정착시키는 데 크게 기여했다고 할 수 있다. 이 교육심리연구실은 서울대학교 종합화 계획에 따라 흩어져 있던 단과대학들이 관악 캠퍼스로 이전함과 동시에 그 명칭이 교육연구소로 바뀌었으며, 연구 영역도 심리학 분야뿐 아니라 교육학 전 분야로 확대되었다.

모두가 최고가 되는
완전학습 이론

. . .

　어디서 어떻게 기증받았는지는 모르지만 교육심리연구실에 옛날 전동타자기 크기의 묵직한 전기 계산기가 세 대 있었다. 모든 계산은 이 계산기로 했는데 계산 속도가 대단히 느렸다. 가감산을 할 때도 철커덕 철커덕 기계가 돌아가면서 계산한 답을 제시하는데, 간단한 상관관계를 산출하는 데도 거의 한나절이 걸렸다. 고장은 왜 그렇게 자주 생기는지 툭하면 고장이라 연구원들이 가끔 완전 분해해서 다시 조립하고는 했다. 이 계산기가 교육심리연구실의 유일한 자산이었는데, 사범대학이 관악 캠퍼스로 이전하면서 분실된 것 같다. 지금도 보관하고 있다면 KBS 〈TV쇼 진품명품〉에 출품해도 역사적인 가치를 충분히 인정받을 수 있을 것이다.

　교육심리연구실에서 연구만 한 것은 아니다. 가끔은 탁구장에 가서 탁구시합을 하고, 태릉 먹골배 밭으로 야유회를 가기도 했다. 그러던 어느 비오는 날에는 3류 영화관인 청계극장에서 〈미워도 다시 한 번〉이라는 영화도 보았다.

서울대학교 교수로 근무하다가 미국으로 가서 공부한 뒤 박사 학위를 받은 교수들이 속속 귀국하였는데, 그중 한 분이 오래 전에 고인이 된 K 교수이다. K 교수는 시카고 대학에서 '완전학습이론'으로 학위를 받고, 이를 한국 교육 현실에 어떻게 접목시킬 것인가를 고민하면서 교육심리연구실 과제로 올려놓았다. 그래서 연구원들은 매일 아침 교수님의 지도를 받으며 완전학습이론에 관하여 토론하고, 자유롭게 의견을 개진하고, 발전 방향을 논의했다. 이때 완전학습에 대해 참으로 많은 것을 배웠으며, 자연스레 우리 교육이 궁극적으로 지향해야 할 목표라고 인식하게 되었다.

지금도 완전해지지는 않았지만 당시까지도 교육의 결과를 가지고 서열을 부여해서 포상하고, 합격과 불합격을 구분하는 데 온통 집중하여 교육 본연의 목표를 상실하고 있었다. 교육의 목표는 모든 학생이 만점을 받도록 하는 데 두어야 할 것이다. 성적을 상·중·하로 구분할 것이 아니라 합격·불합격으로 구분하고 불합격 생에 대하여는 합격될 때까지 보충교육 프로그램을 제공해야 할 것이다. 마치 의사가 환자를 100퍼센트 치료하는 것을 목표로 하듯이, 그리고 생산 공장에서 결함이 전혀 없는 상품만을 시장에 내보내듯이 교육에서도 완전학습을 지향해야 할 것이다.

교육심리연구실에서 교육행정 전공 교수이신 K 교수님 연구실로 자리를 옮겼다. 미국 피바디 교육사절단의 지원으로 사범대학에 과학관과 도서관이 설립된 후에는 교수님들에게 연구실이 배정되어서 제법 대학다운 분위기가 살아나기 시작했고, 교수들의 연구실에는 대학원생이 한두 명씩 책상에 앉아서 공부를 하면서 조교 비슷한 일도 했다.

한번은 K 교수님이 중간고사 대신에 과제를 내주고 paper를 써내라고 하셨다. 교수님 연구실에서 공부를 하고 있으니 대충할 수 없어서 많은 시간을 투자해 최선의 노력을 기울였다. 좋은 성적을 기대했는데 결과는 겨우 B+를 받았다. 어이가 없었다. paper를 한 장씩 넘기며 보니 곳곳에 빨간 글씨가 빼곡했다. 문장이 어색한 곳, 논리가 맞지 않는 곳, 중복된 문장, 오자, 탈자, 쉼표 등등 국어과 교수 이상으로 정확하게 지적해 놓았다. 학부 시절에도 K 교수님이 꼼꼼하신 것은 알고 있었으나 이렇게까지 세심한지는 미처 몰랐다. 얼마 후에 알게 된 사실이지만 B+가 최고 성적이고, 다른 학생들은 C, D, E를 받았다고 한다.

내가 연구소에서 연구원들이 써온 연구보고서를 읽으면서 빨간 볼펜으로 새빨갛게 수정해주고, 학생들의 paper와 논문을 꼼꼼히 읽으면서 자세히 지적해주어서 학생들로부터 '빨간 볼펜'이라는 별명을 얻게 된 것은 바로 K 교수님의 영향이었다. 특히 학생들의 석사·박사 학위 논문은 언제나 밤을 새워서라도 첫 페이지부터 마지막 페이지까지 읽고 부족한 부분을 낱낱이 지적해주었다.

⑤ ROTC에서 중위 제대까지

ROTC 제도가 처음 도입되었을 당시에는
학생들 간에 인기가 상당해서 경쟁률도 높았고 선발기준도 대단히 엄격했다.
학점은 물론 신장도 일정 수준 이상이어야 하며, 충치도 없고 혈압도 정상이며,
특히 신원 조회에서 가족 중에 사상적으로 의심이 되는 사람이 없어야 했다.
대학 캠퍼스에서 공부를 하면서 군사교육을 받는다는 것이
어색하고 어울리지 않아 보였지만 졸업과 동시에
장교로 임관하여 지휘관 생활을 할 수 있다는 희망 때문에
나는 열심히 군사교육을 받았다.

ROTC 합격으로
매력남 인증 받다

■ ■ ■

대학 2학년 때 ROTC 후보생 선발이 있었다. 지금은 ROTC 제도에 대해 학생들이 별 관심을 갖지 않는 것 같은데 ROTC 제도가 처음 도입되었을 당시에는 학생들 간에 인기가 상당해서 경쟁률도 높았고 선발기준도 대단히 엄격했다. 학점은 물론 신장도 일정 수준 이상이어야 하며, 충치도 없고 혈압도 정상이며, 특히 신원 조회에서 가족 중에 사상적으로 의심이 되는 사람이 없어야 했다. 나는 충치가 4개나 발견되어서 병역 신체검사를 받기 전에 소공동에 있었던 서울대학교 치과대학에서 아말감 치료를 받았다. 최근에 치과병원에서 진료를 받는데, 50년 전에 한 아말감이 아직도 이상이 없다고 하니 서울대학교 치과병원의 기술 수준이 얼마나 좋은지 새삼 실감했다.

일단 ROTC 후보생이 되면 공부 잘하고, 신체 건강하며, 사상적으로 건전한 것이 판명된 것이므로 여학생들 사이에서 매력적인 학생으로 평가받았다. 교육학과 학생 20명 중에 여학생 세 명과 복학생을 제외하고 모두 ROTC 후보생에 응시했는데 10명이 합격했다. 대학 캠퍼스에서 공부를 하면서 군사교육을 받는다는 것이 어색하고 어울리지 않아 보였지만 졸업과 동시에 장교로 임관하여 지휘관 생활을 할 수 있다는 희망 때문에 나는 열심히 군사교육을 받았다.

여름방학에는 서울 근교에 있었던 30사단에서 집중적으로 병영훈련을 받았다. 다른 학생들은 방학이라고 시원한 산으로 바다로 여름휴가를 떠나는데 ROTC 생도들은 무더운 햇볕 아래서 고된 군사교육을 받아야 했다. 사격장에서 사격연습을 하다가 교외선 열차를 타고 가는 민간인의 모습만 보아도 부럽다는 생각이 들 정도로 군사훈련은 힘들었다. 식사 시간은 언제나 5분이나 10분 정도를 주기 때문에 배식을 받으면 밥을 그대로 국그릇에 쏟아서 마시는 식으로 식사를 해야 했다.

점심 식사가 끝나면 곧바로 멀리 떨어져 있는 교육장으로 땀을 뻘뻘 흘리며 뛰어가서 교관의 강의를 듣는다. 강의가 시작되자마자 대부분의 교육생들은 꾸벅꾸벅 졸기 일쑤이다. 교관이 아무리 재미있는 유머를 이야기해도 소용이 없다. 그러다 강의 시간이 끝나기 10분 전쯤 모든 후보생을 깨워서 시험문제를 읽어주면서 정답까지 알려주고는 정말로 시험지를 배부해주고 시험을 보도록 한다. 대부분의 생도들이 100점을 맞는데 간혹 틀린 후보생이 있으면 벌을 받는다.

이러한 군사교육 방식을 당시에는 제대로 이해 못하고 엉터리 교육이라고 혹평했는데 지금 생각하니 완전학습을 지향한 좋은 교육방법 중 하나가 아닌가 한다. 반드시 숙지하고 알아야 할 것을 확실하게 가르쳐주는 방식이었다. 수업 결과 누가 1등이냐가 중요한 것이 아니라 학생들이 학습한 내용을 100퍼센트 이해했느냐가 중요하기 때문이다.

나는 ROTC 생도로서 군사교육과 훈련을 잘 받고 중대장 역할도 모범적으로 수행했기 때문에 종합 성적이 우수해서 졸업과 동시에 모든 생도가 선망하는 특과인 부관병과로 분류 받고 영천에 위치한 부관학교에 입교하였다. 장교로 임관해서 병과학교에 갔기 때문에 교육은 그다지 힘들지 않았다. 그러나 교육 받는 기간 동안에 외출이나 외박이 없고, PX를 전혀 이용할 수 없도록 철저히 통제를 받아 외부 음식 생각이 간절했다.

교육이 어느 정도 끝나갈 무렵, 단체로 경주관광을 보내주었다. 나와 친구들은 관광보다도 그동안 먹지 못했던 한을 풀기라도 하듯 기차에서 내려서 길을 걸으며 앞에 나타나는 음식점마다 들려서 음식을 사 먹었다. 불고기도 먹고, 경주의 유명한 황남빵도 먹고, 아이스크림 등등 닥치는 대로 배불리 사 먹었다. 부대로 귀대하는 열차에서 다른 친구들 이야기를 들어보니 그들도 모두 우리와 같은 식으로 마음껏 음식을 사 먹었다고 했다. 부대 내무반에 들어와서 군화 끈을 풀려고 하는데 하도 배가 불러 몸을 구부릴 수 없어서 서로 발을 내밀어 앞에 있는 친구에게 풀러달라고 하며 한바탕 웃었다.

오랜만에 포식을 했으니 잠이 쏟아지는 것은 당연했다. 누가 먼저랄 것도 없이 녹아떨어져 잠을 자는데 한밤중에 느닷없이 비상이 걸렸다. 모두 완전군장을 하고 연병장에 집합하라고 하더니 왕복 30리 정도 되는 곳까지 구보로 달려갔다 왔다. 부대에 도착하니 그 부르던 배가 폭 꺼져서 한 사람도 배탈이 난 사람이 없었다.

인제 가면 언제 오나
원통해서 못 살겠네

■ ■ ■

　부관학교를 졸업하고 배치 받은 곳이 "인제 가면 언제 오나 원통해서 못 살겠네"라는 말이 있을 정도로 하늘만 보이는 인제군 원통면이었다. 비포장도로를 하루 종일 달려서 도착한 곳이 작은 마을 원통이었다. 첫날은 민가에서 숙박했는데 작은 마을에 백여 명의 장교를 쏟아놓으니 온 동네가 군인으로 가득했다.
　다음 날부터 보충중대에서 잠을 자는데 어찌나 빈대가 많은지 내무반에서 잠을 자지 못하고 모두 냇가로 나와서 야영을 할 정도였다. 지금은 빈대, 벼룩, 이가 모두 자취를 감췄지만 당시에는 군부대에 커다란 골칫거리였다. 이런 것들을 퇴치한다고 여기저기 DDT라는 하얀 가루약을 뿌렸지만 아랑곳하지 않고 여전히 득실거렸다. 불만 끄면 내무반 침상에 빈대가 새빨갛게 기어 다녀서 내무반 내에서는 도저히 잠을 잘 수가 없었다. 그래서 생각해낸 것이 부대 앞을 가로

질러서 흐르는 냇가였다. 첫날은 대부분의 장교들이 개울가로 나와서 거의 뜬 눈으로 밤을 새웠다. 다음 날은 내무반이 아닌 식당에 가서 식탁 위에서 잠을 청해 보았지만 식탁 위에도 여전히 빈대가 득실거렸다. 그렇게도 많던 빈대, 벼룩, 이가 연탄을 사용하면서 모두 없어졌다고 하니 연탄가스가 독하기는 독한 모양이다.

원통에서 조금 북쪽으로 가면 진부령 고개가 나오는데 도로가 일방통행이었다. 그래서 고갯마루와 고개 아래에서 군인들이 차량을 제대로 통제해주어야 통행할 수 있었다. 아래쪽에서 차량이 올라오면 위쪽에 있는 차량은 기다리고 있어야 했고, 반대로 위에서 차량이 내려오면 아래서 기다려야 했다. 통행을 기다리는 동안 강원도 찰옥수수 두 통을 사서 운전기사와 함께 먹었던 추억이 지금도 그곳을 지날 때면 떠오른다. 지금은 왕복 4차선 도로가 포장되어 있어서 사계절 내내 관광 차량이 도로에 넘쳐나고 있지만 옛날에는 일방통행 도로로 통행이 아주 불편했던 곳이다.

1960년대 중반까지도 녹음이 우거지기 시작하면 북한에서 많은 간첩들이 남파되었다. 그래서 전방부대는 봄철에 한 번씩 대대적으로 대간첩 작전을 전개했다. 많이 사살하거나 체포할 때는 거의 30여 명에 달했다. 강원도 깊은 산은 밀림이 우거져서 한 치 앞을 볼 수 없다 보니 간첩들이 숨어들어도 찾아내기 힘들었다. 그래서 전방부대들이 했던 것이 사계청소 작업이었는데, 이는 시야가 잘 보일 수 있도록 원시림 같은 나무들을 벌목하는 일이었다. 사계청소를 한 후에는 간첩들의 침투가 뜸해지고, 침투한 간첩도 쉽게 체포하거나 사살할 수 있

화랑사단에서 ROTC 4기 동기생과 함께

었다. 생포한 간첩은 1군 사령부로 보내지만 대간첩 작전을 하면서 노획한 간첩들의 각종 장비들은 사단 사령부 연병장에 진열해서 장병들이 볼 수 있도록 했다. 간첩들이 지니고 있던 장비들을 보면서 냉전체제가 아니라 실전체제라는 것을 직접 보고 느끼기 위함이었다.

오색에
4H회관을 지어주다

■ ■ ■

하루는 사단사령부 당직 근무를 하는데 사령부 정문에 서울대학교 사범대학 후배들이 찾아왔다는 것이다. 후배들에게 무슨 이유로 찾아왔는지 물었더니 양양군 오색리에 4H회관을 지으려고 하는데 도와달라고 했다. 서울사대 내에 있는 유네스코 산하 활동을 하는 KUSA 동아리가 지금까지 몇 년째 오색리에 와서 계몽활동을 하는데 주민들이 원하는 4H회관을 세우고 싶다는 것이다.

당시에 나는 부관참모부에 근무하는 소위에 불과했기에 도울 방법이 난감했다. 마침 그때 사단장은 사단 기동훈련 때문에 전방에 나가 있었고, 상의를 할 수 있는 장교는 민사참모(소령)밖에 없었다. 민사참모를 찾아가서 "대민지원 사업을 위하여 목재를 네 트럭 실어서 양양군 오색리로 보내라는 사단장 지시가 있었다."라고 보고했다. 물론 이 보고는 선의의 거짓 보고였다. 민사참모는 작전 중에 있는 사단장에게 확인할 수도 없어서 내 말을 곧이곧대로 믿고 그대로 지시했다.

내가 이렇게 할 수 있었던 것은 사단 내에서 ROTC 장교 대표를 맡고, 사단장의 연설문 등의 원고를 책임지고 있었으며, 사단 군법재판소의 국선 변호인의 역할을 하면서 민사참모는 물론 사단장과도 개인적으로 친분이 두터웠기 때문이다. 민사참모는 곧바로 사계청소를 책임지고 있던 전방의 중대장에게 전화로 사단장의 지시라면서 운소위에게 네 대의 트럭에 목재를 실어주라고 했다. 나는 지프차를 타고 곧 목재를 실어 놓은 곳으로 가서 트럭 네 대를 이끌고 오색으로 향했다. 고성, 간성을 거쳐 양양시내에 들어가 두 트럭의 목재는 시멘트와 벽돌 등 집을 지을 때 필요한 것과 교환했다. 지금은 도로 정비가 잘되어 한계령으로 차량이 갈 수 있으나 옛날 한계령은 소로라서 멀리 돌아가야 했으므로 7시간 이상 걸렸다. 더구나 양양에서 오색으로 가는 도로는 전혀 정리가 되어 있지 않아서 트럭도 들어가는데 엄청 힘들었다.

이날 오색리는 완전히 잔치 분위기였다. 주민들이 모두 나와서 환영해주었고, 서울사대 KUSA 회원들은 과연 가능할까 반신반의했는데 꿈만 같다고 좋아서 야단이었다. 저녁에는 4H 구락부 회장(김동령 씨로 기억됨)이 특별히 제조한 송엽주를 가지고 왔다. 솔잎으로 빚었다는데 참으로 맛있고 술술 넘어갔다. 4H 회장과 밤새도록 주거니 받거니 했는데, 아침에 보니 빈병이 방을 한 바퀴 돌아서 정렬되어 있었다. 기분 좋게 부대로 복귀해 바쁜 일상으로 잠시 잊고 있었는데, 3개월 후 사단장에게 4H회관 준공식 초청장과 함께 감사장을 받으러 오라는 연락이 왔다. 게다가 때를 맞추어서 지역 신문에 11사단이 4H 회관을 지어주어서 고맙다는 기사도 게재되었다.

당연히 사단장은 그 연유를 나에게 물었다. 자초지종을 설명하면서 대민지원 사업이니 좋은 일이 아니냐고 덧붙이며 눈치를 살폈다. 사단장은 크게 문책하지 않고 다만 "그 지역은 동해안방어사령부 관할인데 이웃 지역을 침범해서 미안하군. 윤 소위가 일을 벌려 놓았으니 대신 준공식에 참석하고 감사장도 받아오라."고 했다. 결국 사단장 대신 내가 준공식에 참석해 주민들과 뜻깊은 자리를 가졌다. 오색리의 주민들은 나에게 신혼여행을 오색으로 와서 4H회관에서 자라며 농담 반 진담 반을 하며 고마워했는데, 제주도로 신혼여행을 가느라고 주민들과의 약속을 지키지 못했다.

미국 유학을 다녀온 후 일이 있어 오색리에 갔다가 4H회관 옆에서

양양 오색리에 필자가 설립한 4H회관 앞에서

사진을 찍었는데 그 사진이 지금 내 서재에 걸려 있다. 교육학과의 후배 교수인 K 교수와 M 교수는 그 4H회관을 누가 지어 주었는지도 모르고 거기서 며칠을 숙박했다는 이야기를 한 적이 있다. 지금은 그곳이 재개발되어 오색 그린야드 호텔이 들어서 있다. 4H회관은 그 마을에서 조금 떨어진 곳으로 이전시켰다는 이야기를 들었다.

군대 생활을 경험한 사람들은 군대 이야기를 시작하면 밤을 새운다고 하듯이 나도 군에서 너무나 값진 경험을 했기에 할 이야기가 참으로 많다. 그러나 다 이야기하지는 못하고 마지막으로 꼭 이야기하고 싶은 것이 하나 있다.

장교 생활을 하면 영외에서 생활하는데 퇴근해서는 할 일이 별로 없다. 다방에 가서 당시에 유행하던 문주란의 '동숙의 노래'를 듣는 것도 하루 이틀이지 정말로 할 일이 없었다. 그래서 좀 생산적인 일을 할 만한 게 뭐가 없을까 고민하다가 생각해낸 일이 하숙집 학생의 가정교사 노릇을 하는 것이었다. 하숙집 주인에게 무보수로 아이들을 가르쳐주겠다고 하자, 주인은 그렇지 않아도 아이를 가르쳐달라고 부탁해볼 생각이었다며 반가워했다.

시골에서 학생을 가르치게 되면 성적은 하루가 다르게 올라가고, 한두 달 내에 반에서 상위권으로 올라간다. 좀 더 지나면 전교에 알려질 정도로 급속히 향상된다. 이런 소식은 날개를 달고 조그만 원통 마을에 쫙 퍼지게 되었고, 급기야는 중학생을 지도해달라는 요청이 들어왔다. 물론 무보수로 이 학생도 열심히 가르쳐서 자기 학교에서 두각을 나타낼 정도로 성적을 향상시켜주었다. 그리고 나서 얼마 후 내가 소속한 부대가 다른 지역으로 이동해서 더 이상 가르칠 수 없게 되었는데, 후에 이 학생이 한양대학교를 졸업했다는 소식을 들었다.

    ROTC 1기부터 3기까지는 소위로 제대했는데 4기생들은 북한의 124군부대가 청와대 습격을 목적으로 서울시내로 침투하는 바람에 근무연한이 6개월 연장되면서 중위로 제대했다.

⑥ 친정집 같은
대한교육연합회

무엇보다 당시의 대한교련은
어느 기관보다도 앞선 행정소식과 체계를 확립하여
합리적으로 행정관리 업무를 추진하고 있었으므로
사회 초년생이었던 나는 상당히 많은 행정업무와 절차를 숙지할 수 있었다.
공문서를 기안하고 응신하는 방법,
회의를 진행하고 회의록을 작성하는 방법,
서류를 정리하고 관리하는 방법 등의 사무처리 기술을 세세히 학습했다.
비록 근무한 기간은 1년밖에 안 되지만
조직생활에 필요한 기본적인 자질과 기술을 철저히 습득했다.

생애 최초의 직장, 대한교육연합회

▪ ▪ ▪

교원들의 유일한 전문직 단체인 대한교육연합회에서 연구원을 공채한다는 광고가 신문에 게재되었다. 대학원 석사과정 2년차였기에 전공에 부합하는 직장을 물색해야 하는 시기였는데, 마침 교육정책 연구원을 선발한다기에 응모했다. 공채로 직원을 그것도 일반 행정직이나 관리직인 아닌 연구원을 선발하는 것은 대한교련 역사상 처음 있는 일이라고 했다. 지원자가 약 150여 명이 되었는데, 그중에서 6명이 선발되었다. 서울대 출신 3명, 연세대 출신 1명, 이대 출신 2명이었다. 군에서 장교생활을 했지만 사회에서의 직장생활은 군 생활과 사뭇 달랐다.

당시 대한교련에는 교육정책부, 교권부, 연구부, 관리부, 새한신문사 등의 조직이 있었다. 나는 교육정책부에 배치되어 1년간 근무했는데, 내가 훗날 사회생활을 하면서 필요한 대부분의 것을 배웠던 것 같다. 대학 선배인 부장과 차장이 신입 연구원에게 쏟는 정성이 대단했으며, 상사가 부하 직원에게 어떻게 해야 하는가를 철저히 배웠다. 내가 인천교육대학, 한국교육개발원, 서울대학교에서 근무하면서 동료나 부하직원 또는 학생들을 대하면서 남보다 잘했다면 그것은 바로 대한교련에서 상사로부터 잘 배웠기 때문이다. 직장생활을 하면서 어려움에 직면하게 될 때마다 "대한교련의 P 부장, H 차장이라면 이 문제를 어떻게 해결했을까?"라고 자문하면서 일을 특히 인간관계를 원만하게 해결할 수 있었다. 내가 사회생활의 출발점에서 그토록 능력 있고 훌륭한 상사이자 선배인 그들을 만난 것은 나의 행운이었으며, 지금도 늘 감사하게 생각하고 있다.

한국교원단체총연합회의 전신인 대한교육연합회는 아테네극장, 동원예식장, 대한정밀인쇄공사, 교원공제조합 등 사업체도 많이 소유하고 있었다. 교육계의 유명 인사들이 회장, 사무총장, 부장 등의 직책을 맡고 있었기 때문에 정부나 국회, 언론 등에 지대한 영향력을 행사했다.

무엇보다 당시의 대한교련은 어느 기관보다도 앞선 행정조직과 체계를 확립하여 합리적으로 행정관리 업무를 추진하고 있었으므로 사회 초년생이었던 나는 상당히 많은 행정업무와 절차를 숙지할 수 있었다. 공문서를 기안하고 응신하는 방법, 회의를 진행하고 회의록을 작성하는 방법, 서류를 정리하고 관리하는 방법 등의 사무처리 기술을 세세히 학습했다. 비록 근무한 기간은 1년밖에 안 되지만 조직생활에 필요한 기본적인 자질과 기술을 철저히 습득했다.

장충체육관에서 열린 대한교육연합회 체육대회 (오른쪽 첫째가 필자)

교련에서 의욕적으로 연구원을 선발했지만 타 직원들과의 형평성과 교원단체의 태생적인 한계 때문에 연구원들이 만족할만한 수준으로 대우를 할 수 없었기에 연구원들은 1년 만에 모두 직장을 옮기게 되었다. 나는 이때 인천교육대학 교수로 오면 어떻겠느냐는 학장의 제안을 받고 대학으로 자리를 옮기게 되었는데, 이를 출발점으로 해서 본격적으로 학계로 진출하게 되었다.

광화문호텔과
연구 활동

■■■

　대한교련에서 특히 기억에 남는 일이 있다면, '교원의 지위에 관한 유네스코와 ILO(국제노동기구) 권고안'을 번역한 것이다. 처음에는 이 권고안이 무엇을 의미하는지 잘 몰랐다. 번역하면서 그 의미를 알게 되었는데, 세계 여러 나라에서 교원의 전문성이 인정되지 않고 교원의 사회·경제적인 지위가 낮았기 때문에 여러 나라 정부를 상대로 UN 산하의 두 기관이 공동으로 권고안을 제안한 것이다. 이 권고안은 당시 우리나라 교원의 사회·경제적 지위를 향상시키는 데 상당한 공헌을 하였으며, 지금도 종종 인용되고 있다.
　한편 여러 연구과제도 수행했는데, '교직유인체제에 대한 연구'와 '중학교 무시험 진학제에 대한 추수연구' 등이 아직도 생생하다. 물론 나 혼자가 아닌 대학교수님들을 모시고, 여러 연구원과 공동으로 연구했다. 앞의 연구는 어떤 교육정책과 제도를 도입 실시해야 우수한 인재를 교직으로 유치할 수 있느냐에 관한 것이며, 뒤의 것은 이제 막 시작한 중학교 무시험 진학제는 어느 정도 성공하고 있고 개선해야 할 점은 무엇인가를 분석하는 연구였다. 이 연구를 수행하면서 정책연구를 어떤 절차와 방법으로 해야 하는가를 체험할 수 있었다.

교수님들을 모시고 하는 회의나 연구는 대학 강의 시간이 끝난 저녁시간에 이루어졌는데, 장소는 주로 여관이나 호텔이었다. 저녁 식사도 해야 하고, 편안한 옷차림으로 회의와 작업을 할 필요가 있었기 때문이다. 그리고 또 한 가지 이유는 여관이나 호텔에는 따듯한 물을 사용할 수 있는 샤워 시설이 있었기 때문이다. 교수님들은 여관이나 호텔에 도착하자마자 연장자 순으로 샤워를 한 후, 양식으로 저녁 식사를 폼 나게 하는 연구회의나 작업에 들어갔다. 지금은 목욕시설이 없는 가정이 없으나 1960년대 말이나 1970년대 초에는 대부분의 일반 가정집은 목욕시설을 갖추지 못했다. 그 당시에 주로 사용했던 호텔은 신문로 1가의 대한교련 건물에서 제일 가까운 곳에 위치하고, 다른 호텔에 비해 가격이 상대적으로 싼 광화문호텔이었다.

그런데 가끔 회의 때 곤혹스러운 일이 있었다. 당시에 화투놀이가 아주 성했는데, 교수님들도 가끔은 연구는 뒤로 미루어놓은 채 화투놀이에 전념하다가 통행금지 시간이 가까워 오면 옷을 주섬주섬 입으면서 "미스터 윤, 내일 아침까지 질문지 만들어놓고, 또 무엇 무엇을 해놓아" 하고는 모두 귀가하는 것이다. 그리고 아침에 다시 와서 내가 밤새워 작업해놓은 것을 검토하고는 잘했다고 칭찬했다. 그때에는 너무 힘들어서 원망스럽기도 했다. 하지만 그러한 과정을 거치면서 연구 과제를 어떻게 수행해야 하는지를 몸소 터득하며 확실히 경험할 수 있었다.

너무 자세한 지도와 안내를 받았다면 아마도 연구 과제를 추진하는 능력을 제대로 계발하지 못했을 것이다. 가끔은 네 스스로 해보라며 자율권을 부여해야 창의적인 발상이 나오고, 경우에 따라서는 실수도 하면서 경험을 축적할 수 있다고 생각한다. 강의실에서 강의는 다수를 상대로 한 이론적이고 일방적인 활동이지만 집중 작업을 통한 연구는 실제적이고 창의적인 활동이라고 할 수 있다.

여관이나 호텔 방을 빌려서 집중 작업으로 연구를 하는 방식은 훗날 한국교육개발원에도 그대로 전달되었다. 낮 시간에는 일상적인 업무와 회의에 시간을 할애하고, 퇴근시간에 맞추어서 한 장소에 모여 집중적으로 작업을 하는 것은 상당히 효율적이고 생산적이었다. 이렇게 과외로 일을 하지만 어느 누구 한 사람 불평을 하거나 초과수당을 요구하지 않았다. 당연히 해야 할 일로 알고 기꺼이 집중 작업에 참여했다. 이러한 협동심이 있었기에 한국 교육이 단기간에 세계적인 수준으로 발전하게 된 것이 아닌가 생각한다.

직장생활에 필요한
거의 모든 것을 배우다

■ ■ ■

　교직단체는 교사들의 복지 증진뿐만 아니라 직업적 소명의식의 발전과 교육 개선을 목표로 하고 있다. 대한교련은 1947년 창립 이후 한국 유일의 교직단체로 활동해오다가 1989년 교직원노조가 등장하면서 때로는 협력하며, 때로는 경쟁과 갈등을 겪으며 한국 교육 발전과 교권 확립을 위한 연구와 활동을 광범하게 전개해왔다. 대한교련은 교직의 전문성 신장, 교육 발전을 위한 연구·개발, 교육 및 교육정책 결정과정 참여, 교권 확립, 교직의 자율성 보장 등의 기능과 역할을 수행해왔다.
　이처럼 대한교육연합회는 우리 교육의 발전과정에서 참으로 중요한 역할을 했다. 교육정책 연구·개발과 여론 수렴활동을 통하여 국가 정책을 선도하거나 지원하는 활동을 전개하였고, 때로는 정부의 교육정책에 반대하는 여론을 조성하기도 했다. 그중에서도 대한교련이 역점을 두고 중점적으로 장기간 추진한 정책은 지방교육자치제 확립, 중학교 무시험 진학제 도입, 교육세 도입 및 확충, 교원양성 및 임용정책, 교권확립 등이라고 할 수 있다.

특히 지방교육자치제 도입은 대한교련이 장기간에 걸쳐서 역점사업으로 추진한 대표적인 것이다. 대한교련의 역사는 교육자치제 수호의 역사라고 해도 과언이 아닐 만큼 대한교련은 교육자치제를 연구하고 옹호하였다. 만일에 대한교련이 교육자치제에 관한 이론을 확립하여 제시하지 못하고, 교육자치제 도입을 위한 활동을 전개하지 않았다면 지방교육은 일찌감치 내무행정의 한 부분으로 통합되었을 것이다.

교육자치제는 교육행정의 지방분권을 통해 지역 주민의 교육에 대한 참여를 보장·확대하고, 지역의 특성에 적합한 교육정책을 강구·실시토록 함으로써 교육의 자주성, 전문성, 정치적 중립성을 확보하기 위한 제도이다. 따라서 교육자치제는 교육행정을 일반행정으로부터 분리·독립시킨다는 교육자치와 교육 운영을 중앙의 행정통제로부터 분리·독립시킨다는 지방자치라는 두 가지 자치 개념을 포함하고 있다.

정부는 교육정상화 및 과열과외 해소를 골자로 한 7·30교육개혁을 성공적으로 추진하는 데 필요한 재원을 확보하기 위하여 1981년에 교육세법을 제정했다. 1982년 1월부터 교육세를 징수하게 되는 과정에서도 대한교련은 〈교육신문〉이라는 여론매체를 통해 교육세 도입의 필요성을 강력하게 주장했다. 이렇게 여론을 조성하는 한편 회원들의 의견을 수렴하여 정부와 국회에 제시하는 활동을 활발히 전개하였다.

교원 정년 단축에 대해서도 대한교련은 강력하게 반대하였다. 교원정년은 1961년 군사 쿠데타 이후 65세에서 61세로 단축되었다가 다시 1년 만에 65세로 환원된 후 40년 동안 지속되었다. 그러나 1997년 IMF라는 경제적 위기를 맞이하면서 교원 정년 문제가 다시 대두되었다.

이 문제는 한국교원단체총연합회를 중심으로 사범대학 교수 및 교육대학 학생들의 거센 반대에 부딪혔다. 하지만 이미 IMF라는 위기 상황에서 고통을 겪고 있던 국민들의 적극적인 지지를 받고, 학부모 모임과 시민단체는 물론 언론도 이에 공감하는 입장을 견지하게 되어 결국 62세로 단축되었다.

나는 대한교련에서 근무한 기간이 비록 1년 정도에 지나지 않으나 대한교련이 내 인생의 첫 직장이었으며, 그곳에서 직장생활에 필요한 거의 모든 것을 배웠다. 최선의 노력을 다하여 주어진 업무를 처리했기에 지금까지도 친정집 같은 기분이다.

교련에서 인천교육대학으로, 한국교육개발원과 서울대학교로 직장을 옮기면서도 항상 교총회원으로 남아 있었으며, 교총에서 어려운 일이 있을 때는 언제나 달려가서 구원투수 역할을 자처했다. 지방교육자치제 확립과 교권 신장을 위해 많은 연구를 수행하고, 교원의 사회·경제적 지위 향상을 위한 연구도 했다. 교원의 정년 단축에 반대하는 논리를 개발하여 교총에 제시하였으며, 특히 학교 교실이 붕괴되어 학교가 황폐화될 위기에 직면해서는 '학교바로세우기 실천연대'를 구성하고, 내 자신이 이 연대의 위원장이 되어 학교를 살리기 위한 NGO(Nongovernmental Organization) 활동을 3년간에 걸쳐서 열심히 했다.

7

스쿨버스로
인천교육대학 출퇴근

학교 버스를 타면 교수들은 두 가지 형태의 집단으로 나뉜다.
버스에 오르자마자 잠을 청하는 집단과
옛날 젊은 시절의 영웅담을 자랑스럽게 이야기하고 맞장구치는 집단으로 구분된다.
이 집단에도 속해보고, 저 집단에도 속해보았지만 둘 다 생산적인 것 같지 않았다.
출퇴근하며 하루에 버스에서 소비하는 시간이 매일 두 시간인데, 그냥 낭비하는 것이 아까웠다.
그래서 생각해낸 것이 버스에서 책을 보는 것이었다.
누가 무어라고 하던 간에 자리에 앉으면 바로 책을 꺼내서 읽는 것이 마음이 편했다.
그렇게 3년간 학교 버스를 타고 인천교육대학으로 통근했다.

아련한
소사 복숭아밭의 향기

∎∎∎

　서울에서 인천 숭의동에 있는 인천교육대학까지 통근을 한다는 게 여간 힘든 일이 아니었다. 지금은 너도 나도 자가용을 가지고 있으니 별 문제가 되지 않겠지만 자가용도 없고 지하철도 없던 시절에는 학교 버스를 타던가 아니면 서울역에서 기차를 타야 했다. 처음에는 수유리에서 서울역에 대기하고 있는 학교 버스를 탔는데, 너무 거리가 멀어 서대문구 응암동으로 이사를 했다. 응암동 구석까지 간 것은 아내 직장이 그 근처에 있었기 때문이었다.
　서울역에서 버스를 타면 경인고속도로든 지방도로든 어디를 이용하든지 간에 학교까지는 1시간 정도 걸린다. 학교에서 버스가 출발하는 시간이 일정하다 보니 수업이 끝나면 서울에 거주하는 교수들은 시간에 맞추어 승차해야 했다. 대학이면 강의가 끝난 후에 연구실에 남아서 연구를 하거나 다음 날의 강의 준비를 해야 하는데, 교통편 때문에 일시에 귀가했던 것이다. 물론 부득이한 사정이 있으면 남아서 더 일을 하다가 기차를 타거나 택시를 타기도 한다. 가끔 늦은 시간에 택시를 타면 통행금지 시간 이전에 집에 도착하기 위해 택시는 말 그대로 총알택시가 되어 인천 톨게이트부터 10분 만에 서울 톨게이트까지 달렸다.

학교 버스를 타면 교수들은 두 가지 형태의 집단으로 나뉜다. 버스에 오르자마자 잠을 청하는 집단과 옛날 젊은 시절의 영웅담을 자랑스럽게 이야기하고 맞장구치는 집단으로 구분된다. 이 집단에도 속해보고, 저 집단에도 속해보았지만 둘 다 생산적인 것 같지 않았다. 출퇴근하며 하루에 버스에서 소비하는 시간이 매일 두 시간인데, 그냥 낭비하는 것이 아까웠다. 그래서 생각해낸 것이 버스에서 책을 보는 것이었다. 누가 무어라고 하던 간에 자리에 앉으면 바로 책을 꺼내서 읽는 것이 마음이 편했다. 그렇게 3년간 학교 버스를 타고 인천교육대학으로 통근했다.

그런데 하루는 여느 때처럼 칠판에 판서를 한 후, 강의실 뒤쪽으로 가서 판서한 내용을 보는데 흐릿한 것이 아무것도 보이지 않는 것이다. 순간 깜짝 놀랐다. 항상 잘 보이던 눈이 갑자기 안 보이니 무슨 병이 생겼나 하는 걱정을 하고 안과를 갔더니 난시가 심하다고 했다. 흔들리는 차 안에서 책을 보면 누구나 난시가 된다는 것이다. 우리 집안에 아무도 안경을 쓴 사람이 없는데 나는 젊은 나이에 팔자에 없는 안경을 쓰게 되었다.

복숭아가 무르익을 여름철이 가까워지면 버스는 복숭아의 고장 소사를 그냥 지나치지 않고 잠시 들려 휴식을 취한다. 지금은 인천부터 서울까지 주택이 빽빽이 들어차서 두 도시가 서로 붙어 있지만 당시에는 지방도로 주변이 온통 논과 밭이었다. 특히 소사는 이른 봄부터 복사꽃이 흐드러지게 피어 시선을 잡아끌고, 한여름이 되면 온 천지에 풍기는 달콤한 복숭아 냄새 때문에 그냥 지나치지 못하게 했다.

태릉의 먹골배가 유명하듯이 소사 복숭아는 전국적으로도 유명했다. 여유 있는 퇴근시간에 복숭아 과수원에 들러 출출한 허기도 달래고 정담도 나눌 수 있어서 참으로 좋았다. 이러한 즐거운 추억은 학교버스를 타고 멀리 인천교육대학까지 출퇴근했던 교수들만이 가질 수 있는 특권이었다. 가끔 옛날 그 길을 따라서 인천을 가게 되면 여기가 바로 복숭아 과수원이 있던 곳인데 하며 상전벽해를 실감한다.

다시는
책 번역하지 않으리

. . .

　사범학교가 교육대학으로 승격되면서 여러 가지 문제가 발생했는데 그중에 가장 심각한 문제는 교수들의 자격기준이었다. 대학을 졸업하고 사범학교 교사로 근무하던 교사들의 신분이 하루아침에 교수로 탈바꿈하게 된 것이다. 2년제 대학이라도 일정 수준 이상의 학력을 구비한 사람이 교수가 되어야 하는데, 이에 대한 아무런 준비 없이 고등학교를 대학으로 승격시키니 교수의 자격기준에 혼선을 빚을 수밖에 없었다. 교육 당국에서는 이러한 문제를 단시일 내에 해결하려고 자격기준상에 문제가 되는 교수들을 교육대학원에 입학하여 석사학위를 취득하도록 권고했지만 어느 대학의 교육대학원이건 입학이 그리 쉽지가 않았다.

　그래서 당시에는 석사 학위를 받고 교육대학 교수로 가게 되면 연령에 관계없이 대학에서 여러 가지 일을 해야 했다. 나는 대학에서 발간되는 교수 논문집 출판의 책임을 지고 교수들이 제출한 논문들을 일일이 검토·수정하여 논문으로서 구비해야 할 최소한의 조건을 갖출 수 있도록 하는 작업을 하였다. 대부분의 교수들이 논문을 써본 경험이 없었기에 논문을 작성해본 경험 있는 교수의 지도 조언이 필요했던 것이다.

학생들의 자질에도 문제가 발생했다. 사범학교 학생 선발은 어느 고등학교보다도 앞서서 특차로 선발했기 때문에, 그리고 고등학교 3년만 공부하면 초등학교 교사로 발령을 받을 수 있다는 희망 때문에 각 시·도에서 우수한 인재들이 입학했다. 그러나 사범학교가 2년제 교육대학으로 승격돼서는 특차 선발이 아니라 4년제 대학 선발이 끝난 후에 전문대학과 같은 시기에 선발하고, 2년을 더 공부해야 초등학교 교사로 발령을 받을 수 있다는 조건 때문에 교육대학이 학생들에게 매력을 잃게 되었다. 따라서 학생들의 자질이 종전의 사범학교 학생과 비교해서 상대적으로 낮을 수밖에 없었다.

한편 사범학교에서는 의도적으로 남학생과 여학생의 수를 동일하게 선발하였으나 교육대학에서는 남녀 제약 없이 성적순으로 선발했다. 한 해는 600명의 학생을 선발하는데 남학생은 없고 거의 대부분이 여학생만 합격한 적도 있다. 이러한 방식으로 교육대학생을 선발하게 되면 몇 년 내에 초등교원의 대다수가 여자 교원으로 충원되어 교직의 여성화가 심각한 문제로 부각될 것으로 예측되었다. 그래서 인천교육대학에서 제안한 것이 '어느 한 성이 75퍼센트를 초과해서는 안 된다'라는 학생선발 규정이었다. 이 규정은 후에 모든 교육대학의 학생 선발에 확대 적용되었다.

교육대학에서 사용할 교재도 문제가 되었다. 고등학교 수준에서 사용하던 교재를 대학 수준에서 사용한다는 것이 타당해보이지 않았다. 그래서 생각해낸 것이 외국원서를 번역해서 교재로 사용하자는 것이었다. 나는 다른 세 교수와 함께 《Team Teaching: Practice and Theory》라는 책을 공동으로 번역하기로 했다. 각자가 분담해서 번역하면 쉽게 되리라 생각했다. 그런데 번역 작업이 생각처럼 그리 쉬운 게 아니었다. 동일한 용어를 각각 달리 번역하고, 어떤 번역자는 의역을 한다고 어렵거나 이해가 되지 않는 부분을 모두 누락시키는 등의 문제가 발생했다. 공동 작업이기에 서로 최선을 다해서 번역 작업에 임할 것이라 믿었는데 예상 외로 대충 번역한 흔적이 여기저기서 나타났다. 결국 내가 용어를 통일하고, 오역된 부분과 누락시킨 부분을 원본과 대조하면서 다시 번역하느라 몇 개월을 고생했다.

이 번역 작업을 완성시키느라 혼자 고생하면서 내 인생에 다시는 번역하는 일을 하지 않겠다는 다짐을 했다. 남의 책을 번역하기보다는 차라리 책을 쓰는 편이 낫고, 부득이 번역을 한다면 독자적으로 하지 공동으로는 하지 않겠다는 각오를 했다. 그런데 그 후에 어찌하다 보니 《Education and National Development》라는 책을 번역했고, 여러 학자들의 논문을 번역하여 《IMF 구조조정과 교육》이라는 책을 출간했다. 이때에도 비슷한 고생을 했다. 무엇보다도 저자가 주장하는 바가 무엇인지 정확하게 파악하기 위해 많은 시간 동안 고심했고, 특히 번역한 글을 보고 다시 영역할 때 저자가 썼던 문장이 나올 수

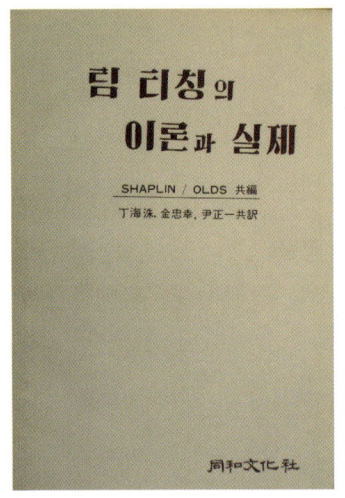

번역의 어려움을 깨닫게 된 첫 번역책

있도록 하기 위해 심혈을 기울였다.

모든 일이 그렇지만 특히 번역 활동에 있어서 무책임하게 대충하는 일은 없어야 한다. 자신도 뜻을 모르면서 그럴듯하게 번역한 것들이 있다는 것은 안타까운 일이다. 원 저자의 의도를 왜곡시키는 번역, 어려운 문장을 누락시킨 번역, 의역을 빙자하여 대충한 번역 등이 있어서는 절대 안 된다. 그래서 나는 누가 번역을 하겠다면 차라리 책을 쓰는 편이 쉬울 것이라고 충고한다.

미래를 지배할
컴퓨터

■ ■ ■

　누구나 인생을 되돌아보면 한두 가지 후회스러운 일이 있다. '그때에 이렇게 했더라면 더 좋았을 것을, 어쩌면 지금과는 다른 삶을 살고 있을지도……' 하는 아쉬운 일이 있게 마련이다.

　내 인생에서 가장 아쉬운 일을 꼽으라면 컴퓨터가 미래 사회를 지배할 것이라는 것을 일찍이 예측하고, 나름대로 거기에 대한 대비도 철저히 했는데 도중에 손을 놓았다는 것이다. 우연한 기회에 서울에 컴퓨터 학원이 있다는 사실을 알고 곧바로 종로 2가에 있는 학원에 등록했다. 당시에는 컴퓨터가 무엇을 하는 기계인지 어렴풋이 알고 있었을 뿐 정확한 이해가 없었다. 하기야 그때 우리나라에 컴퓨터가 두 대밖에 없었으니 컴퓨터가 어떻게 생겼는지, 어떤 기능을 갖고 있는지 아는 사람은 거의 없었다. 일반인이 컴퓨터에 대해 잘 모르는 것은 당연한 일이었다.

내가 학원에서 배웠던 것은 컴퓨터 시스템의 기본원리와 Basic program에 관한 것이었다. 즉, 컴퓨터 내부에서 어떻게 계산이 진행되고 기억이 되는가 하는 기계적인 작동원리를 비교적 소상하게 교육 받았다. 좀 더 구체적으로 설명하자면, 당시에 활용되던 Assembly Language, FORTRAN, COBOL, PL/1 등을 이용하여 실제로 프로그램 짜는 것을 실습했다. Logic tree라고 할 수 있는 Flowchart를 만들고, 이를 바탕으로 프로그램을 짜서 키펀치 카드에 수록된 데이터를 넣고 돌리면 순식간에 해답이 나왔다.

대학원 시절에 교육심리연구실에서 사용하던 전기 계산기와는 비교가 되지 않았다. 실로 신세계를 만난 기분이었다. 이런 여러가지 교육을 받고 학원으로부터 컴퓨터 프로그래머 자격증을 받았으며, 이 자격증이 향후에 빛을 발할 때가 있을 것이라 믿었다.

나는 컴퓨터가 입학시험 채점 및 결과 처리, 대규모의 조사연구 결과 처리, 학교 행정에서 학생 성적관리, 기업에서 인사관리 등 광범위한 분야에서 적극적으로 활용될 것이며, 우리 사회에 일대 변화를 가져올 것으로 예견했다. 이처럼 남들보다 일찍 예견하고 준비한 덕분에 실제로 미국 유학 시절에도 컴퓨터 프로그램에 관한 지식을 잘 활용할 수 있었다.

그러나 귀국 후 사무실과 연구실에 비서와 연구 보조원이 배치되면서 자연스럽게 컴퓨터 프로그램 짜는 일에서 손을 놓게 되었다. 만일 계속해서 프로그램 개발에 관련된 연구를 했다면, 아마 지금쯤은 첨단과학에서 필요로 하는 프로그램이나 국방과학에 도움이 될 수 있는 프로그램을 개발하고 있을 것이다. 선견지명을 가지고 있었음에도 불구하고 여러 환경으로 인해 도중에 컴퓨터를 소홀히 한 것이 무척이나 아쉽다.

⑧ 젊음을 투자한
한국교육개발원

지난 40년을 뒤돌아볼 때 교육 분야에 한국교육개발원(KEDI, 1972)이 없었고,
경제 분야에 한국개발연구원(KDI, 1971)이 없었고,
과학기술분야에 한국과학기술연구원(KIST, 1966)이 없었다면
과연 오늘날 한국의 교육·경제·과학기술이 가능했을까 하는 자문을 해본다.
한국 교육은 자타가 공인하는 세계 최고의 수준에 도달해 있다.
각종 국제회의나 국제 학술대회에서 참석자들의 관심과 질문은
"어떻게 해서 한국 교육의 질적 수준이 10여 년간 지속적으로 최고의 수준을 유지하느냐?" 는 것이다.
나의 대답은 간단명료하다.
"한국에는 세계적인 연구 기관인 한국교육개발원이 있기 때문이다."

한국교육개발원으로
스카우트되다

■ ■ ■

　한국교육개발원(KDEI)은 초·중학교 발전사업(E-M Project)을 수행하기 위하여 국제개발처(USAID)로부터 750만 달러의 차관을 받아서 1972년 8월에 설립된 연구 기관이다. '한국의 전통과 현실에 부합하는 새로운 교육체제 구축, 한국 교육의 현안에 관한 종합적이고 과학적인 연구 수행, 한국 교육의 당면과제를 합리적으로 해결할 수 있는 혁신적인 미래교육체제 개발'의 세 가지 목적을 달성하기 위하여 설립되었다.

　기관 설립에서 가장 중요하고 최우선적으로 확보되어야 하는 것이 예산과 인력이다. 교육개발원 설립자이며 초대원장이었던 고 이영덕 박사는 급한 대로 연구 인력과 행정 인력을 확보하였으나 예산문제를 해결하지 못하고 자신의 집을 담보로 은행 융자를 해서 직원들의 보수를 지급하는 사태에 이르렀다. 문제는 국제개발처로부터 받은 차관이 현물차관인데 이를 자금화 할 수 없었다는 것이다. 현물을 자금화 하기 위해서는 경제기획원 장관의 도움이 필요한데, 당시에 정치적인 연계가 없었던 원장은 이 문제를 해결하기 위해 장관의 동생인 인천교육대학의 고 N 교수를 교육개발원 기획실장으로 발탁했다. N 교수는 교육개발원의 핵심 부서인 기획실을 설치하면서 자신을 도와 함께 일할 연구원으로 나를 선택했다.

교육개발원 창립 초기에 능력 있는 연구원들이 전국에서 몰려오고, 개발원에 대한 사회적 기대도 높고, 연구원들에 대한 보수도 높다는 소문이 확산되었다. 나는 서울에서 인천으로 출퇴근하는 일도 어려울 뿐만 아니라 3년 정도 교수 생활을 하니 침체되는 기분이 들어 새로운 자극이 필요하던 차에 교육개발원의 제안을 흔쾌히 수용하고 직장을 옮겼다.

그런데 막상 교육개발원으로 옮기고 보니 출퇴근 시간을 절약할 수 있다는 것 외에는 별로 좋은 것이 없었다. 대단히 높다던 보수도 교육대학 교수보다 낮았고, 기관 설립 초기이므로 기획실에서 해야 할 일은 언제나 산적해 있었다. 특히 불만스러웠던 것은 국제개발처 차관 계획에 의해 플로리다 주립대학교로 장기·중기·단기 유학 갈 연구원들이 이미 선정되어 있어 조금 늦게 개발원에 입사한 연구원들에게는 시험 볼 기회조차 주어지지 않는다는 점이었다. 유학생으로 선정된 연구원들은 마음이 들떠서 출국 날짜만 기다리고 있고, 유학의 기회가 허락되지 않은 연구원들은 그들대로 모여서 불만을 토로했다.

어느 조직이나 기획실은 조직의 장기적인 발전 전략을 구상하고, 각 부서의 업무를 통합·조정하여 조직이 원활하게 운영되도록 하는 기능을 수행한다. 나는 교육개발원 장기 발전계획을 수정·보완하는 한편, 각 부서에서 추진하는 연구과제들을 효율적으로 추진하기 위해 당시로서는 최신의 경영기법이라고 할 수 있는 PERT(Program Evaluation and Review Technique) 기법을 도입하여 연구 과제를 관리할 수 있도록 했다. 그리고 MBO(Management by Objective) 기법도 도입하여 연구원들이 각자의 달성 목표를 설정하고, 이를 달성토록 했다. 또한 국제개발처 차관사업의 전제조건인 Monthly progress report를 매월 작성하여 국제개발처에 제출하고, 한국교육개발원 연구보고서의 양식을 통일하기 위한 작업도 했다.

미국 유학을 떠나기 전까지 비록 짧은 기간 근무를 했으나 교육개발원의 장기적 발전 기틀을 확립하는 기초 작업을 수행하는 데 많은 기여를 했다고 자부한다. 유학을 마치고 1977년 6월 초에 다시 한국교육개발원으로 복귀하여 1985년 3월에 서울대학교 교수로 발령 받을 때까지 약 8년간 근무했다. 따라서 여기서 이야기하는 것의 전반부는 유학을 가기 전의 것이며, 후반부의 이야기는 유학을 다녀와서 경험한 일들임을 밝혀둔다.

'제1차' 라는 단어 하나가
한국 교육의 선진화를 가져오다

■ ■ ■

　교육개발원에 와서 가장 먼저 착수한 것이 '한국교육개발원 발전 5개년 계획'을 수립하는 일이었다. 교육개발원은 국제개발처 차관 750만 달러로 설립되었으며, 이는 당시의 한화로 약 20억 원이었다. 초·중학교 발전 사업을 위한 차관 이외에 별도로 T-Com 사업을 위한 차관이 750만 달러가 있었다. T-Com 사업은 한국의 지리적·기상학적 특성에 맞지 않아서 결국 실패로 끝났다. 훗날 내가 기획실장으로 있을 때 T-Com사로부터 손해배상을 받아 일부는 교육방송의 가시청 지역 확대를 위해 당시에 교육방송을 송출해주던 KBS에 지원하고, 나머지는 교육개발원의 기금으로 적립했다. 그런데 문제는 초·중학교 발전 사업을 위한 국제개발처와의 계약과 투자계획이었다.

　국제개발처와의 계약 내용을 보니 20억 원을 연간 4억 원씩 5년간 초·중학교 발전 사업에 투자한다고 되어 있었다. 즉, 5년간 20억 원을 모두 초·중학교 발전 사업에 투자하고, 5년 후에는 사업을 종료한다는 것이다. 참으로 난감한 일이었다. 이러한 문제를 기획실장과 논의하고, 원장 이하 간부들과도 논의하여 20억 원을 은행에 예치시켜 놓고, 이자만 가지고 운영할 수 있는 방안을 수립하자고 제의했다. 이를 위해 '초·중학교 발전 5개년계획'이라는 단어보다는 '제1차 한국교육개발원 발전 5개년계획'이라는 단어를 사용하자고 제안했다.

이렇게 하여 기획실 주관하에 '제1차 한국교육개발원 발전 5개년계획' 수립을 착수하게 되었다. 이 계획 수립에는 타부서에서 근무하는 연구원들이 참여했는데 주로 P 씨, B 씨, J 씨 등이 많은 도움을 주었다. 특히 이 계획에서는 PERT 기법과 함께 MBO 기법을 동원하였다. 당시 이 기법들이 생소했던 나는 이 책 저 책 자료를 찾아가며 공부하면서 계획 수립에 활용했다. 기획실의 내 책상 뒷면 벽에는 거의 반이 PERT 그림으로 가득 차 있었으며, 기획실의 J 씨는 이 그림을 그리는 작업을 거의 도맡았다. J 씨는 훗날 기획실에서 PERT를 그리면서 익힌 재능을 살려 영동에 간판회사를 차려 개인 사업을 했다. 우면동에서 교육개발원이 주관했던 많은 행사의 현수막은 대부분 J 씨가 직접 썼다.

교육계획을 수립하는 데 실제적으로 PERT와 MBO 기법을 본격적으로 도입한 것은 이 계획이 처음이었다고 본다. 다들 이론적으로만 이들 기법을 알고 있었지 실제 계획에 어떻게 적용하는가를 잘 모르고 있었다. 지금 생각하면 상당히 초보적인 것이지만 당시에는 꽤 자부심이 높았다. PERT와 MBO를 작성하는 과정에서는 기관 구성원 대부분이 참여해야 하는데 사람들을 동원하고 참여시키는 데 많은 어려움이 있었다. 초창기라서 각 부서는 부서대로 바쁜데 공연히 기획실에서 사업계획을 내라느니, 와서 설명해 달라느니, 저녁 또는 휴일에 나와서 함께 작업하자느니 하는 요청이 결코 쉽게 이루어질 수 있는 것이 아니었다.

주야로 매달려서 PERT와 MBO 기법을 적용한 '제1차 한국교육개발원 발전 5개년계획'을 완성시키고, 이 계획서를 여러 사람의 도움을 받아서 영어로 번역하여 국제개발처에 제출했다. 그런데 국제개발처 담당자는 교육개발원의 계획서를 보자마자 "왜 제1차 계획인가?"라고 물으며, 계획서를 접수하지 않고 수정해서 다시 가져오라는 것이었다. 이대로 그냥 물러나서는 안 될 것 같아 나는 짧은 영어지만 나름대로 그 이유를 설명했다. 내 주장은 대체로 다음과 같은 두 가지 이유에서 제1차 계획이라고 해야 한다는 것이었다.

첫째, 국제개발처 차관사업의 목적이 한국 초·중학교 교육의 발전을 위한 것인데 5년 내에 소기의 목적을 달성할 수 없기 때문에 사업이 지속적으로 추진되어야 한다. 또한 한국에서 차관사업을 성공적으로 수행하게 된다면 차후 다른 국가에 대한 차관사업의 모델로 한국을 내세울 수 있다. 그런데 5년 동안에 20억 원을 매년 4억 원씩 집중 투자하여 얻는 효과보다는 20억 원을 은행에 예치하고 이자만으로 장기적인 투자를 하는 것이 보다 큰 성과를 기대할 수 있다.

둘째, 나는 인천교육대학 교수로 재직하다가 사표를 내고 교육개발원으로 왔는데 5년 후에 기관이 문을 닫게 되면 나는 어디로 가야 하는가? 또 교육개발원에서 현재 일하고 있는 70~80명의 직원들은 5년 후에 모두 실직자가 되어야 하는가? 미래에 대한 보장이 없으면 동기유발이 되지 않아서 E-M Project는 실패로 끝날 가능성이 크다. 진정 국제개발처가 차관사업을 통해 한국의 초·중학교 교육을 발전시키기를 원한다면 모든 연구원이 열심히 일할 수 있도록 보장해야 한다.

이러한 내용으로 나는 상대방을 열심히 설득했다. 상대방은 처음에는 나의 설명을 들으려고도 하지 않더니 점점 열을 올리며 설명하니까 수긍하는 눈치였다. 그러나 다 듣고 나서는 당초의 계약은 계약대로 지켜져야 하며, 만일에 계약을 수정하고자 한다면 자기네의 결정으로는 안 되고 국제개발처 본부의 허락을 받아야 한다면서 다음번에는 교육개발원 원장과 함께 와서 설명해달라고 했다.

그 후에 원장이 국제개발처 책임자에게 유창한 영어로 잘 설명한 덕분에 그들을 설득시켜 우리의 주장은 관철되어서 '제1차 한국교육개발원 발전 5개년계획'은 접수되고, 당초의 계약서도 수정되었다. 이러한 일은 비록 '제1차'라는 단어 하나를 첨가한 것이지만, 교육개발원이 5년 내에 문을 닫을 수도 있던 것을 현재까지 유지시키면서 한국 교육 발전에 지대한 공헌을 할 수 있도록 했다는 데 큰 의미가 있다. 또한 국제개발처의 E-M Project가 성공한 사례로 기록되게 하고, 한국교육개발원을 세계적인 교육 연구·개발기관으로 성장토록 한 밑받침이 되었다.

  만일에 그때 국제개발처와의 당초 계약대로 그냥 두었더라면 초·중학교 발전 사업은 실패로 끝났을 것이며, 한국 교육은 아직도 후진성을 면치 못했을 것이다. 그리고 현재의 교육방송원도 존재할 수 없었을 것이다. 국제개발처의 단기적 집중 투자론과 교육개발원의 장기적 투자론이 논쟁을 벌려, 우리가 그들을 설득할 수 있었던 것은 천만다행한 일이었다.

디자인 영역까지 소화하는
만능 기획실

■ ■ ■

초창기에 교육개발원의 영문 명칭은 KEDL(Korean Educational Development Laboratory)이었으며, 〈KEDL Newsletter〉가 타블로이드판으로 간행되었다. 그러나 1973년 초에 KEDL이라는 명칭을 그대로 읽으면 '개들'이 되고, 'Laboratory'라는 것이 조그만 실험실 같은 느낌이 드는 관계로 KEDI라고 바꾸게 되었다. KEDI라고 하니까 이번에는 골프장의 캐디와 발음이 같다고 해서 반대의견도 있었으나 Laboratory보다는 Institute가 더 좋다는 의견이 지배적이었으므로 KEDI로 확정했다.

기관의 영문 명칭이 바뀌니 자연적으로 뉴스레터의 제호도 바꾸어야 하는데, 그 일이 기획실로 떨어졌다. 그래서 며칠 동안 뉴스레터의 체제를 검토하고 제호를 고민한 끝에 〈교육개발소식〉이라고 명명했다. 그러면서 기존보다 서체를 더욱 멋지게 바꾸고, 영문제호도

〈KEDI Newsletter〉로 바꾸면서 서체도 바꾸었다. 그리고 뉴스레터의 규격도 보관이 용이하게 일반 연구보고서 크기의 4X6배판으로 바꾸어서 K 부원장에게 제출했더니 매우 흡족해하며 그대로 채택하자고 했다. 그때 내가 고안했던 〈교육개발소식〉의 체제는 그 후 오랫동안 유지되어오다가 다시 한 번 바뀌어서 1978년경에 종간되고, 이를 이어받아 1979년부터 〈교육개발〉이라는 명칭의 기관지를 발간해오고 있다.

〈KEDI Newsletter〉 체제를 확정하고 난 후에 K 부원장은 또 다른 임무를 나에게 부여했다. 교육개발원에서 발간하는 연구보고서가 정해진 체제가 없이 멋대로 발간되고 있는데, 앞으로도 많은 보고서가 발간될 터인데 표지가 일정한 형식을 갖추도록 하자는 것이었다. 그래서 책장에 꽂혀 있는 책들을 보면 바로 교육개발원 보고서인 것을 식별할 수 있도록 표지양식을 고안하라는 것이었다. 참으로 의의 있는 일이고 꼭 필요한 일이라고 생각했다. 교육개발원의 역사가 길어질수록 동일한 연구보고서 체제를 갖춘 보고서가 책장에 차곡차곡 꽂힐 생각에 고무되어 표지 디자인을 제대로 잘해보자 결심했다.

그러나 나는 미술 전공이 아니었기에 직접 디자인을 할 수 없어서 각 대학의 미술과 교수들을 찾아다니며 부탁하기로 했다. 제일 먼저 내가 근무했던 인천교육대학교 미술과 교수들을 찾아가서 사정이야기를 하고 연구보고서 표지 디자인을 부탁했다. 그다음 이화여자대학교, 홍익대학교 등을 찾아다니며 여러 교수들을 만나서 부탁했다. 2~3주 후 여기저기서 내로라하는 교수들이 디자인한 연구보고서 표지 20여 장을 들고 의기양양하게 부원장실로 갔다. 당시에 연구담당 부원장은 호랑이 부원장이라는 별명이 있어서 여간한 용기가 아니면 연구원이 스스로 부원장실을 방문하지 않았었다. 그러나 나는 20여 일간 열심히 뛰어다니며 완성한 20여 장의 견본을 가지고 있었기에 자신 있게 찾아갔다.

부원장은 내가 제시한 연구보고서 표지 견본들을 대충 훑어보고는 나에게 집어 던지면서 "무슨 놈의 표지가 이 모양이야?" 하는 것이다. 그러더니 벌떡 일어서서 자신의 책장에 꽂혀 있는 하버드대학 학술지를 하나 꺼내면서 "왜 이렇게 못하는가?" 하는 것이다. 20여 일 동안 내 나름대로 전문가를 찾아다니며 최선의 노력을 경주한 결과가 일언지하에 불합격 판정을 받고 야단까지 맞았으니 맥이 쫙 풀리면서 순간적으로 화가 머리끝까지 치밀었다. 그러나 어쩌랴. 속으로 분을 삭이면서 "그렇게 외국대학 학술지 표지를 좋아하실 바에는 차라리 처음부터 그것으로 하실 것이지 왜 저에게 표지 디자인을 하라고 하셨습니까?"라고 강하게 항의하고 돌아서 나와 버렸다.

기획실에 돌아와서 곰곰이 생각해보았다. 대학에서 강의를 하고 함께 운동장에서 야구를 할 때는 그렇게 인자하시고 다정다감하고 형님 같던 분이 부원장이 되더니 왜 저렇게 성격이 불같고 호랑이같이 변해 버렸을까? 원래 부원장이 되면 다 저렇게 성격이 변할까? 그렇다면 훗날 원장을 할망정 부원장은 하지 말아야지 하는 결심을 했다. 그 후 다시 대학교수의 신분으로 원상복귀하신 K 교수님은 옛날처럼 인자하신 성격을 되찾으셨을 것으로 믿는다. 본래 천성이 인자

152

한 분이니까. 선생님은 이러한 과거의 일을 기억하고 계시지 않으리라 믿는다.

여하튼 교육개발원에서 오랫동안 즐겨 사용해온 띠를 두른 연구보고서 표지 형태는 이런 우여곡절 끝에 결정된 것이다. 나는 교육개발원의 연구보고서를 접할 때마다 그때의 일들이 주마등처럼 스쳐간다. 그런데 1980년대 초부터는 교육개발원 연구보고서의 특징인 띠를 두르는 형태가 서서히 사라져서 이제는 책장에 꽂혀 있는 연구보고서들 중에서 교육개발원 연구보고서를 찾기가 쉽지 않게 되어버려 퍽 아쉬운 감이 있다.

여보!
눈에 뵈는 게 없어?

...

교육개발원의 뜻대로 '제1차 한국교육개발원 발전 5개년계획'을 작성하여 국제개발처에 제출하고 나니 그 다음 달부터 매달 영어로 'Monthly Progress Report'를 작성하여 제출하라는 업무가 떨어졌다. 국제개발처와의 계약서에 교육개발원은 E-M Project의 진척사항을 월별로 작성해서 국제개발처에 제출토록 되어 있었다. 기획실에서 일하다 보면 한 달이라는 시간이 1주일처럼 지나가게 마련인데 매달 E-M 사업 진척사항 보고서를 작성하는 일은 부담이 이만저만이 아니었다. 한글로 작성해서 이를 영문으로 번역하고, 다시 영문타자기로 타자를 쳐서 제출하는 일은 한 사람이 전적으로 이 일에만 매달려도 기간 내에 제출할까 말까한 일이었다. 그러나 어쩌랴, 차관을 준 외국기관의 계약사항을 충실히 이행해야 할 의무가 교육개발원에 있으니 밤을 새워서라도 책임을 이행할 수밖에 없는 노릇이었다.

보고서를 한글로 작성해서 영문으로 번역하고 이를 수정·보완하는 일은 그래도 어렵지 않게 할 수 있었으나 문제는 영문으로 타이핑하는 일이었다. 지금은 컴퓨터 없는 집이 없고 노트북이 일반화되어 있어서 보고서 작성 정도는 일도 아니지만 당시에는 컴퓨터는커녕 영문타자기, 한글타자기가 따로 있고, 또 영문 타자를 칠 수 있는 타자수와 한글 타자를 칠 수 있는 타자수가 달랐다. 보고서 제출일은 가까워 오는데 기획실에 근무하는 타자수만으로 보고서를 작성하기에는 절대적으로 불가능했다. 그래서 결국 각 부서장의 협조를 얻어서 부서별로 영문 타자를 칠 수 있는 타자수를 동원했다.

퇴근 후 타자수들을 기획실로 불러 타자를 부탁했는데, 13층에서 엘리베이터를 타고 내려가 저녁을 먹고 걸어서 13층을 올라오면 방금 저녁 먹은 것이 다 소화됨은 물론 다리가 후들거려 일도 하기 전에 몸이 피곤해진다. 당시 수운회관은 전기를 절약한다고 퇴근시간 후에는 일체 엘리베이터를 운행하지 않았다. 교육개발원에 3월부터 8월말까지 6개월 동안 근무하면서 가장 힘들었던 것이 퇴근시간 이후 특근이 아니라 6시 이후에 13층을 내려갔다가 13층까지 걸어서 올라가는 일이었다. 13층을 오르내린다는 것이 얼마나 힘든 것인지 수운회관에서 경험해보지 않은 사람은 모를 것이다. 또 한 가지 힘든 일은 12시부터 새벽 4시까지 통행금지 시간이 있었다는 것이다.

그날도 각 부서의 타자수들을 데리고 다음 날에 제출할 Monthly Progress Report를 타이핑하고 있는데 시간은 어느덧 밤 11시가 되었다. 그래서 먼 곳에 사는 타자수들부터 택시비를 주고 귀가하도록 했는데, 그중 한 사람이 내가 살고 있는 수유리의 우이초등학교 근처에 산다는 것이다. 그래서 나는 그에게 함께 일을 끝내고 택시를 타고 가자고 했다. 보고서 작성을 거의 끝마치고 11시 30분이 넘어서 가벼운 마음으로 타자수와 함께 택시를 타고 수유리로 향했다. 당장 내일 제출해야 하는 보고서를 마치고 귀가하는 마음은 그야말로 하늘로 날아갈듯 가볍고 후련했다. 더구나 한여름 밤 자정이 가까워가는 시간에 쏜살같이 달리는 택시에서 시원한 바람을 맞는 기분은 말로 표현할 수 없을 정도였다.

택시는 금방 우이초등학교 앞에 도착했고, 나는 타자수와 함께 택시에서 내렸다. 그러고는 오늘 고생했다는 이야기를 나누며, 내일 아침에 일찍 나와서 조금 더 손질할 곳을 도와 달라는 부탁을 한 후 집으로 걸어가려고 돌아서는 순간이었다. 갑자기 뒤에서 "여보, 눈에 뵈는 게 없어?" 하는 날카로운 음성이 밤의 정적을 깨고 들려왔다. 깜짝 놀라서 돌아보니, 아뿔싸 아내가 뒤를 따라오면서 외치는 것이 아닌가. 너무나도 예상치 않은 일이었기에 당혹스럽기 짝이 없고, 변명할 겨를이 없었다.

교육개발원으로 직장을 옮기고 난 후 1주일의 반은 집에 오지 못하고 사무실 혹은 여관에서 집중작업을 한 데다 집에 오는 날도 거의 매번 자정 가까이 돼서 귀가하고는 했다. 그러다 보니 아내에게 의심을 받을 만도 했다. 당시 아내는 직장에 나가면서 아이를 키우느라 힘들고 피곤해서 마중 나오는 일이 거의 없었다. 그런데 마침 그날따라 큰길까지 마중을 나왔는데 내가 모르는 아가씨와 나란히 택시에서 내린 후 다정하게 이야기하는 것을 보았으니 아내 입장에서는 오해할만도 했다. 결혼한 지 겨우 2년밖에 되지 않았는데 밤 12시에 남편이 어떤 아가씨와 함께 택시에서 내린다는 것은 무척 불쾌한 일일 것이다.

밤새 설명하고 이해를 구했으나 허사였고, 결국 아내는 이혼하자고 폭탄선언을 했다. 직장에서 충실히 일한 것밖에 없는데 아내로부터 오해를 받고 이혼까지 하자고 하니 하늘이 무너지는 것 같았다. 그러나 어쩌랴. Monthly Progress Report를 마무리해서 제출해야 했기에 다음 날 아침 나는 아침도 거르고 직장으로 향할 수밖에 도리가 없었다. 직장에 도착해 까칠한 모습으로 일을 하고 있으니 기획실장이 무슨 일이 있었느냐고 물었다. 그래서 사실대로 어제 저녁에 있었던 일의 전모를 밝히고 아내의 오해를 풀어달라고 지원을 요청했다.

며칠 후, 기획실장이 나의 아내를 불러 자초지종을 설명하며 오해를 풀라고 설득했는데, 여자의 오해는 그렇게 쉽게 풀리지 않았다. 아내의 오해가 풀린 것은 그 후 얼마 있다가 아내가 시장을 다녀오는 길에 우연히 문제의 타자수를 만나서 그녀가 우리 집 근처에 살고 있다는 사실을 자신이 확인한 뒤였다. 많은 세월이 지난 지금에는 이렇게 추억의 한 장면으로 이야기하고 있지만 당시에는 어찌할 바 모르고 너무나도 난처한 일이었다. Monthly Progress Report 때문에 이혼당할 뻔한 일은 평생토록 잊을 수 없는 추억이 되었다.

하늘이 무너져도
솟아날 구멍이 있다

■ ■ ■

기획조정실장을 맡으면서 H 원장에게 요구조건을 제시한 바 있다. 내가 원하는 직원들을 기획조정실로 배치해준다면 실장 직을 맡겠다는 것이다. 이런 조건을 내건 것은 자리만 차지하고 있는 실장보다는 개발원의 발전을 위한 핵심체의 실장으로서 근무하는 동안 뜻한 바를 성공적으로 추진하기 위함이었다. 원장은 내가 요구한 인력을 그대로 기획조정실로 배치해주었다. 아마도 그때의 기획조정실이 역대 어느 기획조정실보다도 가장 강팀이 아니었나 생각한다.

기획실장을 맡고 나서 두 가지 중점 추진과제를 설정했다. 한국교육개발원육성법 개정과 직원 처우개선이 바로 그것이다. 기획실의 모든 역량을 총동원하여 이 두 가지 과제를 여하한 일이 있더라도 책임지고 실천할 계획을 수립했다.

한국교육개발원육성법은 1973년 3월, 내가 개발원에 입사했을 때

법안의 초안을 작성하여 당시의 문교부에 제출하고, 문교부 관계관과 협의하여 수정·보완하는 작업을 했던 것이다. 과거에 개발원육성법 제정에 참여했던 내 자신이 다시 이 법률을 개정하고자 한 까닭은 교육개발원에 대한 정부 지원을 법적으로 보장하고, 기금 설치의 법적 근거를 마련하여 개발원의 재정자립도를 높이고 운영의 내실을 기하기 위함이었다.

교육개발원은 당시에 T-Com사로부터 배상금 10억 원을 받아서 보유하고 있었으나 이를 합법적으로 관리할 수 있는 법적 근거가 없었다. 따라서 이 배상금을 기금으로 적립함은 물론 정부와 민간으로부터 출연금이나 기부금을 받아 이를 기금으로 적립할 수 있도록 기금 조항을 신설할 필요가 있었다. 이와 같은 개발원의 절실한 필요를 충족시키기 위해 육성법 개정을 위한 활동을 적극적으로 전개하였다. 처음에는 법률을 개정하는 것이 그렇게 어려운 줄 몰랐으나 막상 여러 가지 복잡한 절차를 밟으면서 이게 쉬운 일이 아님을 뼈저리게 깨달았다.

그러나 "하늘이 무너져도 솟아날 구멍이 있다"고 하듯이 다행히 당시의 여당인 민정당에는 나와 대학 동기이자 ROTC 동기인 K 씨가 전문위원으로 있으면서 도움을 주었고, 국회 문공위원회에는 나의 가까운 친구인 또 다른 K 씨가 교육개발원육성법 개정에 큰 도움을 주었다. 이들의 도움이 있었기에 계획대로 육성법 개정 작업을 완성할 수 있었다.

당시에 교육개발원 업무는 문교부의 장학실에서 관장하고 있었으므로 개발원에서 개정을 제안한 법률안은 장학실을 거쳐 교육부 기획관리실 법무담당관의 심의, 법제처와의 협의를 거쳐 차관회의와 국무회의 의결 후 대통령의 결재를 받아 국회로 송부되었다. 국회에서는 문공위원회의 심의, 법사위원회의 심의를 거쳐 전체회의에서 의결하는 길고도 어려운 절차를 거쳤다. 멋모르고 법률 개정 작업을 추진하였는데, 각 단계마다 어찌나 까다로운지 거의 1년이 걸렸다. 이를 계기로 내 평생에 다시는 법률 개정 작업에 뛰어들지 않겠다는 생각을 하게 되었다.

드디어 이렇게 어려운 절차를 거쳐서 교육개발원육성법을 개정하였다. 이 개정 법률에 의하여 교육개발원은 정부로부터 합법적으로 재정적 지원을 받고, 교육개발원 기금을 점차 증대시켜 나갔다. 하지만 1980년대 중반에 나라 경제가 어렵다는 이유로 각 기관이 보유하고 있던 기금을 풀어서 운영비로 쓰도록 한 정책에 의해 잘 적립해두었던 기금을 한꺼번에 풀어버리는 안타까운 일이 있었다.

교육학 박사와 경제학 박사가 차이가 있습니까?

■ ■ ■

　미국 유학을 갈 때 국제개발처 차관으로 간 연구원들은 휴직을 했는데, 개인적으로 유학을 떠난 연구원들은 사표를 내라고 해서 사표를 냈다. 교육개발원은 종로구 경운동 천도교 수운회관에서 서초구 우면동 산자락으로 새 청사를 짓고 이전했다. 교육개발원이 설립된 부지는 본래 대한교육연합회가 새 건물을 지으려고 갖고 있던 부지였다. 그래서 내가 대한교련에 근무할 당시에 새 건물을 지을 부지의 뒷산인 우면산에 식목을 했던 일이 있다.

　박사 학위를 받고 귀국하여 교육정책 연구실 실장을 잠시 하다가 곧 기획조정실장으로 발령 받았다. 기획조정실은 교육개발원의 연구, 예산, 인력 등과 관련해 종합적으로 계획을 수립하고 조정하는 역할을 수행하는 기구로서 교육개발원의 살림을 책임지고 있었다. 미국 유학을 가기 전에도 기획실에 근무했던 경험이 있어서 새로운 업무가 별로 낯설지 않았다.

단지 교육개발원 설립 초기와 비교했을 때 직원들의 사기가 많이 떨어져 있고, 전반적인 분위기가 침체되어 있었다. 그 이유를 세심하게 분석해보니 바로 직원들의 보수가 타 기관에 비해 낮은 데 있었다. 기관 설립 초기에는 보수나 근무조건에 관계없이 의욕에 넘쳐서 일을 하지만 기관이 어느 정도 정착하면 직원들은 근무조건에 관심을 갖게 마련이다.

직원들의 보수 인상을 위해 우선 한국교육개발원보다 보수가 높은 한국개발연구원, 정신문화연구원, 연세대학교, 고려대학교 등의 보수 표와 인사규정을 구했다. 그리고 나서 이를 세밀하게 분석하고, 교육개발원의 보수 표와 비교할 수 있도록 그래프를 그렸다. 다른 기관들의 보수곡선에 비해 교육개발원의 보수곡선은 대단히 낮았다. 또한 각 기관에서 지급하고 있는 각종 수당에 관한 자료도 수집하여 분석했다.

이러한 보수 분석 비교자료를 준비해서 원장과 함께 경제기획원 C 차관을 면담했다. 상견례가 끝나자마자 나는 차관에게 단도직입적으로 "교육학 박사와 경제학 박사가 차이가 있습니까?"라고 질문을 던졌다. 그랬더니 차관은 "박사는 다 똑같은 박사지 무슨 차이가 있느냐?"고 나에게 되물었다. 그래서 나는 곧바로 준비해간 각 기관의 보수를 비교한 그림을 보이면서 교육개발원의 보수가 다른 기관의 보수보다 현저하게 낮다는 것을 설명했다. 특히 한국개발연구원에 있는 아무개 박사는 나와 대학 동기이며, 미국 유학도 같은 시기에 다녀

왔는데, 내가 받는 보수는 그 친구의 60퍼센트 정도에 불과한 실정이라고 했다.

그랬더니 왜 그동안 보수를 제대로 인상하지 않았느냐고 하는 것이다. 그래서 매년 정부 정책대로, 경제기획원에서 정해주는 대로 물가 인상률을 반영하여 전년 대비 5퍼센트 혹은 10퍼센트씩 인상을 하는데, 한국교육개발원은 당초에 보수수준이 타 기관보다 낮았기에 해가 갈수록 상대적으로 낮아진다고 설명했다. 동일한 인상률을 적용한다면 보수 격차가 점점 심화되는 것은 당연하기 때문이다.

이를 극복하기 위해서는 연내에 10퍼센트 정도 보수를 인상함과 동시에 타 기관에서 지급하고 있는 각종 수당을 새로 도입할 필요가 있다고 강하게 의견을 제시했다. 그 결과 연내에 보수를 인상하고, 여러 가지 수당도 도입했다. 그리고 이듬해에 다시 정상적으로 임금을 인상해서 결국 전년도 대비 평균 30퍼센트 정도가 대폭 인상되었다.

경제기획원으로부터 임금 인상을 위한 예산을 받아와서는 연구직과 행정직에게만 배분하지 않고, 수위나 식당 종업원 등 임시직원에게도 형평에 맞게 배분하였다. 그랬더니 식당 아주머니들이 덕분에 자식 교육비 걱정하지 않고 교육시킬 수 있게 되었다고 하면서 내 식판에 밥을 가득이 담아주기도 했다. 내가 알기로는 회계연도 중간에 보수를 대폭적으로 인상한 것은 전무후무한 획기적인 조치였으며 지금도 이를 자랑스럽게 생각한다. 예산은 설득의 결과이며, 우는 아이에게 더 주는 젖이라고 할 수 있다.

예산 절감한 효자 책이
국고 17억 원을 낭비했다?

....

　교육개발원에서 발간한 배움책과 대한교련에서 국회 교육분과 위원들에게 돌린 돗자리가 국회에서 문제로 논의되었다. 대한교련의 돗자리는 주요 일간지를 도배한 반면에 교육개발원의 배움책은 주요 일간지 한 곳에 게재되었다. 공교롭게도 이 두 가지는 직간접적으로 나와 연관되어 있었다. 대한교련은 내가 근무했던 친정집 같은 곳이고, 배움책은 교육개발원 기획실장인 내가 직접적인 책임을 져야 할 일이었다. 그러나 돗자리 문제는 타 기관의 문제였으니 여기서 더 이상 이야기하지 않고, 배움책에 관한 이야기만을 하고자 한다.

　한국교육개발원은 초·중학교 발전사업의 핵심 사업으로 1973년에 새 교육체제를 개발하기 시작했다. 새 교육체제는 교수·학습과정을 개선하기 위한 새 수업체제와 이것이 학교 현장에서 효율적으로 그 기능을 발휘하도록 지원하는 학교경영체제로 이루어져 있다.

전국에 새 교육체제 시범학교와 협력학교를 두어 지역 단위의 교육 개선을 위한 선도학교 또는 센터학교로서의 역할을 수행토록 하면서 3년여의 교육체제 개발과정과 5년여의 현장 적용과정을 거쳐 새 교육체제의 개발을 완료하였다. 이를 위해 교육개발원은 새 교육체제 수업 지침서와 배움책을 개발하였는데, 이 배움책이 교육현장에서 매우 인기가 좋았다.

어느 날 하루는 국회에서 L 의원으로부터 전화가 왔는데, "배움책이 좋다고 하는데 한 질을 보내 달라."라고 했다. 그래서 그날로 당장 배움책 한 질을 L 의원 사무실로 보냈다. 그런데 며칠 있다가 배움책을 삼화인쇄소에서 인쇄하게 된 경위를 설명해달라는 것이다.

나는 H 원장과 같이 약속한 시간에 맞추어 L 의원 사무실로 갔다. 그러나 L 의원은 약속시간에 나타나지 않았고, 우리는 그곳에서 서너 시간을 기다리다가 그냥 돌아왔다. 그러나 그 후에 L 의원은 약속을 못 지켜서 미안하다는 말 한마디 없이 다시 와서 설명해달라고 했다. 내가 가서 그 경위를 자세히 설명했더니 이해하는듯하다가 끝에 가서는 "삼화인쇄소로부터 얼마나 받았는가?" 하는 식으로 엉뚱한 질문을 하는 것이다. 그 후에도 몇 차례 더 만나서 설명했는데도 뜬금없이 교육개발원은 배움책을 인쇄하면서 국고 17억 원을 손실시켰다는 주장을 했다.

며칠 후, 다시 L 의원으로부터 배움책 인쇄 보급에 관련된 일체의 경리장부를 가져오라는 연락이 왔다. 참으로 난감한 일이었다. 국회의원이 자료 제출을 요구하는데 응할 수도 없고, 또 응하지 않으면 무슨 비리가 있는 것처럼 보일 수 있어서 진퇴양난이었다. 그래서 국회 문공위원회 K 전문위원에게 이럴 때는 어떻게 하는 것이 좋으냐고 물었더니 국회법에 국회의원이 민간 기구에 자료 제출을 요구할 때는 국회의장의 공식서한이 있어야 한다는 것을 알려주었다. 그래서 L 의원에게 이러한 사실을 말하고 국회의장의 공식서한이 있어야 자료를 보내줄 수 있겠다고 했더니 전화상으로 노발대발하여 온갖 욕설을 퍼부어댔다. 그렇다고 기왕에 내친걸음인데 민간 신분인 내가 그냥 물러설 수 없어 나 역시도 지지 않고 대응했다.

    그날 오후에 문교부 J 차관으로부터 전화가 왔다. L 의원이 차관에게 "당신이 자료를 주지 말라고 했다는데"라고 하면서 온갖 야단을 다했다는 것이다. 그래서 내가 차관 이야기는 꺼내지도 않았으며, 자료를 주지 않게 된 이유를 자세히 설명했더니 차관은 오히려 잘했다고 했다.

    그러나 일이 이 정도로 마무리될 것 같지 않아서 배움책과 관련해 L 의원이 의혹을 가지고 있는 부분에 대하여 구체적인 자료를 만들어 기자들에게 자세히 설명해주었다. 그러고 나서 며칠 후, 국회 문공위원회에서 문교부 산하기관의 보고를 받는 날이었다. 교육개발원 사업에 대한 보고와 질의응답 시간에 L 의원이 긴급동의를 얻어 미리 준비한 배움책에 관련된 자료를 배포하면서 교육개발원은 배움책을 인쇄·배포하면서 17억 원의 국고를 손실시켰다는 주장을 다시 폈다. 다행히 기자들에게 배움책에 관한 사항을 사전에 설명하였기에 D일보만 이 내용을 기사화하고 다른 신문에서는 전혀 다루지 않았다.

공개입찰을 하지 않고 수의계약을 하게 된 동기와 배경, 그리고 수의계약을 통해서 오히려 예산을 절감한 사실을 기자들에게 미리 충분히 설명을 했기 때문이다. 공개입찰은 예산 절약이고 수의계약은 예산 낭비라는 획일적인 해석은 금물이라고 생각한다. 경우에 따라서는 수의계약이 보다 합리적이고 예산을 절약할 수 있다는 사실을 알아야 할 것이다. 그리고 한 가지 더 말하고 싶은 것은 국회의원은 자신이 속한 상임위원회에 따라서 그 분야를 전공한 보좌관을 채용해야 전문적인 도움을 받을 수 있다는 것이다. 교육을 전공한 보좌관이 있어야 교육문제에 관한 자료를 제대로 수합·정리하고, 해석하여 교육 분과위원회에 속한 국회의원을 제대로 보좌할 수 있다고 본다.

함께 문제가 된
진로교육 자료와 《소녀경》

■ ■ ■

　1982년 들어서 교육발전연구부의 S 박사팀에서는 초·중등학교에서 진로지도를 하는 데 사용할 수 있는 진로교육 자료를 개발하는 연구 과제를 수행하게 되었다. 이는 초·중등학교에서 적극적으로 진로지도를 하려고 해도 적절한 자료가 없는 문제점을 해결하기 위한 것이었다. 그래서 연구팀에서는 연초부터 진로교육에 관련된 자료를 수집·분석하고, 현장의 요구를 조사하는 등 열심히 연구를 추진하였다. 특히 장래의 직업 선택을 위해서는 다양한 직업에 관해서 알 수 있어야 하며, 대학에서 어떤 전공을 해야 그러한 직업을 선택할 수 있는가를 알 수 있도록 '대학안내 자료'도 함께 개발했다.

　나는 교육발전연구 부장으로서 미국 교육부 차관을 초청하고, 교육 연구 정보자료를 수집하기 위해 미국 출장 중이었다. 매일 관련 기관을 방문하여 관련 학자와 인사들을 만나서 연구 자료를 수집하고 면담을 하느라고 무척 바쁜 일정을 소화하고 있었다.

그날도 뉴욕에서 몇 개의 기관을 방문하며 빠듯한 일정을 보내고 있는데, 한국 대사관을 통해 교육개발원에 급히 전화 연락을 하라는 전언이 왔다. 무슨 일인가 궁금하여 그날 저녁에 교육개발원 원장실로 전화를 했더니 H 원장은 전화를 받자마자 큰 소리로 야단을 치는 것이다. "자네는 신문도 안 보고 다니나, 속히 귀국하게."

난데없는 야단에 "출장 일정에 따라 바쁘게 다니는데 언제 신문을 볼 시간이 있습니까?"라고 했더니 빨리 신문을 구해 읽어보라고 했다. 이유를 물었으나 자세한 이야기는 없고 신문을 보면 알 것이라고만 했다. 무슨 큰일이 났나 궁금하고 걱정되어서 뜬눈으로 밤을 지새웠다. 이튿날 아침 일찍부터 롱아일랜드에 있는 한국일보 지사를 찾아가서 며칠 지난 신문들을 뒤지기 시작했다. 몇 장 안 넘겨서 바로 1면 톱기사로 실린 교육개발원 관련 기사를 찾을 수 있었다. 신문 1면의 한쪽에는 개발원에서 발간한 대학안내 자료에 관한 기사가 실려 있고, 그 옆에는 문교부가 학생 필독서로 선정·추천한 도서 중 《소녀경》에 관한 기사가 실려 있었다.

어느 지방 교육청에서 학생들을 위한 권장 도서를 추천해달라고 했더니, 어느 여고의 선생이 《소녀경》을 추천했고, 교육청에서는 내용에 대한 검토 없이 그대로 추천 독서목록에 포함하여 발표했던 것이다. 책의 내용은 방중술에 대한 것으로서 학생들에게 추천할 도서는 아니었다. 지금 인터넷으로 소녀경을 검색해보면 19세 미만의 청소년이 이용할 수 없도록 분류되어 있고, 성인 인증절차를 거쳐야 볼 수 있도록 되어 있다. 예전보다 성에 대해 많이 완화된 현 시점에서도 이러한데 1980년대 초반에 학생들이 읽으면 좋을 추천 도서라고 했으니 전 사회가 발칵 뒤집힐 만도 했다. 그런데 그 바로 옆에 교육개발원에서 개발한 '대학안내 자료'에 관한 기사가 실렸으니 일반인의 관심을 크게 불러일으키기에 충분했다.

남은 일정을 모두 취소하고 급히 귀국하여 교육개발원에 나가 보니 우리 부서는 마치 초상집 같은 분위기였다. 문제의 발단은 바로 직업을 소개하는 내용에 있었던 것이다. "판사, 검사 등의 직업은 성적이 우수한 사람이 선택하는 직업으로서 전도유망한 직업이며, 경찰직은 한 사회의 법률과 질서를 유지시키는 데 필요한 직업이나 발전 전망이 없다"고 기술한 것이 문제가 된 것이다. 이는 경찰을 지원하지 말라는 의미이며 용공적인 표현이라는 것이다. 그래서 경찰에서 문제를 삼아 연구실장을 어느 분실로 소환했고, 원장마저도 어느 분실로 출두하라는 명령을 받았다. 일은 여기서 끝나지 않고 교육개발원의 창구 역할을 하는 문교부의 장학실에까지 영향을 미쳐서 관련 장학관을 직위해제 하였고, 교육개발원의 연구팀에 대해서도 징계를 요구해왔다. 그러나 직업을 소개하는 내용은 대학교수들에게 원고를 청탁해서 작성한 것이므로 연구팀에게 책임을 묻기는 어려운 일이었다.

이미 발간되어 배포된 '대학안내 자료'와 '진로교육 자료'를 모두 회수하고, 자료를 수정·보완하는 작업을 해야 하는데, 문교부에서 수정·보완 작업에 연구팀은 참여시키지 말아달라는 요청이 있었다.

결국 연구부장인 내가 그 후 몇 달 동안 일과시간 후에 늦게까지 남아서 자료집을 수정·보완하는 작업을 할 수밖에 없었다. 자료집을 수정·보완하는 과정에서 경찰 측은 직업 분류를 새로이 해서 경찰직을 다른 직종에 포함시켜 달라고 요구하고, 경찰직을 소개하는 내용을 자신들이 직접 검토하고 수정을 요청하기도 했다.

　이 연구를 마치면서 한 가지 얻은 것이 있다. 직업을 소개할 때는 직업의 장점과 직업에서 요구하는 특성을 중심으로 소개하여 제3자가 봤을 때 그 직업을 선호하고 택하려는 욕구가 생기도록 해야 한다는 사실이다. 교육개발원의 진로지도 자료 사건이 없었더라면 당시의 교육개발원 담당 장학관은 서울시 교육감을 지냈을 것인데, 이 사건으로 인해 승진 기회를 놓쳐 지금도 C 장학관에게 미안한 생각이 든다.

덤으로 사는 인생,
두려움은 없다

....

　4월 어느 날, 밤늦게까지 봄비가 추적추적 내리고 있었다. 서재에서 열심히 연구 논문을 쓰고 있는데 어디서 화장실을 치우고 있는지 인분 냄새가 열린 창으로 계속 들어왔다. 이 늦은 밤에 누가 화장실을 치우는지 참으로 의아하게 생각하면서 자정이 넘어서 잠이 들었다. 그때는 연구 과제가 많아서 일을 하다가 서재에서 자는 일이 빈번했다. 얼마나 오랫동안 잠을 잤는지도 모른다.
　너무나 추워서 눈을 떴는데 내가 마치 잠수함처럼 생긴 용기에 갇혀 있고, 사방에서 찬 공기가 총을 쏘듯이 나를 향해서 쏘고 있었다. 찬바람이 쉬지 않고 계속 덤벼드는데 정신을 차릴 수가 없었다. 이게 꿈인가 하고 몸을 꼬집어보니 꿈은 아니고 현실이었다. 그런데 바닥을 보니 하얀 시트에 SH병원이라는 글씨가 선명했고, 양손의 엄지와 검지 사이에서는 뻘건 피가 줄줄 흐르고 있었다. 발을 들어보니 양쪽

발에서도 선혈이 낭자하게 흐르고 있었다.

　순간 떠오르는 생각은 내가 큰 교통사고를 당했나 하는 것이었다. 그러나 교통사고를 당한 기억은 전혀 없다. 그때 밖을 볼 수 있는 유리로 된 구멍을 내다보니 큰 조카사위가 빙그레 웃고 있는 것이 아닌가. 추워 죽겠다고 나 좀 빨리 꺼내 달라고 외쳐도 듣는지 못 듣는지 그냥 웃고만 있었다. 내 몸에 걸친 것이라고는 삼각팬티밖에 없어 추위는 점점 더 심해졌다. 사지에서 피는 계속 흐르고 추위는 견딜 수 없는데 밖에서는 꺼내줄 생각도 않고 계속 웃고만 있으니 미칠 지경이었다. 내가 깨어나서 이렇게 고통을 겪은 지 20분이나 30분쯤 되었을 때 드디어 잠수함의 문이 열리고 나는 밖으로 나올 수 있었다. 이제 살았다고 좋아하는데 집사람이 나를 붙들고 슬프게 울고 있는 것이 아닌가.

　이것이 내가 알고 있는 것의 전부이다. 다음은 내가 아내로부터 들은 이야기이다.

　아내는 자기가 그동안 하느님께 기도를 많이 했는데 오늘처럼 절절히 기도한 적은 없었다고 한다. 병원에 도착하여 무릎 꿇고 간절히 기도를 드렸는데, 하느님이 기도를 듣고 나를 살려주셨다며 기적을 믿게 되었다는 것이다. 아내는 그때에 평생 하느님을 믿고 의지하겠다는 감사기도를 드렸던 게 아직까지 생생하다고 한다. 지금도 우리 부부는 성당에 열심히 다니고 있다.

　당시 중학생이었던 아들은 저녁에 일찍 자고 새벽에 일어나 공부하는 버릇이 있었다. 그날도 엄마에게 새벽 3시에 깨워달라고 해서 아내가 아들을 깨우려고 마루로 나왔는데 내가 방문을 열고 마루로 나오다가 문턱에 엎어져 있는데 그 모습이 처참하기 이를 데 없었다고 한다. 몸은 이미 척 늘어져 있고 숨도 멎어 있어서 고혈압으로 쓰러진 줄 알고 면도칼로 양손의 엄지와 검지 사이를 깊이 그었는데 피가 나지 않아서 다시 발가락 사이도 면도칼로 그었다는 것이다. 큰형님이 고혈압으로 돌아가시고, 어머니도 고혈압이셨으니 일단 조치는 맞게 한 것이었다. 그런데도 피가 한 방울도 나오지 않으니 아내가 얼마나 놀랐겠는가.

지금 나는 이렇게 담담하게 지난 이야기를 쓰고 있으나 그런 사건을 실지로 당한 당사자는 하늘이 무너지는 것 같았을 것이다. 미국에서 학위를 받고 귀국한 지 얼마 안 되어 당한 사고이다 보니 기가 막힐 노릇이지 않겠는가. 이제 잘 살아보려는 큰 꿈을 갖고 막 출발했는데, 아이들이 셋이나 있는데……. 아마도 엄청난 충격이었을 것이다.

아이들 셋이 모두 깨서 울고불고 야단이 났고, 아내는 먼저 큰댁에 계신 아버지께 전화를 했다. 아버지는 택시를 타고 쏜살 같이 집에 오셨는데, 이미 숨도 끊어지고 축 늘어진 것을 보고는 "끝장났다." 하시며 큰 한숨을 쉬셨다고 한다. 그러고는 곧 택시를 불렀는데 택시기사가 나를 시체 취급하듯이 잡아끄니까 그래도 머리는 다치지 않게 하라고 말씀하셨다고 한다. 아버지도 얼마나 참담하셨겠는가. 수년 전에 큰아들을 먼저 보내고 이제 막 박사 학위를 받아온 자랑스러운 아들까지 보내게 되는 심경이야 이루 말할 수 없을 것이다. 택시를 기다리는 사이에 가까이 살고 있는 큰 조카사위에게 병원으로 간다는 이야기를 했다고 한다. 어느 병원이라고 이야기도 못했는데 조카사위는 우리 집에서 택시를 타고 나오면 우회전을 했을 것이고, 제일 먼저 나오는 병원이 미아삼거리 가기 전에 있는 SH병원이니 그곳에 갔을 것이라 판단하고 SH병원으로 달려왔다.

SH병원은 미아리 근처에서는 제일 큰 병원이었다. 병원에는 당시에 연탄가스 중독자를 치료할 수 있는 산소통이 세 개 있었는데 두 개는 이미 환자가 들어 있고, 하나가 비어 있는데 병원의 기사는 나를 산소통에 넣을 생각을 않고 병원 바닥에 방치해놓았다. 아내가 빨리 산소통에 넣고 치료해달라고 애원했지만 이미 죽은 사람은 산소통에 넣을 수 없다고 거절했다. 마침 조카사위가 도착해서 "내가 산소통에 넣을 테니 작동시켜라. 만일에 이 사람 못 살리면 당신에게 책임을 물을 것이다."라고 엄포를 놓았다.

그러자 병원에서는 마지못해 나를 산소통에 넣기는 했는데 바로 작동시키지 않고, 먼저 서류에 도장을 찍으라고 했다. 아마도 이미 죽은 사람을 넣었으니 이 사람을 살리지 못해도 병원의 책임이 아니라는 서류였던 것 같다. 그래서 도장이 없어 대신 서명을 하겠다고 하니 서명은 안 된다고 우겼다. 그래서 도장은 아무나 찍을 수 있고 서명은 나만이 할 수 있기 때문에 서명이 더 확실한데 무슨 소리를 하느냐고 야단을 했다고 한다. 지금은 서명이 보편적으로 사용되고 있으나 당시에는 서명이 통하지 않았다. 이런 우여곡절 끝에 나는 가까스로 연탄가스 중독자를 치료하는 산소통에 들어가 치료를 받게 되었다.

내가 얼마나 오랫동안 숨을 못 쉬었는지 모른다. 어찌됐던 잠시 후 심장이 다시 박동을 시작하고 숨을 쉬게 되니까 면도칼로 그어 놓은 자리에서 피가 솟구쳤던 것이다. 아내 말로는 산소통에 들어가서 두 시간 정도 지나서 깨어났다고 한다. 저세상에 갔던 사람이 다시 돌아왔으니 얼마나 큰 기적이고 다행한 일이겠는가. 지금 생각하니 여러 가지 조건이 나에게 유리하게 작용했던 것 같다. 더 오래 살아야 할 운명이었기에 가까운 병원에 산소통이 하나 남아 있었고, 병원에서 시체 취급당하고 있는 사람을 강제로 산소통에 넣을 수 있는 용기와 배짱이 있는 조카사위가 그 자리에 와 있었기 때문에 치료를 받을 수 있었다.

3일간 병원에 입원했다가 퇴원했다. 퇴원하는 날 의사는 내 기억력을 테스트하기 위해 여러 가지를 물었다. 집 전화 번호, 집 주소, 생년월일 등등 여러 가지를 묻고는 기적같이 살았다고 여러 번 이야기했다. 대부분의 경우에는 다시 소생하기 힘든데 내 경우는 아주 예외라고 했다. 그러면서 운동을 많이 했느냐고 물었다. 보통 사람과 달리 아주 건강한 체질이라고도 했다. 3개월 후에 다시 와서 검사하고, 6개월 후, 그리고 1년 후에 지속적으로 검사를 해야 한다고 했다. 병원에서 하라는 대로 계속 검사를 받았는데 기억력에 전혀 문제가 없다고 최종 진단을 받았다. 지금도 내 기억력에는 조금도 이상이 없고 오히려 남보다 더 기억을 잘한다고 자부하고 있다.

그 일이 있고 난 후에 나는 일에 대해 전혀 두려움을 갖지 않았다. 물론 그 전에도 적극적이고 긍정적인 사고를 가지고 있었으나 덤으로 산다고 생각하니 힘든 일이 하나도 없고, 남들이 싫어하고 어려워하는 일을 내가 자진해서 하겠다고 나서기까지 했다. 남들이 생각하면 좀 이상하게 보일지 모르나 귀찮고 힘든 일이 없게 되었다. 모든 사람이 불가능하다고 믿어도 나는 가능하다고 생각하고 힘껏 밀어붙였다. 일을 대하는 태도와 사람을 대하는 태도에 상당한 변화를 가져왔다. "포기하지 않으면 성공한다"는 생각도 더욱 굳게 믿었다.

덤으로 사는 인생이라 더욱 값지게 살아야 한다는 생각이 언제나 떠나지 않고 있다. 하느님께 통하도록 열심히 기도해준 집사람에게도, 산소통에 넣어서 소생시켜준 조카사위에게도 항상 고마운 마음을 가지고 있다.

2000년을 향한
국가 장기발전 구상

- - -

1980년대 접어들면서 세계 여러 나라는 2000년을 향한 장기발전 계획을 앞 다투어 수립하기 시작했다. 21세기를 적절히 대비하고 주도해보고자 하는 의도가 깔려 있는 계획들이다. '2000년의 일본', 'America 2000' 등이 그 예라고 할 수 있다.

우리나라에서도 세계적인 추세에 발맞추어 경제기획원이 주관하여 정부 각 부처 산하의 국책 연구 기관들을 모아서 '2000년을 향한 국가장기발전 구상'을 수립했다. 한국개발연구원, 한국교육개발원, 한국정신문화연구원, 한국과학기술원 등 10여 개의 거대 연구소들이 각 부문별로 계획을 작성하고 이를 한국개발연구원이 종합하는 식으로 연구를 추진했다. 이는 국가 수준 연구소들 간의 본격적인 협력에 바탕을 둔 장기계획이라는 데 그 의의가 있다. 1983년에 착수된 이 연구는 1985년에 완료되었는데, 총괄 보고서와 더불어 부문별 보고서가 별도로 출판되었다.

교육개발원은 이 중에 교육부문 장기발전 구상을 수립했는데, 나는 이 과제의 책임자로서 연구진을 총괄반과 기획위원으로 구성하였다. 총괄반은 교육개발원 연구원으로 구성하고, 기획위원은 서울대학교 사범대학의 L 교수를 위원장으로 하여 10여 명의 위원으로 구성하였다. 계획수립 초기에는 계획서의 내용을 어떻게 구성할 것인가에 관하여 10여 차례의 기획위원회를 개최하고, 그 결과를 가지고 집필위원들에게 집필을 의뢰하였다. 그러고는 계획서 초안을 완성해서 여름방학 기간 동안 서울에서 멀리 떨어진 곳에 가서 집중적으로 초안을 검토하기로 했다.

1984년 여름방학이 시작되고, 연구팀은 장기발전 구상의 초안을 들고 설악산에 위치한 설악유스호스텔(현재의 설악 교육문화회관)로 향했다. 유스호스텔은 교원공제회에서 운영하는 관계로 교육자들에게는 상당히 저렴하게 방을 제공했기에 그곳을 택한 것이다. 30여 명을 수용할 수 있는 가장 큰 방을 빌려서 계획서 초안을 검토·수정하는 작업을 시작했다. 방 안에 10여 개의 책상을 둘러놓고, 각자가 초안을 읽으면서 이의가 있을 경우에는 질의응답을 하면서 수정작업을 진행했다. 어느 때는 한 가지 문제를 놓고 토론을 하다가 결론이 나지 않으면 설악산 케이블카를 타고 권금성에 올라가서 넓은 바위에 죽 둘러앉아 산상토론을 벌이기도 했다.

설악산에서 모든 연구 작업을 끝내고 서울로 돌아오는 길에 오색약수터에 들렸다. 약수를 마시고 내려오는 도중에 막걸리를 한잔 하자는 제안이 있어서 술집에 들렸다. 마침 오색에 얽힌 옛 생각이 나서 나는 술집의 젊은 아주머니에게 오색에 있던 4H회관에 대하여 물어보았더니 잘 알고 있다는 것이다. 어떻게 아느냐니까 다음과 같은 이야기를 했다.

자신이 여고 2학년 여름방학 때 오색에 있는 집에 와보니 11사단에 근무하는 윤 소위가 권총을 차고 와서 4H회관 건설 현장을 총지휘하는데 너무 멋져 보여서 자기의 마음을 모두 빼앗겼다는 것이다. 그래서 나는 안경을 벗고 내가 바로 그때의 윤 소위라고 했더니 윤 소위는 신체가 우람하고 안경도 쓰지 않았는데 거짓말이라는 것이다. 그래서 4H회관 건립 당시의 상황을 자세히 설명했다. 그리고 달리는 버스에서 책을 보느라 안경을 쓰게 되었으며, 미국 유학을 다녀오느라 살이 많이 빠졌다는 설명도 덧붙였다. 게다가 동석한 연구원들이 내가 윤 소위임을 입증해주었다. 술집 여주인은 그제야 내가 과거의 윤 소위임을 확인하고, 무척 반가워했다. 그뿐만 아니라 우리가 그 집을 떠날 때 모두에게 귀한 꿀을 한 병씩 선물로 주었다.

우리가 다시없는 팀워크로 작성한 '2000년을 향한 국가장기발전구상' 계획서는 교육개발원에서 그동안 작성한 어느 계획서보다도, 또 다른 연구 기관에서 수립한 어느 계획서보다도 충실하고 내용이 풍부한 것으로 평가를 받았다. 이 계획서는 그 후 오랫동안 한국 교육의 발전 방향을 제시하는 방향타로서 혹은 한국 교육의 정책과제를 제시하는 기본 자료로서의 역할을 충실히 하였다.

한국 교육의 질적 수준을 책임지는 한국교육개발원

■ ■ ■

지난 40년을 뒤돌아볼 때 교육 분야에 한국교육개발원(KEDI, 1972)이 없었고, 경제 분야에 한국개발연구원(KDI, 1971)이 없었고, 과학기술분야에 한국과학기술연구원(KIST, 1966)이 없었다면 과연 오늘날 한국의 교육·경제·과학기술이 가능했을까 하는 자문을 해본다. 한국 교육은 자타가 공인하는 세계 최고의 수준에 도달해 있다. 각종 국제회의나 국제 학술대회에서 참석자들의 관심과 질문은 "어떻게 해서 한국 교육의 질적 수준이 10여 년간 지속적으로 최고의 수준을 유지하느냐?"는 것이다. 나의 대답은 간단명료하다. "한국에는 세계적인 연구 기관인 한국교육개발원이 있기 때문이다."

교육개발원에 대한 정부나 외부로부터의 기대가 높아짐에 따라 교육개발원의 기능과 역할도 대폭적으로 확대되었다. 초·중학교 발전 사업의 테두리를 넘어서 취학 전 교육부터 고등교육과 평생교육까지, 교육철학부터 교육과정·교육공학·교육행정학 등까지 교육개발원은 연구·개발의 지평을 교육의 전 영역으로 넓혀왔다. 이렇게 교육개발원이 성장·발전하는 과정에서 한국교육방송원의 분리·독립을 필두로 한국직업능력개발원, 한국교육과정평가원, 평생교육진흥원, 한국교육학술정보원이 차례로 분리·독립하게 되었다. 한국교육개발원은 교육 관련 기관들의 설립 모체가 되었을 뿐만 아니라 국가 교육 연구 기관으로서 정부에서 필요로 하는 각종 교육 정보 자료를 수집·분석하여 제공하는 역할을 수행해왔다. 교육 발전에 필요한 기초연구와 교육의 당면 문제를 해결하기 위한 연구를 수행하였으며, 교육발전 장기 계획의 수립과 각종 교육정책을 연구·개발해왔다. 교육문제를 합리적, 과학적으로 해결하기 위한 교육개발원의 연구 결과는 학교 현장에 직접적으로 투입되었고, 교육정책연구 결과들은 국가 교육정책 수립에 반영되어 정책의 일관성과 객관성을 보장하는 데 크게 기여하였다.

한국교육개발원의 한국 교육 발전에 대한 가장 큰 기여는 교육 연구 및 교수 인력의 양성·배출이라고 할 수 있다. 지난 40년 동안 대학에서 석사, 박사 학위를 받고 교육개발원에서 연구 경력을 쌓고, 각종 교육 관련 기관과 대학 및 대학원의 연구원이나 교수 요원으로, 혹은 교육과학기술부를 위시하여 시·도 교육청으로 간 고급 인력은 이루 헤아릴 수 없이 많다. 교육 연구 기관과 교육 행정 기관마다 교육개발원 출신이 포진하고 있고, 전국의 국립대학과 사립대학, 교육대학 중 교육개발원 출신이 없는 학교가 없다. 교육개발원에서 제대로 훈련을 받고 풍부한 연구 경험을 쌓은 인력들이 대학과 연구 기관에 나가서 학문 후속세대를 양성하고 연구원을 양성한 기여는 상상을 초월한다. 이들은 대학교수들이 수행하는 연구의 질적 수준을 한 차원 높게 향상시켰으며, 교육 관련 학회들의 학술활동을 활성화시키는 데 기여했을 뿐만 아니라 교육학자들의 국제 활동을 진작시키는 데도 상당한 기여를 했다.

9

미국 유학 길

유학을 떠난다는 기쁨 때문에, 뜻을 이룰 수 있다는 희망 때문에
김포공항에서 사랑하는 아내와 아이들과도 아쉽지만
태연히 헤어졌는데 공부를 소홀히 할 수는 없었다.
그러나 원어민의 강의를 처음 듣는데 처음부터 강의 내용이 쉽게 들어올 수가 있겠는가.
열심히 들으려고 귀를 쫑긋하고 강의를 듣다 보면 어느새 마음은 서울에서 헤매고 있었다.
깜짝 놀라 다시 주의 집중을 하지만 곧 또다시 정신은 고국의 하늘 아래서 우왕좌왕하기 일쑤였다.
이를 어떻게 할까 고민하다가 대학원 기숙사 맞은편에 있는 학부생 기숙사의 모든 방에
불이 꺼질 때까지 공부를 하겠다는 결심을 했다.

유학 떠나는 사람을 열 번 환송하면
유학 갈 수 있다

■ ■ ■

내가 미국 유학길에 오른 것은 1973년 8월 말이었다. 당시에는 이런 말이 있었다. "유학을 떠나는 사람을 열 번 환송하면 자신도 유학을 갈 수 있다." 유학 가는 것이 대단히 어려웠기 때문이다. 지금은 친구가 유학을 간다면 축하의 악수만을 할뿐인데 과거에는 선배 중에 누가 유학을 가게 되었다면 서울 시내에서 가장 유명하다는 한일관에서 불고기 파티를 열어 거창하게 축하해주었다. 마치 벌써 박사학위를 받은 것처럼 유학을 떠나는 사람은 의기양양하고, 축하를 해주러온 사람들은 부러움을 가슴에 안고 나도 빨리 가야지 하는 다짐을 하게 된다. 그뿐만 아니라 출국 날에는 김포공항까지 몰려가서 다시 한 번 축하를 해주고, 공항터미널 옥상에 마련된 송영대에 올라가서 유학 가는 선배나 친구가 타고 있을 듯한 비행기가 이륙해서 하늘 높이 구름 속으로 사라질 때까지 손을 흔들었다. 요즘은 초등학생도 조기유학을 가지만 옛날에는 유학이 이처럼 큰 경사였고 주위 사람들의 부러움을 한 몸에 받는 일이었다.

지금과 마찬가지로 과거에도 외국대학에서 유학 지원자에게 토플 점수를 필수로 요구했으며, 대학에 따라서는 GRE(미국대학원입학능력시험) 점수를 요구하기도 했다. 그리고 우리 정부에서는 유학 자격시험으로 일반상식과 국사 시험을 부과하고 합격자에 한하여 유학 자격을 부여했다. 당시 유학에 관련한 자료는 미국문화원에 비치되어 있던 미국대학 소개 책자가 전부였다. 그 자료도 각 대학에 관한 일반적인 현황을 간단히 소개하고 있을 뿐, 어느 누구도 유학에 관한 전문적인 상담을 해주거나 이야기를 해주지 않았다. 대학교수들도 유학을 다녀온 교수들이 많지 않았으므로 유학 안내를 제대로 하지 못했다. 모든 것은 당사자가 알아서 준비하고, 대학을 선택해야 했다.

내가 지원서를 제출하고자 한 대학은 토플 점수와 GRE 점수 두 가지를 요구했다. 토플시험을 볼 때는 거의가 한국 학생들이었는데, 용산 미군기지 내에 있는 외국인 학교에서 실시한 GRE 시험을 본 교실에는 모두 외국인 학생으로 내가 유일한 한국인이었다. GRE 시험은 독해력과 어휘력, 그리고 수학(Quantitative test)의 두 영역으로 구성되었다. 그런데 독해력을 측정하는 지문이 어찌나 길고 어려운지 절절매고 있는데 미국 학생들은 쉽게 끝내고 바로 수학을 푸는 것이었다. 하지만 이번에는 미국 학생들이 수학 시험에서 절절맸다. 당시에 보았던 GRE 시험 중 수학문제는 중학생 정도면 충분히 풀 수 있는 문제로 아주 쉬웠다. 수학 용어를 영어로 이해하고 있다면 아무런 어려움 없이 풀 수 있는 문제였다. 나는 독해력과 어휘력 시험에서는 시간을 많이 소비했으나 수학에서 시간을 단축해서 제일 먼저 시험을 끝내고 나올 수 있었다. 후에 시험 결과를 받아보니 독해력과 어휘력은 기대한 만큼 받지 못했는데 수학은 만점을 받았다.

일반상식과 국사 시험에 대해서도 이야기를 해야겠다. 일반상식의 경우에는 유학자격시험을 대비한 일반상식에 관한 예상문제집이 있어서 이를 사서 읽었다. 그러나 국사의 경우에는 어떤 종류의 시험이 출제되고 어떻게 준비해야 하는지 몰라서 유학시험 준비학원에 등록하고 1개월간 수강했다. 국사 공부를 했던 것을 모두 따져보니까 초등학교, 중학교, 고등학교 때까지 12년, 대학에서도 부분적으로 해서 나름 기초가 탄탄한 가운데 꽤 오랫동안 공부해왔음을 알았다. 그래서 1개월 만에 유학자격 국사 시험 준비를 마칠 수 있었다. 지금 돌이켜 생각해보면 외국 유학을 준비하는 학생들에게 국사 시험을 부과한 것은 올바른 정책이라고 본다. 세계 어느 나라를 가든지 고국의 역사를 잊지 말라는 깊은 뜻이 있는 것이다.

유학 정책과 관련하여 한 가지 더 이야기를 해야겠다. 유학자격시험에 합격하고 외국 유학을 가려고 김포공항에서 출국수속을 할 때 공항에서 유학생들에게 들려주는 것이 하나 있는데 바로 태극기이다. 이 또한 유학 가서도 책상 위에 태극기를 꽂아놓고 조국 대한민국을 한시도 잊지 말라는 뜻이 있는 것이다. 정말로 태극기를 책상 위에 꽂아놓고 있으면, 내가 대한민국을 대표하고 있는데 열심히 잘해야지 하는 생각이 절로 난다. 공부도 잘해야 하며, 밖에서 하는 행동도 모범적으로 해야겠다는 각오가 생긴다.

친하게 지냈던 미국 친구에게 한글의 우수성과 과학적인 구조를 설명해주고, 한글을 가르쳐주었더니 곧잘 읽을 수 있게 되었다. 하루는 이 친구가 네 책상 위에 있는 네 나라 국기에 왜 한글 표기가 없고 영어와 중국어만 있느냐고 묻는 것이었다. 당시 유학생들 손에 쥐어 준 태극기의 상단에는 영어로 'Republic of Korea'라고 표기되어 있고, 하단에는 한자로 '大韓民國'이라고 표기되어 있었다. 그날 즉시 외무부에 편지를 썼다. 태극기 상단에 '대한민국'이라고 표기하고, 하단에 'Republic of Korea'라고 표기한 태극기로 대체해달라는 요구를 한 것이다.

꿈에 그리던
입학허가서를 받았는데

■ ■ ■

　김포공항에서 여러 선배와 동료들을 환송하고 제2한강교를 건너 서울로 돌아오는 버스 안에서 유학에 대한 마음의 각오를 수도 없이 다지고 난 후에 드디어 나도 일리노이대학교로부터 입학허가서와 장학금을 주겠다는 서신을 받았다. 지금은 어느 대학이 좋은 대학이고 미국 내에서 서열이 어느 정도인지 인터넷을 통해 바로 알 수 있지만 당시에는 대학의 질적 수준에 대한 정보가 거의 없었다. 따라서 유학을 희망하는 사람은 대학 이름을 아는 대로 여기저기 몇 군데 대학에 지원서를 보내고 기다리는 형편이었다.
　나도 어느 누구로부터 유학 지도를 받거나 상담을 받지 못하고 그냥 미국문화원에 비치된 책에서 대학 주소를 찾아서 원서를 보냈다. 사립대학은 학비가 너무 비싸서 학비가 비교적 저렴한 주립대학 위주로 원서를 보냈다. 대학으로부터 입학허가서와 장학금을 주겠다는 서신을 받은 그 자체가 기쁘고 만족스러울 뿐이지 그 대학이 얼마나 좋은지에 대하여는 솔직히 관심도 없었다. 유학을 가게 되었다고 대학원 지도교수님과 교수님들에게 자랑했더니 노스웨스턴 대학에서 학위를 받으신 P 교수님이 어바나 샴페인에 있는 일리노이 주립대학이 대단히 좋은 대학이라고 하면서 여러 가지 이야기를 해주셨다. 그제야 내가 선택한 대학이 아주 좋은 주립대학이라는 것을 알 정도였다.

꿈에도 그리던 유학을 갈 수 있다는 흥분과 기대감에 가득 차 있는데 집안에 예상치 못한 우환이 생겼다. 그해 5월 초에 교직에 있던 큰형님이 갑자기 돌아가셔서 내가 부모님을 모셔야 하는 상황이 발생한 것이다. 내가 셋째 아들이라서 둘째 형님에게 일임할 수도 있었지만 둘째 형님 댁이 그리 넉넉지 못해 내가 모시는 것이 순리라고 생각했다. 오래 준비해온 내 꿈을 이루기 위한 유학도 중요하지만 부모님을 편히 모시는 일이 우선이라고 판단했다. 유학은 언제든 다시 추진해도 될 것이라고 생각했다.

그래서 유학의 뜻을 접고 직장생활을 하면서 부모님을 편히 모실 생각을 하고 있는데, 누님이 적극적으로 나서서 예정대로 유학을 가라고 권했다. 처음에는 망설였지만 당장의 효도도 중요하지만 미국에 가서 박사 학위를 받고 귀국하여 부모님을 더 잘 모시는 게 낫다는 누님의 계속된 충고로 마음을 다잡았다. 그렇게 8월 중순이 지나서 유학을 떠나기로 결정하고 급히 출국 준비를 했다.

오헤어공항에서
친구 찾는 방송

■ ■ ■

    지금은 대한항공이 시카고까지 직항하지만, 그때는 하와이에서 입국수속을 하고, LA에서 국내선으로 갈아탄 뒤 시카고로 갈 수 있었다. 그런데 LA공항에 연착하는 바람에 국내선인 유나이티드 에어라인으로 갈아탈 시간이 25분 정도밖에 없었다. 난생 처음 그것도 밤에 LA공항에 도착하여 짐을 찾고 유나이티드 에어라인으로 갈아타려니 막막하고 당황스러웠다. 이 사람 저 사람에게 유나이티드 에어라인을 타려면 어디로 가야 하는지를 물어도 모두 모른다는 것이다.

    그런데 마침 내 옆자리에 앉았던 한국인 부부를 마중 나온 젊은 청년이 도와주겠다고 자청하고 나섰다. 그 청년은 내 짐 하나를 자신이 들고 공항 내의 길을 건너서 거의 100미터 달리기를 하듯 땀을 뻘뻘 흘리면서 앞서 달려갔다. 허겁지겁 청년을 따라 터미널에 도착하니 거의 문을 닫을 찰나였다. 다행히 내가 뛰어 들어가면서 문이 닫혔다. 나를 도와준 그 청년의 이름이며, 연락처를 묻지도 못하고 감사 인사도 제대로 못한 것이 지금까지도 마음에 걸린다. 세상에 이렇게 고마운 사람이 있다니. 만약 그때 그 청년이 이 글을 읽게 된다면 지금이라도 나를 찾아와주면 좋겠다.

시카고 오헤어공항에 도착해 짐을 찾아서 밖으로 나왔다. 그런데 당연히 공항에 마중 나와 있을 줄 알았던 친구가 보이지 않는다. 그 친구는 나와 대학에서 같은 전공을 하고 ROTC 장교생활도 함께했으며, 나보다 먼저 서던일리노이대학교로 유학을 갔다. 아주 반갑고 기쁜 마음으로 상봉할 것을 상상하고 어깨 쫙 펴고 공항을 나왔는데, 참으로 난감하기 짝이 없었다. 10분이 30분이 되고, 1시간이 지났다. 틀림없이 마중을 나왔는데 우리가 못 만난 게 아닌가 하는 생각이 지배적이었다.

한참 후 용기를 내서 공항 방송실을 물어물어 찾아갔다. 내 사정을 말하고 방송을 할 수 있게 허락해달라고 부탁했다. 그랬더니 나보고 직접 하라는 것이 아닌가. 약간 긴장된 목소리로 마이크를 잡고 "나 윤정일인데 카본데일에서 온 신OO은 공항에 있는 방송실 앞으로 오기 바란다"라고 몇 번을 반복해서 말했다. 20분 내지 30분 간격으로 서너 차례 방송했으나 친구는 끝내 나타나지 않았다. 확실하게 믿었던 일이 어그러지니 어떻게 해야 할지 만감이 교차했다. 후에 안 일인데 친구는 내 편지를 받았지만 중요한 기말시험이 있어서 오지 못했다고 했다. 게다가 카본데일에서 시카고까지는 6시간 정도 걸린다고 해서 잠시나마 서운한 마음에 원망했던 친구를 용서하기로 했다.

학기 중간에
등록금을 돌려받다

　무거운 짐을 들고 택시를 탄 후 그레이하운드 버스 터미널까지 가자고 했다. 그런데 이 택시가 직선으로 가지 않고 자꾸 비슷한 길을 빙글빙글 도는 것이었다. 내리고 보니 공항에서 바로 가까운 곳에 있었다. 일 차 바가지를 쓴 기분이었다. 말로만 듣던 '개그린 버스(그레이하운드가 사냥개이므로 보통 개그린 버스라 함)'에 올라타서야 한숨 놓고 어바나 샴페인으로 향했다.
　시카고에서 일리노이 대학까지는 120여 마일이라서 두 시간 정도면 대학 캠퍼스에 도착할 줄 알았다. 그런데 어럽쇼, 이 버스가 옥수수 밭 콩밭 사이를 천천히 누비며 도중에 있는 모든 마을을 들리며 가는 것이 아닌가. 덕분에 대학 찾아가는 첫 날부터 옥수수 밭 콩밭을 신물 나게 헤집고 다녔다.
　겨우 겨우 샴페인에 도착했는데 어디로 가야 하는지 도통 알 수가 없었다. 어쩔 줄 몰라 서 있는데, 마침 버스를 함께 타고 온 일리노이 대학교 학생과 그의 부모를 마중 나온 청년이 내 짐을 함께 싣고 자신의 집으로 데려갔다. 그러고는 한인 학생회장의 전화번호를 찾아서 연결시켜주었다. 한인 학생회장은 곧바로 달려와 나를 대학 기숙사까지 태워다주었다. 대학원 기숙사인 다니엘 홀에 도착해보니 때마침 노동절이라서 기숙사 사무실이 닫혀 있었다.

한인 학생회장의 주선으로 마침 대학원 과정을 마치고 곧 떠나는 문OO(현재 서울대 교수) 학생 방에서 기숙사 방이 배정될 때까지 며칠을 지냈다. 한인 학생회장이 만사를 제쳐놓고 처음 유학 오는 학생을 친절히 안내하고 도와준 데 대해 깊은 감사와 따스함을 느꼈으며, 또 자신의 방에서 내가 지낼 수 있도록 기꺼이 허락해준 문형에게도 고마움을 느꼈다.

다음 날 Education Building에 있는 학과 사무실을 방문했다. 학과장은 이미 2학기를 시작한 지 1주일이 경과했다면서 추가 등록을 하기 전에 우선 듣고 싶은 과목을 골라서 강의를 듣는 것이 좋겠다며 자세한 것은 학과 조교의 지도를 받으라고 했다.

조교를 찾아갔더니 그는 이빨과 눈만 하얗고 피부가 완전 새까만 흑인이었다. 얼떨결에 악수를 하고 뒤돌아서서 무의식적으로 손바닥을 보고 있으니, 조교가 "손에 검은 색 묻지 않습니다."라고 한국말을 하는 게 아닌가. 깜짝 놀라서 어떻게 한국말을 할 줄 아느냐고 물으니 한국인에게 배웠다는 것이다. 그 후 그 조교에게 많은 도움을 받았다. 상대방이 우리말을 한다는 것이 어찌나 반갑고 정이 가는지…….

이 경험 때문에 나는 지금도 외국인을 만날 경우에는 가능한 그 나라 말로 인사를 먼저하고 나서 업무 이야기를 하는 습관이 있다.

그런데 추가 등록을 하는 과정에서 문제가 발생했다. 내가 한국에서 유학을 포기할 생각으로 회신을 하지 않는 바람에 장학생 신분에서 일반 학생으로 바뀐 것이다. 그래서 한 학기 등록금을 모두 내야 한다는 것이다. 하늘이 무너지는 것 같은 심정이었다. 1년간의 기숙사비와 한 학기 등록금을 내고 나니 남은 돈이 겨우 400달러 정도였다. 한 학기 생활비는커녕 한두 달 버티기도 어려운 상황이었다. 이 난관을 어떻게 타개할 것인가를 고민하다가 외국인 학생 행정실의 국장을 만나서 내 사정 이야기를 했다. 그러자 부총장을 만나서 어려운 형편을 솔직하게 이야기하는 것이 좋겠다고 했다.

부총장과 어렵게 약속을 잡고 면담에 들어갔다. 나는 이전에 대학으로부터 받은, 장학금을 주겠다고 한 서신을 보여주며 집안의 우환 때문에 유학을 포기할 생각까지 했었다고 솔직하게 이야기했다. 그러고 나서 당초에 약속했던 장학금을 다시 지급받을 수 있도록 해달라고 요청했다. 부총장은 내 이야기를 들으면서 가끔 확인하는 질문을 할 뿐 가부간의 대답을 하지 않았다. 부총장실을 나오면서 희망이 없겠구나 생각하고 마음을 내려놓았다. 그런데 학기 중간쯤 되어서 다시 장학생으로 전환되었다며 학기 초에 납부한 등록금을 찾아가라는 연락이 왔다. 이때 미국인은 합리적으로 사고하고 판단하는구나 새삼 느낄 수 있었다. 또한 하늘이 무너져도 솟아날 구멍이 있고, 두드리면 열린다는 말을 굳게 믿게 되었다.

이틀 만에
운전면허증 취득

...

　기숙사에서부터 학교까지는 상당히 멀어서 기어가 달린 자전거를 사서 타고 다녔다. 그런데 하루는 기숙사 창밖을 내려다보니 자전거 거치대에 매어놓은 내 자전거가 보이지 않았다. 밤새 차를 대놓고는 새 자전거들의 열쇠를 잘라 모두 훔쳐간 것이다. 당시에 차 도둑은 별로 없었는데 자전거 도둑이 극성을 부렸다.

　그 후 세월이 좀 지나서 평소 차를 잘 태워주던 한국 친구가 나에게 차를 사는 것이 어떻겠느냐고 하는 것이다. 그래서 면허증도 없는데 차는 사서 무엇 하느냐고 했더니 일단 차를 먼저 사서 운전 연습을 한 뒤 면허시험을 보면 된다는 것이다. 그래서 어느 주말에 그 친구와 함께 가서 큰 맘 먹고 370달러짜리 중고 닷지를 구입했다. 차를 구입했으니 이제 연습할 일만 남았다. 바로 다음 날인 일요일에 대학 주차장에서 난생 처음으로 하루 종일 운전연습을 했다. 처음에는 긴장감 때

기숙사 앞 자전거 거치대에 매어 놓았다 도둑맞은 자전거

문에 핸들을 잡은 손에 절로 힘이 들어가 서툴더니 금세 능숙하게 차를 몰 수 있게 되었다. 그날 밤, 필기고사에 대비한 시험문제집을 구해 공부한 후 마음 편히 잠자리에 들었다.

다음 날 아침, 운전면허 시험장에 가서 필기고사에 합격한 후, 내처 도로주행까지 합격했다. 차를 구입하고 이틀 만에 운전면허를 받은 것이다. 열심히 노력한 결과물을 보는 뿌듯함을 새삼 느끼며 신나게 기숙사로 돌아왔다. 그 후 유학생활 내내 그 차는 나와 함께했고, 후에 가족들이 미국에 왔을 때도 모두 태우고 여러 곳을 여행했다.

지금은 초등학생까지도 휴대폰을 가지고 다니면서 아무 때나 전화를 하지만 그 당시에는 서울의 가족과 전화를 하려면 적어도 15일 전

또는 20일 전에 며칠 몇 시에 전화를 할 터이니 친척 중 전화가 있는 집(사장님 댁, 혹은 회장님 댁)에 가 있으라고 편지를 보내고는 했다. 편지가 1주일 걸려 한국에 도착하고, 그렇게 하겠다는 답장이 또 1주일 걸려 미국에 도착하게 된다. 그러면 약속한 날에 25센트짜리를 잔뜩 준비해서 공중전화에 돈을 넣고 그리운 가족과 통화를 했다. 길어야 3분, 조금 더 길면 5분이 이야기할 수 있는 최대한의 시간이었다. 지금은 컴퓨터로 이메일을 보내면 즉시 받아보고, 휴대폰으로 화상통화도 할 수 있고, 문자도 마음대로 보낼 수 있으니 얼마나 좋은 세상인가.

39년 전 청운의 꿈을 품고 미지의 땅에 발을 디디면서 예기치 않게 벌어졌던 나의 유학시절 초창기의 도전적이고, 아슬아슬했던 이야기는 여기까지이다.

문화충격 앞에
혀를 내두르다

...

1970년대 초반까지만 하더라도 한국과 미국의 문화적인 격차는 대단히 컸다. 모든 것이 새롭고 풍요로워서 문화충격이라고 할 만큼 낯설고 부러웠다. 당시는 정부에서 국산품 애용을 너무 강조해서 외국산 물품은 거의 유통되지 않았고, 외국산 물건을 가지고 있는 사람을 보면 특권층으로 보는 경향이 있었다. 유학을 떠날 때 내 딴에는 애국한다고 오직 한 가지 브랜드뿐인 국산 치약(럭키치약)을 몇 개 가지고 갔다. 그런데 미국에는 치약의 종류도 엄청 다양하고, 향도 국산보다 월등히 좋으며, 끝까지 써도 국산의 경우와 달리 검은 납이 묻어나지 않았다. 또한 국내에서는 소지 자체가 불법인 양담배가 돈만 내면 얼마든지 사서 피울 수 있으니 별천지 같았다.

화장실은 수세식이고, 기숙사 공부방에는 에어컨이 작동하고, 강의실 전체가 중앙집중식 에어컨과 히터가 작동했다. 돈만 넣으면 벤

딩 머신에서 원하는 물건이 끝도 없이 쏟아져 나오고, 컬러 TV를 볼 수 있었다. 컴퓨터실에서는 그 비싼 키펀치 카드가 아무렇지도 않게 뭉텅이로 쓰레기통에 버려져 있고, 키펀치 카드로 수강등록을 하고 성적이 컴퓨터로 출력되는 등 학사 행정의 대부분이 컴퓨터로 이뤄졌다.

어디 그뿐인가. 서울에서는 호텔에나 가야 더운물로 목욕을 할 수 있는데 미국은 기숙사에도 더운물이 나왔다. 한국에서는 부자들만이 부의 대명사처럼 갖고 있는 자가용을 학생들도, 그것도 외국에서 온 유학생들도 아무렇지도 않게 사서 타고 다니니 문화 충격을 받을 수밖에. 지금 이런 이야기를 하면 부시맨이냐고 반문을 하겠지만 그때는 그랬다. 대학에서의 공부보다도 문화적 격차를 극복하는 데 꽤 많은 시간이 걸렸다.

1인당 국민소득이 겨우 100달러 정도 하는 후진국에 살다가 갑자기 선진국에 가서 생활하면서 공부를 하려니 모든 것이 낯설고 부자연스러웠다. 그렇지만 당시에는 일부 특권층만이 비행기를 타고 외국을 갈 수 있었으니 외국으로 유학을 갔다는 그 자체가 대단히 자랑스럽고 뿌듯했다.

대학 졸업자가 가장 선호했던 직업을 보아도 우리 사회가 얼마나 후진 사회였는가를 짐작할 수 있다. 남자의 경우에는 은행 창구에서 돈을 세는 은행원이었고, 여자의 경우에는 스튜어디스였다. 결혼 상대자로 가장 선호했던 직업도 바로 이 두 가지였다. 여승무원의 경우는 보통 사람들이 탈 수 없는 비행기를 마음대로 타고 외국을 드나들

수 있기 때문이었다. 미국 유학을 마치고 귀국하는 박사들의 이삿짐에는 반드시 냉장고나 텔레비전이 있었다. 지금 생각하면 이해가 되지 않지만 당시에는 그것이 유행처럼 되어 있었다.

문화 격차가 얼마나 컸는가는 이런 이야기를 하면 더욱 쉽게 이해할 수 있을 것 같다. 나는 귀국할 때 냉장고는 사지 못하고, 미국서 보던 제니스 컬러 TV를 가지고 왔다. 한여름에 아내가 아이들에게 주려고 아이스케이크를 사면 어디에 보관할 곳이 없어서 이웃 가게집의 냉장고에 넣었다가 아이들이 집에 오면 주곤 했다. 어느 때는 할머니가 아이들 주려고 아이스케이크를 샀다가 아이들을 만나지 못해 얼음은 모두 녹고 안에 들어 있는 나무젓가락만 손에 들려 있기도 했다. 이뿐만이 아니다. 전화도 백색전화니 청색전화니 하면서 거의 집 한 채 값이어서 서민들은 감히 전화를 가설할 엄두도 내지 못했다. 이러한 상항은 내가 학위를 마치고 귀국했을 때도 마찬가지였다.

맞은편 기숙사 불이
다 꺼질 때까지

...

유학을 떠난다는 기쁨 때문에, 뜻을 이룰 수 있다는 희망 때문에 김포공항에서 사랑하는 아내와 아이들과도 아쉽지만 태연히 헤어졌는데 공부를 소홀히 할 수는 없었다. 그러나 원어민의 강의를 처음 듣는데 처음부터 강의 내용이 쉽게 들어올 수가 있겠는가. 열심히 들으려고 귀를 쫑긋하고 강의를 듣다 보면 어느새 마음은 서울에서 헤매고 있었다. 깜짝 놀라 다시 주의 집중을 하지만 곧 또다시 정신은 고국의 하늘 아래서 우왕좌왕하기 일쑤였다.

이를 어떻게 할까 고민하다가 대학원 기숙사 맞은편에 있는 학부생 기숙사의 모든 방에 불이 꺼질 때까지 공부를 하겠다는 결심을 했다. 그래서 밤을 홀딱 새우며 공부한 날이 부지기수였다. 그러나 새벽 두세 시가 되면 대부분의 방에 불이 꺼지다가 하나둘 새롭게 불이 켜지는 방이 생기는 것이 아닌가. 초저녁에 일찍 자고 새벽에 일어나서 공부하는 학생들이 있으니 모든 방이 일시에 소등되는 날은 거의 없었다. 그래서 전부 소등될 때까지에서 5개 방 이하가 될 때까지로 변경했다. 그러나 그 역시도 결코 쉬운 것은 아니어서 공부하는 패턴을 변경하여 저녁 식사 후에 연구실에 가서 공부하는 방식을 택했다.

사범대학 내에 있는 교육연구소의 소장은 내 지도교수인 Dr. Mclure가 거의 20여 년간을 맡고 있었으며, 주요 연구 과제는 교육재정 배분의 공정성에 관한 것이었다. 이 연구소에는 나를 포함하여 미국 학생 4~5명이 RA(Research Assistant)로 근무했다.

이들과 함께 연구 과제를 추진하면서 저녁에는 숙제와 다음 날의 강의 준비를 하는데, 처음에는 딱딱한 나무의자에 몇 시간 동안 앉아 있는 그 자체가 대단히 힘들었다. 그런데 미국 학생들은 한 번 의자에 앉으면 꼼짝도 하지 않고 7~8시간을 지속적으로 앉아서 공부를 하는 것이다. 더욱 놀라운 것은 나는 새벽 2~3시경에 기숙사에 와서 잠을 자는데, 이들은 밤을 홀딱 새우며 공부하고도 그 이튿날 강의실에서 조는 법이 없었다. 처음에는 한국인과 미국인의 체질이 확실히 다른 것 같다고 생각하며 그들이 부럽기도 했다. 그러나 점차 장시간 앉아 공부하는 일에 익숙해지니 피로감도 줄어들고 밤샘하는 데도 큰 부담이 없었다. 아마도 어려서부터 운동으로 다지고 대학 때에도 4년간 럭비선수로 활동한 결과가 서서히 나타나는 것 같았다.

초등학교부터 고등학교까지는 두뇌로 공부하지만 대학이나 대학원에서는 신체적·정신적 건강이 공부의 우열을 좌우한다는 것을 깊이 깨달았다. 연구실에서 밤새워 공부하는 빈도가 잦아지면서 건물을 청소하는 사람들이 새벽 3시경부터 시작해 5시나 6시경에 끝난다는 것도 알게 되었다. 그들은 종종 내가 밤을 새우는 것을 알고는, "헤이 Mr. 윤, 오늘도 밤을 새웠는가? 무엇하러 그렇게 열심히 공부를 하는가?"라고 묻기도 했다. 그래서 나는 역으로 "밤새워 청소해서 번 돈을 어디에 쓸 것이냐?"고 물었더니 유럽 여행가는 데 쓸 것이라고 대답했다. 당연히 자녀들의 교육비나 결혼 비용 등에 쓸 것이라는 답변을 기다리고 있었는데 의외의 대답에 잠시 당황스러웠다. 한국의 부모들과는 거리가 먼 답변이었지만 이것이 서구식 사고방식이라는 것을 깨닫게 되는 데는 그리 오랜 시간이 걸리지 않았다.

사랑하는 두 아이와 아내를 고국에 남겨두고 홀로 이국땅에 와서 공부를 한다는 것이 그리 녹록한 일은 아니었다. 전화는 집에 없으니 일 년 중 특별한 설날이나 추석날 혹은 결혼기념일에나 부잣집 전화를 빌려 힘들게 아주 짧게 하는 정도였다. 그러니 자연스럽게 편지가 태평양을 오가며 서로의 소식과 사랑을 전하는 도구로 주로 사용되었다. 점심시간에 기숙사에 들려서 우편함을 열어보고 아내로부터 온 편지를 보는 날이면 오후 내내 공부가 저절로 되는 기분이었다. 길을 가면서도 읽고, 쉬는 시간에도 읽어보며 그리움을 달랬다. 저녁식사 시간에 기숙사에 와서는 또 우편함을 체크하는 버릇이 생겼다. 하루에 한 통의 편지를 받으면 되었지, 혹시나 해서 또 열어보는 것이다.

어느 때는 하루에 두 통이 오기도 했다. 먼저 써 보낸 편지와 늦게 써 보낸 편지가 겹쳐서 올 때도 있었기 때문이다. 그래서 우리는 편지마다 번호를 붙여서 보내기로 약속했다. 어느 것이 먼저 편지이고, 어느 것이 후의 편지인지를 구분할 수 있고, 또 편지가 중간에 분실되는 일을 방지하기 위함이었다. 그렇게 가족과 떨어져 있었던 2년간 주고받은 편지는 무려 450통이 넘었으며, 순서대로 철한 아내의 편지와 내 편지가 지금도 가보처럼 보관되고 있다. 내 평생에 이렇게 자주, 많은 편지를 써 본 것은 처음이었는데, 정말로 값진 경험이었다. 언제 또 아내와 이런 사랑 이야기를 나눌 수 있는 기회가 있겠는가. 가족들의 이야기와 내 이야기를 카세트에 녹음해서 보내고 받기도 했는데 이 녹음은 시간이 좀 지나니까 모두 지워져서 귀국 후 한동안 보관하다가 미련 없이 버렸다. 지금처럼 CD나 USB가 있었다면 우리 가족의 이야기도 잘 보관되었을 텐데 하는 아쉬움이 있다.

처음으로 온가족 초청의
문을 열다

■ ■ ■

한국교육개발원에서 함께 근무하며 너무 가깝게 지내서 주위에서 삼총사라고 하던 K 선생, S 선생과 나는 앞서거니 뒤서거니 하며 거의 같은 때에 유학길에 올랐다. K 선생은 인디애나주에 있는 볼스테이트대학교로, S 선생은 켄터키대학교로, 그리고 나는 일리노이대학교로 유학을 떠났다. 지도를 보면 세 개의 주가 서로 인접해 있다. 서로 각각 대학을 선택했는데 우연의 일치로 인접한 주에 있는 대학으로 가게 된 것이다.

유학을 가서 첫 학기를 마치고, 서로 위로도 하며 지난날의 어려웠던 일들에 대한 회포를 풀고자 우리 셋은 켄터키대학교로 모였다. 우리는 그곳에서 여러 가지 이야기를 나누는 가운데 누가 먼저 랄 것도 없이 끝까지 가족을 초청하지 말고 부지런히 학위를 마치자고 약속했다. 그 당시에는 유학생이 가족을 데려오는 경우가 거의 없었으며,

공무원인 경우에는 아예 가족 동반이 금지되어 있었다.

그런데 혼자 사는 것이 힘들었던지 S 선생이 약속을 위반하고 두 자녀는 서울에 남겨놓은 채 부인을 초청했고, 이 소식을 들은 K 선생은 부인과 두 자녀 중에 아들만을 초청했다. 이제는 내가 결정을 해야 할 처지인데 초청의 범위를 어디까지 해야 좋을지 고민이 많았다. 고민 끝에 기왕에 가족을 초청한다면 고생이 되더라도 모두를 초청하는 것이 옳다는 생각에서 나는 두 자녀까지 모두 초청했다. 그뿐만 아니라 미국에서 셋째아이를 낳게 되어서 귀국할 때는 가족이 한 명 더 늘었다. 지금 돌이켜서 생각하면 뚜렷한 대책도 없이 무리하게 가족을 초청했다는 반성보다는 가족이 모두 모여 쉽게 할 수 없는 해외에서의 생활을 경험한 데 큰 의미가 있었다고 본다.

우리가 가족을 초청한 이후로는 유학생들 사이에서 가족을 초청하는 일이 당연한 것으로 여겨졌다. 요즈음은 결혼한 부부 중 한 명이 유학을 떠나거나 해외에서 일을 하게 되면 처음부터 함께 떠나는 것을 당연한 일로 생각한다. 또 미혼인 사람은 여름방학이나 겨울방학에 아예 귀국해서 방학기간을 부모와 함께 지내기도 한다. 옛날에는 유학 도중에 일시 귀국한다는 것은 상상도 못할 일이었다. 유학을 떠났으면 학위를 받기 전에는 한국에 와서는 절대로 안 되는 것으로 인식했다. 어쩌면 그래서 더욱 열심히 공부에 매진할 수 있지 않았나 생각해본다.

효자 역할 톡톡히 한
컴퓨터 프로그래머 자격증

■ ■ ■

수강 과목 중에 Computer use in education과 History of education이 있었다. Computer use in education에서는 Flowchart 그리는 방법과 computer program 짜는 방법을 간단히 연습한 후에 매주마다 과제를 내주고, 학생들이 프로그램을 짜고 돌린 결과를 제출해야 했다. 그런데 과제를 해낼 때마다 내가 짠 프로그램은 아주 짧고 간단한데 교수가 짠 프로그램은 항상 길었다. 답이 같다면 간단한 프로그램이 길고 복잡한 프로그램보다 훨씬 높게 평가될 수밖에 없다.

하루는 담당 교수가 나에게 프로그램을 짜본 경험이 있느냐고 물었다. 그래서 한국에 있을 때 Assembly Language, FORTRAN, COBOL, PL/1 등을 배우고 Computer programmer 자격증을 받았다고 하였다. 그랬더니 그 교수는 programming 이론에 대한 것은 자신이 담당할 터이니 실제적인 것은 Mr. Yun이 담당하는 것이 좋겠다는 제안을 하였다. 그래서 본의 아니게 내가 듣는 강의의 일부를 내가 담당하게 되었다.

앞에서도 이야기한 바 있지만, 나는 인천교육대학에 교수로 근무할 당시 종로 2가에 있던 컴퓨터학원에 거의 1년을 다니면서 컴퓨터 프로그램을 배웠다. 당시 우리나라에는 컴퓨터가 두 대 있었는데, KIST와 대한전자에 있었다. 우연한 기회에 컴퓨터에 대한 이야기를 듣고, 미래 사회는 컴퓨터가 좌우할 것이라는 확신을 가지고 있었다. 그래서 내 발로 컴퓨터를 가르치는 학원을 찾아가서 컴퓨터 'machine language'라고 하는 Assembly language에서부터 당시에 사용되고 있던 language를 모두 배웠다. 그리고 인천교육대학 교수들에게 컴퓨터에 대한 입문교육도 실시한 바 있다.

그뿐만 아니라 가족이 미국으로 오기 전에 아내에게 keypunch를 배워오도록 당부했다. 당시는 유학생 부인의 취직이 금지되어 있는 데다, 일자리를 구한다고 해도 토마토 밭에서 토마토를 따거나 남의 집 청소를 하는 게 전부였다. 하지만 미리 keypunch를 배워온 아내는 전문가의 대접을 받으며 시원한 에어컨이 작동하는 사무실에서 높은 임금을 받으며 일할 수 있었다.

나는 귀국해서도 16비트짜리 컴퓨터 구입을 시작으로 새로운 기종이 나올 때마다 Pro-2000, 286, 386, 486, 펜티엄 등을 열심히 구입했다. 그러나 컴퓨터 프로그램 개발에 계속 관심을 갖지 못하고, 컴퓨터 사용도 연구소 연구조원, 사무실 비서, 대학의 조교나 대학원생에게 일임했기에 컴퓨터 능력은 더 이상 유지되지 못하고 퇴보했다.

일찍이 컴퓨터의 유용성을 예측하고, 미래는 컴퓨터가 가장 강력한 무기가 될 것이라는 확신을 가지고 컴퓨터 프로그래머 자격증까지 받았는데 주변 환경 때문에 컴퓨터를 멀리하게 된 것이 못내 아쉽다. 내가 지속적으로 컴퓨터에 관심을 가지고 프로그램을 개발하였다면 아마도 국내에서 제일가는 컴퓨터 전문가가 되었을 것이다.

History of Education이라는 과목을 수강한 이야기도 하고자 한다. 이 교과목은 고대 로마의 교육으로부터 21세기의 현대교육까지를 총체적으로 취급하며, 교재는 상·하권의 두 책으로 각각 800여 페이지 정도였다. 강의 첫 시간에 담당교수가 강의 개요를 설명하는데, 조금 당황스러웠다. 중간고사와 기말고사가 있는데 중간고사에서 90점 이상을 받으면 더 이상 수강하지 않아도 되며, 가능한 한 학생들의 질문을 받지 않고 강의를 진행하겠다는 것이다.

수강생이 약 30명 정도가 되며, 담당 교수는 강의시간에 탁자에 걸터앉아 3시간 동안 옛날이야기 하듯 줄줄 이야기를 해나간다. 어느 누구도 질문을 하는 학생이 없고 벽에 붙은 콘센트마다 전기코드를 연결해서 녹음기를 꽂아놓고 열심히 이야기를 듣는 식이었다. 나도 처음 2주는 다른 학생들과 같이 녹음기로 녹음을 하고 저녁에 다시 듣는 식으로 했다.

그런데 별도의 시간을 들여 녹음 내용을 다시 듣는다는 것이 그리 쉬운 일도 아니며 시간 낭비로 생각되었다. 그래서 그 다음부터는 녹음을 하지 않고 아예 맨 앞자리에 앉아서 열심히 경청했다. 그랬더니 교수가 왜 Mr. Yun은 녹음을 하지 않느냐며, 자신 있느냐고 묻는 것이다. 그래서 자신 있다고 고개를 끄덕였다. 자신감을 가질 수 있었던 것은 서울대학교에서 서양교육사, 교육사상사 등을 수강했기에 교육사 강의를 쉽게 이해할 수 있었다. 중간고사는 의외로 OX 문제가 100문제 출제되었는데, 수강생 중에 나 혼자 90점 이상을 받아서 나머지 강의를 면제받았다.

피 말리는
논문 자격시험

■ ■ ■

학위논문을 쓸 자격을 갖추었는지를 검증하는 논문 자격시험(qualifying exam)을 보게 되었다. 이 시험에 합격해야 논문을 쓸 자격을 부여받는데, 시험의 범위는 박사과정에서 수강한 과목의 대부분이 포함되며, 1차 시험에서의 합격률은 대체로 30퍼센트 정도이다. 재시험에서도 합격하지 못하면 다른 대학으로 전학을 가든지 학위논문 쓰는 것을 포기해야 했기에 대단히 중요한 시험이다. 유학생이 아무런 예고 없이 캠퍼스에서 사라지는 경우의 대부분은 논문 자격시험에 낙방하여 부득이 다른 대학으로 옮긴 경우이다.

어떻게 준비하는 것이 가장 효율적인지를 알 수가 없었다. 그래서 함께 시험을 치를 학생들 몇몇이 모여서 공동으로 준비하자고 합의했다. 기출문제들을 수합해서 분담하여 답안을 작성하는 한편 새로이 예상되는 문제를 만들어서 역시 분담하여 모범답안을 만들어 공유하는 방식을 택했다. 이 방식이 전통적으로 해오던 방식인 것 같았다. 시험을 볼 학생들이 모든 것을 제쳐놓고 오로지 논문 자격시험에 총력 집중하는 모습을 보면서 역시 시험이 무섭긴 무섭다는 것을 실감했다.

학생들 각자가 준비한 양이 상상을 초월할 정도로 많았지만 단기간에 핵심을 정리하는 데는 더없이 좋은 방법이었다. 시험은 평소에 사용하던 강의실이 아닌 별도의 장소에서 여러 학생들이 모여서 보았다. 하루 8시간씩 3일간을 보는데, 오전과 오후에 각각 네 장 이상을 써야 하는 중노동이었다. 타자기를 사용할 학생은 타자기를 가지고 와서 별도의 강의실에서 시험을 볼 수 있다. 시험기간 중에는 화장실 가는 시간을 절약하기 위하여 식사량도 줄이고 우유나 음료수도 덜 마시는 등 바짝 긴장해 있다.

그러나 이 시험을 보고 나면 하나의 높은 산을 넘은 것 같고, 전공 분야의 학문적 체계가 어느 정도 정리 정돈된 것 같은 기분이 든다. 한 차원 높은 곳에 올라서 자신의 학문 세계를 조망하는 기분이 드는 것이다. 따라서 논문을 준비하는 학생들에게는 공포의 대상이지만 시험을 보고 합격하고 나면 왜 논문 자격시험 제도가 필요한지를 깨닫게 된다. 이러한 경험 때문에 서울대학교 교수시절에 대학원 논문 자격시험을 좀 더 광범하게 출제하고, 보다 장시간에 걸쳐서 자신이 이해하고 습득한 지식을 총 정리할 수 있도록 하자고 주장하게 된 것이다.

최우수 박사 학위
논문상 수상

■ ■ ■

　논문자격시험에 합격하면 논문계획서(dissertation proposal)를 쓰고, 이 계획서를 지도교수가 읽고 승인해야 비로소 논문을 본격적으로 작성할 수 있다. 서울대학교에서 이미 석사 학위 논문을 써 보았고, 인천교육대학에서 교수 논문집 편집 책임을 맡았었고, 한국교육개발원에서 연구계획서를 많이 읽어보았기에 연구계획서 작성에는 어느 정도 자신 있었다.

　논문 주제는 지도교수의 연구 과제를 수행하면서 생각했던 것을 선택했으며, 지도교수도 흔쾌히 허락했다. 12~15페이지를 쓰라고 했는데 막상 선행연구 고찰(Review of Literature)까지 포함시켰더니 50페이지가 넘었다. 지도교수에게 논문계획서를 제출하고 1주일 지났는데도 아무런 반응이 없어서 수정할 부분이 많거나 계획서가 만족스럽지 못한 게 아닌가 내심 걱정했다.

2주째 되던 날 아침, 지도교수가 미소를 지으면서 연구실로 불렀다. 지도교수가 남부 출신이라서 여간해서 미소를 짓는 일이 없는데, '무슨 좋은 일이 있나?' 생각하며 들어갔다. 자리에 앉으니 지도교수는 약간 상기된 표정으로 내 논문계획서를 내놓으면서 50페이지 중에 딱 한 단어를 수정했는데, 그 단어는 현재 쓰지 않기 때문에 다른 단어로 바꾸라고 하는 것이다. 그리고 내 논문계획서를 많이 복사해두었다가 후배들에게 견본으로 주려고 하는데 허락하겠느냐고 물었다. 이 얼마나 영광스러운 일인가.

그뿐만 아니라 논문을 다 써서 최종 심사를 받는데, 심사위원 5명 중 4명이 무수정 통과였다. 한 교수가 외국 학생의 논문에서 주 정부에 대한 정책 건의가 너무 강하니 다소 약하게 하는 것이 좋겠다는 의견이 있어서 전체 학위 논문 중 세 줄만을 수정했다. 논문 계획서에서 딱 한 단어만을 수정토록 하고, 이를 복사해서 후배 학생들이 참고할 수 있도록 하고, 학위 논문 심사과정에서 단 세 줄만을 수정한 것은 극히 예외적인 경우라고 했다.

미국 교육재정학회는 캐나다 교육재정학회와 공동으로 2년마다 학회를 개최하는데, 이 학회에서 지난 2년간 교육재정학 분야에서 박사학위를 받은 사람을 대상으로 우수학위 논문상을 수여한다. 이 학회는 교육에 관심이 많은 카네기재단(Carnegie Foundations), 록펠러재단(Rockefeller Foundation) 등 유수한 재단으로부터 재정적인 지원을 받아 학회를 개최하기 때문에 그 규모와 운영이 대단히 크고 짜임새가 있다. 학회에는 미국 전역과 캐나다 전역에서 참여하는 교수와 학생 등 1,000명 이상이 모인다. 학회 개최 기간 중에 가장 주목을 받는 것은 우수 박사 학위 논문에 대한 시상식이었다. 시상식은 드라마틱하게 진행되는데, 사회자가 우선 어느 대학이라고 대학 명을 호명하면 우레와 같은 박수가 나온다. 이어서 지도교수 누구 하면 또 일제히 박수를 치고, 마지막으로 논문 제목과 수상자를 호명하면 장내 분위기가 최고조에 달한다.

우수 박사 학위 논문을 5편 선정하고 그중에서 최우수 논문을 선정하는데, 내 논문이 영광스럽게도 최우수 논문으로 선정되어 최우수 학위논문상을 수상하게 되었다. 수상할 당시에는 이 논문상이 얼마나 대단한 것인지 잘 몰랐다. 학회에서 돌아오니 사범대학에서 우수 논문상 수상을 축하하는 파티를 열어주었다. 우수 논문상 수상자는 대학교수나 연구소 연구원을 선발할 때 우선 선발의 대상자가 된다는 것이다.

미국 대학의 경우에는 교수를 선발할 때 자기 대학 출신자를 뽑지 않는 것이 관례이다. 그런데 내가 이 관례를 깨고 일리노이대학에서 박사 학위를 받고 일리노이대학교의 교수로 발령을 받을 수 있었던 이유 중의 하나가 바로 학회로부터 최우수 학위논문상을 수상했기 때문이다. 이와 같은 경험을 바탕으로 훗날 내가 한국교육학회 학술대회 위원장을 할 때 우수 박사 학위 논문상 제도를 도입하여 실시했던 것이며, 이 제도는 지금까지도 계속되고 있다.

누구는 석양을 등에 지고
여유롭게 낚시질하는데

■ ■ ■

　5월에 학위논문심사에 통과하고, 6월에 박사 학위를 받았는데, 교수 발령은 8월 말경으로 되어 공백 기간이 거의 3개월이 되었다. 가족은 4명이나 되는데 가게수입이 없이 3개월을 버틴다는 것은 도저히 불가능해보였다. 그래서 공백 기간 동안 시카고에 가서 일을 하기로 작정하고 여기 저기 일자리가 있을 만한 곳을 찾아 열심히 돌아다녔다. 〈플레이보이〉 잡지사 건물에도 올라가 보고, 심지어는 FBI 건물에도 가서 노크를 해보았다. 박사 학위가 있으면 일자리를 쉽게 구할 수 있을 것이라 예상했는데 현실은 전혀 그렇지 않았다. 일자리를 찾느라고 하도 여러 곳을 다녀서 시카고 시내를 지도 없이도 마음대로 다닐 수 있게 될 정도였다. 지금은 이렇게 담담하게 지난 이야기를 쓰고 있으나 당시에는 참으로 절실하고, 난감했다.
　결국 마지막으로 찾아간 곳이 한국인 직업 알선소인데, 미국에 처음 온 한국인을 상대로 직업 상담과 직업 알선을 함께 해주는 곳이었다. 그곳에 마침 서울대학교 후배가 있어서 사정을 이야기했더니 박사 학위를 가지고 있다면 어느 곳에서도 받아주지 않으니 고등학교만 졸업했다고 학력을 낮추라고 자문해주는 것이었다. 그 다음에 찾아간 곳은 건축자재 도매상인데 고등학교 졸업이라고 했더니 사장이 바로 하루 임금이 얼마인데 내일부터 일할 수 있겠느냐는 것이다. 학력을 속이니 이렇게 일자리 찾기가 쉬운 것을 하는 안도와 함께 양심의 가책을 느꼈다. 하지만 당장 가족들의 생활을 위해서는 어쩔 도리가 없다는 생각으로 위안을 삼았다.

거의 폐허가 된 교회 건물에 한국인 노동자들이 집단으로 거주하고 있는데, 나도 그곳에 방 하나를 얻어서 숙식문제를 해결했다. 그런데 말이 숙소이지 쥐새끼들의 천국이고, 바퀴벌레가 매일 밤 파티를 여는 장소였다. 아무리 바퀴벌레 약을 뿌려도 옆방에서 원정을 오기 때문에 소용이 없었다. 주방에는 대형 냉장고가 있었지만 작동을 거의 하지 않아 마른 음식을 바퀴벌레로부터 보호하기 위해서 넣어두는 곳으로 활용할 뿐이었다. 방에 있는 욕조는 오랫동안 사용하지 않아 새까맣게 때가 껴서 아무리 강력한 세제로 닦아도 청소한 흔적이 나지 않았다.

힘들게 얻은 직장에서 하는 일이란 건축자재인 고급합판, 페인트, 주방용 자재, 각종 장식품 등을 차에서 내려서 창고에 쌓고, 소매상에서 주문이 들어오면 주문을 받은 자재들을 차에 실어 보내는 단순 노동이었다. 주방용 고급 합판은 일반 합판보다 훨씬 무겁고, 페인트는 물보다 더 무겁다. 나는 12피트(약 3.7미터) 크기의 합판 한 장을 들고서 쩔쩔 매는데, 멕시칸들은 한 번에 3장씩을 들어 옮기고, 차에서 던지는 5갤런 페인트 통을 척척 받았다.

창고 안은 언제나 여기저기서 전기톱으로 자르고, 표면을 가는 기계 때문에 먼지로 가득했다. 당연히 공기가 아주 탁하고 지저분했다. 창고 내부만 그런 것이 아니라 창고 주변도 어느 누구 하나 청소하는 사람이 없어서 쓰레기로 뒤덮여 있었다. 창고 옆에는 사장을 위시해서 사무직원들이 근무하는 사무실이 있는데, 그곳은 깨끗하고 에어컨이 작동하고 있었다. 시원하고 깨끗한 사무실을 바라보면서 사무직과 노동직의 작업환경이 이렇게나 다르다는 것을 처음으로 실감했다.

어느 날, 깨끗한 환경을 부러워만 할 것이 아니라 내가 생활하는 환경을 내 자신이 깨끗이 해야겠다는 생각이 들었다. 그래서 누가 시키지도 않았는데 나 혼자 나서서 청소를 하기 시작했다. 우선 작업실인 창고 내부를 제대로 정리 정돈하고 물을 뿌리면서 깨끗이 청소했다. 처음에는 구경만 하고 고맙다는 인사만 하던 동료들이 며칠 후에는 한 사람 두 사람 나에게 협조하기 시작했다. 짧은 시간에 작업장 환경이 완전히 달라졌고, 공기마저 깨끗해졌다.

그 다음은 창고 주변을 청소할 생각으로 남보다 1시간 일찍 출근해서 열심히 물을 뿌려가면서 청소를 했다. 매일 같이 이런 식으로 청소를 했더니 하루는 사장이 나를 부르더니 "너에게 청소하라고 하지 않았는데 왜 어려운 일을 스스로 하느냐?"고 묻는 것이다. 그래서 나는 내 건강과 동료들의 건강을 위해서 내부 청소를 하고, 회사의 이미지를 개선하고 회사 주변 주민에게 피해를 주지 않기 위해서 주변을 청소한다고 했다.

물론 그 후 주민들이 회사를 대하는 태도가 완전히 바뀌었으며, 어느 때는 내가 청소를 하면 자신들도 빗자루를 들고 나와서 자기 집 주변을 쓸기도 했다. 비록 시간당 급료를 많이 받지 못하는 단순 노동자였으나 내 회사 내 가정을 관리하는 심정으로 최선의 노력을 기울였다. 일을 시작한 지 1개월이 되자 사장은 이 회사가 설립된 이래 주변 환경을 너처럼 깨끗이 한 사람이 없다고 하면서 내 보수를 두 배로 인상해주는 것이 아닌가. 또 1개월이 지나고 나서는 주택에 필요한 고급 장식품들을 쌓아놓은 창고의 재고 관리를 해달라면서 또다시 보수를 파격적으로 인상해주었다.

월요일 새벽에는 샴페인에서 차를 몰고 57번 고속도로를 따라서 시카고에 가고, 금요일에는 일을 끝낸 후 석양 노을을 바라보면서 가족이 기다리고 있는 샴페인으로 다시 내려왔다. 도로를 따라 내려오면서 가장 부러웠던 것은 황혼이 깃든 호숫가에서 낚시를 드리우고 있는 사람들의 모습이었다. 남들은 석양을 등에 지고 여유롭게 낚시질을 하는데 나는 가족의 생계를 위하여 시카고를 오르락내리락하고 있으니 처량한 생각도 들었다. 가을학기 강의 준비를 하기 위해서 이제 직장 일을 그만두어야 하는데 사장에게 무슨 핑계를 대야 할지 난감했다.

고민 끝에 사장에게 시카고를 떠나 샴페인으로 가서 가족과 함께 살기 위해서 일을 그만해야겠다고 했더니 가족을 시카고로 이사를 시키면 되지 않겠느냐고 하는 것이다. 그래서 아내가 컴퓨터 키펀치 일을 하고 있어서 그럴 수 없다고 하자, 자기가 시카고에 있는 키펀치 직장을 찾아주겠다고 하면서 계속 붙잡았다.

참으로 빠져나가기 궁색하게 되었다. 그래서 하는 수 없어서 솔직하게 사실대로 샴페인에 가야 하는 이유를 이야기하고 양해를 구했다. 그리고 일자리를 구할 수 없어서 처음에 학력을 속인 점에 대하여 용서를 구했다. 그랬더니 사장은 어쩐지 처음부터 태도와 인격이 다른 사람과 달라서 호감을 가졌다며, 두 가지를 약속하자고 나에게 제안했다. 대학 강의를 위해서 떠나지만 시카고에 올 때는 언제고 회사로 찾아와 달라는 것과 나처럼 일을 잘하는 한국 사람을 한 사람 소개해달라는 것이다.

그래서 두 가지 부탁을 이행하는 조건으로 그 회사를 떠나서 대학 캠퍼스로 돌아올 수 있었다. 그 약속 중에 한국인을 물색해서 그 회사에 취직시키는 약속은 이행했으나 시카고를 지날 때 회사에 반드시 들리겠다는 약속은 아직도 못 지키고 있다. 언젠가 미국을 방문하게 될 때 정말로 시간을 만들어서 3개월간 정들었고 한국인의 근면성과 성실성을 실천했던 그곳을 찾아가 그 사장님과 옛이야기를 나누어야 할 것 같다.

새 차 살까?
귀국행 비행기 표 살까?

■ ■ ■

　미국에서 가족과 함께 실천하고 싶은 꿈이 있었는데 그것은 큼직한 왜건에 캠핑도구를 싣고 여기저기 가고 싶은 관광지를 여행하는 것이었다. 미국에서의 교수 생활은 시간적으로 학생 때보다도 더 각박했다. 배우는 사람보다도 가르치는 사람이 더 많은 준비를 해야 하는 것은 당연하기 때문이다. 1년 동안 교수 생활을 하니 신형 왜건을 살 수 있을 정도의 경제적 여유가 생겼다. 그런데 유학 오기 전에 근무했던 한국교육개발원에서 박사 학위를 딴 연구 인력이 필요하니 나에게 속히 귀국했으면 좋겠다는 연락을 수시로 해왔다.
　가족과 함께 미국에서 여유로운 삶을 살기 위해 새 차를 사게 되면 귀국할 수 있는 비행기 표를 살 수 없고, 비행기 표를 사게 되면 평생 새 차를 사지 못하게 되는 양자택일의 기로에 서게 되었다. 매일 어떻게 할까 망설이고 고민하는 날이 이어졌다. 아침에 출근하면서는 차를 사겠다고 아내와 약속해놓고 새 차를 구경만 하고 돌아오기를 무려 일곱 차례나 했다. 지금 새 차를 못 사면 평생 새 차를 못 탄다는 아쉬움도 있었지만 고국에서 내가 귀국하기를 손꼽아 기다리고 계실 부모님을 생각하면 차보다는 비행기 표를 사는 것이 옳을 것 같았다. 일곱 번째 차를 구경하고는 미련 없이 발길을 돌려서 귀국행 비행기 표를 끊었다. 아내는 새 차를 못 사보고 그냥 귀국하는 것을 못내 아쉬워하면서도 귀국이 옳은 선택인 것 같다고 나를 위로해주었다.

당시에는 한국에 귀국해서 새 차를 산다는 것은 꿈같은 이야기였다. 그런데 한국교육개발원에 복귀했더니 '마크Ⅳ'라는 차를 배정해주면서 같은 방향에 사는 박사들이 함께 출퇴근 할 수 있도록 배려해주었다. 마크Ⅳ는 정부의 국장급에게 주었던 차종이다. 몇 년간 개발원에서 차량 지원을 해주다가 기사를 지원해주지 않는 대신 차량을 인수하는 게 어떻겠냐고 제안했다. 흔쾌히 차를 인수해서 몇 년을 타다가 프레스토 새 차를 구입했다. 한국의 자동차 산업이 이렇게 빨리 발전할 줄 알았다면 새 차와 귀국행 비행기 표 사이에서 그렇게 심각하게 고민하고 갈등하지 않아도 되었을 것이다.

미국에서는 중고차를 사용했기 때문에 고장이 잦아서 자동차 수리 공장에 빈번하게 드나들었다. 그러다 보니 주말에 시간이 나면 내가 직접 차량의 보닛을 열고 엔진을 손보거나 차량 밑에 들어가서 문제되는 부분을 수리하곤 했다. 차량 매뉴얼 책을 보며 이것저것 배워가면서 혼자 하거나, 잘 모르는 부분은 차량 수리 경험이 많은 유학생에게 물어가며 수리했다. 이는 대부분의 유학생이 공통적으로 하는 경

미국유학시절 가족과 함께 야유회에서

힘으로 박사 학위를 받을 때쯤에는 1급 차량수리 기사가 된다. 나도 중고차를 운전하느라 거의 전문가 수준으로 차량을 수리할 수 있는 기술을 독학으로 터득했다. 귀국해서 할 일이 마땅치 않으면 차량정비센터를 차려도 될 정도로 자신이 있었다.

그런데 우리나라 차인 마크Ⅳ를 운전해보고, 프레스토를 타 보니 고장이 거의 없는 것이다. 중고차는 으레 고장이 잦은 것으로 인식했는데 우리나라 차는 그렇지 않았다. 현재는 뉴프린스를 17년째 타고 있는데 특별한 고장 없이 아무런 불편 없이 사용하고 있다. 그래서 나는 외제차보다 국산차를 선호하고, 우리의 기술이 외국의 기술보다 좋다고 자신 있게 말한다.

⑩

소풍가는 기분으로 출근한 서울대

나는 누구보다도 먼저 출근해서 가장 늦게 퇴근할 각오로 교수 생활을 시작했다. 일요일을 제외하고는 휴일이나 방학 때도 언제나 연구실에 출근하여 연구를 하거나 강의 준비를 했다. 지방 출장이나 외국 출장이 아니면 늘 연구실을 지켰고, 감기나 몸살 등의 이유로 휴강을 한 적은 한 번도 없었다. 강의 시간에 늦게 교실에 들어가거나 시간을 채우지 않고 끝낸 적이 없었으며, 원고를 청탁 받고 단 한 번도 제출 기일을 넘겨본 적이 없다. 정해진 시간에 따라 움직이는 대학교수는 철저히 시간을 지켜야 한다는 것이 내 신념이었기 때문이다.

직장 생활의
종착역

■ ■ ■

　미국 생활을 완전히 정리하고 한국교육개발원으로 와서 교육정책연구실장, 기획조정실장, 교육발전 연구부장, 연구위원 등의 직책을 수행하면서 많은 경험을 했다. 뒤돌아보면 대한교육연합회 교육정책연구원, 인천교육대학 교수, 한국교육개발원 연구원, 미국 일리노이 대학교 교수, 다시 한국교육개발원 연구위원으로 복귀하였으니 이미 다섯 차례나 직장을 옮긴 셈이다. 이 모든 경험과 과정은 최종적으로 서울대학교 교수로 가기 위한 것이 아니었나 생각한다. 교육개발원에 근무하는 동안에 서울에 있는 사립대학인 K 대학과 H 대학, 지방의 국립대학인 CB 대학과 CN 대학으로부터도 교수 초빙 제의가 있었다. 한 대학에서는 바로 정교수로 발령하겠다는 획기적인 제안도 있었지만 서울대학으로 가기 위해서 모두 거절했다.

　서울대학교는 내 직장생활의 종착역이라고 믿었다. 1985년 2월에 서울대학교 사범대학 조교수로 발령을 받았다. 당시 서울대학교는 타 대학이나 연구소의 경력을 일체 인정하지 않고 신규 채용을 했기 때문에 누구나 처음에는 조교수 발령을 했다. 한마디로 말해서 불합리한 인사 관행을 가지고 있었다. 교육개발원의 부장으로 있다가 서울대학교 조교수로 발령받으니 연간 수입이 약 1,000만 원 정도 감소된 것으로 기억한다. 지금도 그렇지만 당시 1,000만 원은 상당히 큰 규모의 액수였다. 직급도 낮으면서 수입도 대폭 감소되었으니 솔직히 말해서 기분이 좋지는 않았다.

그러나 내가 원하던 직장으로 옮겼기에 가슴 뿌듯한 생활을 시작할 수 있었다. 특히 우수한 학생을 가르친다는 데 대한 만족감과 서울대학교 교수라는 긍지와 자부심은 늘 스스로를 채찍질하게 하였다. 관악산을 등에 두고 있는 캠퍼스의 풍광이 뛰어날 뿐만 아니라 계절마다 그 느낌이 항상 변하기 때문에 정년퇴임을 하는 날까지 소풍가는 기분으로 설레고 즐거운 마음으로 출근길에 나섰다.

대학은 연구소와는 달리 자신의 시간 계획에 따라서 비교적 자유롭게 생활할 수 있는 곳이다. 1980년대에는 교수 휴게실에 출근부가 있어서 교수들이 매일 출근 후 서명하도록 되어 있었는데, 1990년대에 없어진 것으로 안다. 누가 감독하거나 감시하지 않아도 대부분의 교수들이 열심히 연구하고, 철저히 강의를 준비하고, 강의 시간을 잘 지키기 때문에 출근부가 필요 없게 된 것이다.

나는 누구보다도 먼저 출근해서 가장 늦게 퇴근할 각오로 교수 생활을 시작했다. 일요일을 제외하고는 휴일이나 방학 때도 언제나 연구실에 출근하여 연구를 하거나 강의 준비를 했다. 지방 출장이나 외국 출장이 아니면 늘 연구실을 지켰고, 감기나 몸살 등의 이유로 휴강을 한 적은 한 번도 없었다. 강의 시간에 늦게 교실에 들어가거나 시간을 채우지 않고 끝낸 적이 없었으며, 원고를 청탁 받고 단 한 번도 제출 기일을 넘겨본 적이 없다. 원고는 약속 기일보다 언제나 빨리 제출했다. 정해진 시간에 따라 움직이는 대학교수는 철저히 시간을 지켜야 한다는 것이 내 신념이었기 때문이다.

나는 서울대학교 사범대학에서 강길수 교수님과 김종철 교수님, 두 분 교수님을 모시고 생활했던 것이 큰 은총이라고 생각한다. 두 분 다 이미 고인이 되셨지만 교육학과 교육행정학 분야의 발전에 지대한 공헌을 하셨다. 특히 강 교수님과의 인연은 그 깊이가 남다르다. 학부 때부터 직접 강 교수님께 배웠고, 대학원 시절에는 교수님 연구실에서 조교 생활을 하면서 가까이 모셨고, 내가 서울대학 교수로 발령을 받은 후에는 같은 과, 같은 전공분야의 동료 교수로 근무하였다.

나는 강 교수님의 꼼꼼하고 섬세함을 배우려고 무척 노력했다. 글을 쓰는 방식과 맞춤법, 표준어, 기호 및 정확한 인용 표시 방법 등을 철저히 배웠다. 내가 생각하기에 강 교수님은 국어학자 이상으로 정확한 글쓰기를 강조한 분이다. 내가 교수 생활을 하면서 학생들로부터 '빨간 볼펜'이라는 별명을 듣게 된 것도 강 교수님의 영향이다.

그리고 김종철 교수님께는 직접 배우지 못했으나 서울대학에서 몇 년간 모시고 교수 생활을 했다. 내가 아는 한 김 교수님은 한 번도 원고를 늦게 제출한 일이 없었다. 언제나 약속날짜보다 미리 원고를 내

서울대학교 대학원 교육행정 전공 학생들과 함께 북한산에서

아들의 서울대학교 입학식 날 가족과 함께

주셔서 함께 연구하고 일하는 사람을 편하게 해주셨다. 그리고 남들이 가지고 있지 않은 오래된 자료를 제일 많이 보존·관리하고 계셔

서 후학들에게 모범을 보이신 분이다. 또한 마감일이 얼마 되지 않는 아주 급한 원고 청탁의 경우에 다른 분은 불가능해도 김 교수님은 가능했다. 마치 원고 청탁을 기다리고 계셨던 것처럼 어렵지 않게 수락하시고, 약속된 시간보다 빨리 제출해주셨다. 어느 분이 김 교수님이 어떤 분이냐고 나에게 물었을 때 나는 주저하지 않고 "한 세기에 한 분 나오기 힘든 분이다."라고 답했다. 내가 평생토록 한 번도 원고 제출 기일을 넘기지 않은 것은 바로 김 교수님께 배운 것이다.

사범대학 학장 때의 일이다. 하루는 운동을 좋아하는 부학장이 골프를 부킹해 놓았으니 주중에 골프를 치고 오자는 것이다. 깜짝 놀라서 "주말이 아닌 주중에 웬 골프냐?"라고 화를 냈더니, 제발 좀 늦게 출근하고 일찍 퇴근해달라고 부탁했다. 1년 내내 학장이 하루도 쉬지 않고, 일찍 출근하고 늦게 퇴근을 하니 부학장들은 물론 행정실 직원들도 죽을 맛이라는 것이다.

그 이야기를 듣고 아차 본의 아니게 그동안 함께 일하는 직원들에게 숨 쉴 틈을 주지 않았던 것이다. 조직의 리더나 기관장이 가끔은 자리를 비워야 차상급자나 다른 직원이 능력을 발휘할 수 있는 기회를 갖게 되고, 자유롭게 생활할 수 있는데 나 자신의 근무시간을 철저히 지키는 것만을 생각했던 것이다. 리더는 가끔 부하들을 위해 일부러 빈틈을 보여야 하는데 너무 시계의 초침처럼 생활했던 것 같다. 차후에는 이점을 각별히 조심하겠다고 다짐했다.

연구원의 출근시간은
아침 7시

■ ■ ■

　서울대학교가 잠들면 대한민국의 모든 대학이 잠들게 된다는 생각으로 사범대학 교육연구소의 연구원들에게 아침 7시까지 출근해서 연구회의를 하자고 제안했다. 대학은 24시간 깨어 있어야 한다는 것이 평소의 소신이다. 특히 도서관과 연구소 및 연구실에는 학문에 몰두하고 연구에 여념이 없는 학자와 학생들이 언제나 환하게 불을 밝히고 있어야 국가의 미래가 있는 것이다. 일본의 대학들은 아침 8시 혹은 8시 반에 첫 강의를 시작하는 데 비해 우리나라 대학은 9시에 첫 강의가 시작된다. 하루 시작부터 우리 대학들은 일본의 대학에 뒤처지고 있는 것이다.

　그래서 사범대학 교육연구소 소장으로 임명되자마자 연구원들의 출근시간을 아침 7시로 앞당겼다. 저녁 6시부터 시작하는 강의는 9시에 끝내야 하지만 수강 신청한 학생들에게 강의 시작 시간은 정확하지만 종료시간은 10시 또는 11시도 될 수 있으니 저녁 9시 이후의 시간을 비워놓으라고 한다. 학생들과 토론을 하다 보면 정해진 시간을 넘기기 일쑤이기에 아예 끝나는 시간을 탄력적으로 운영한 것이다.

나는 연구 활동에 대해 남다른 애착과 관심을 갖고 있다. 그 이유는 내 인생의 직장 생활을 대한교련의 교육정책연구원으로 시작했고, 유학시절에도 교육연구소 연구원으로 근무했으며, 한국교육개발원에서 근 10여 년간 연구원 생활을 했기 때문인 것 같다. 당시 서울대학교에 있었던 100여 개의 연구소와 마찬가지로 교육연구소도 간판만 걸어놓고 별로 연구 활동을 하지 않는 휴업 상태의 연구소였다. 연구원도 연구소 소장이 지도하는 대학원생 6~7명이 전부였으며, 연구 프로젝트도 별로 없었다.

연구소를 활성화시키기 위해 연구소의 물리적인 공간을 배로 확장하는 한편 전공 영역에 관계없이 광범위하게 연구원을 모집하였다. 특히 외국 유학생의 경우에는 의무적으로 연구소 연구원으로 참여토록 하여 한국 생활에 빨리 익숙해질 수 있도록 했다. 연구원이 최고로 많을 때는 40여 명이 되었으며, 이들에게 필요한 책상도 연구소의 경비로 구입하여 제공했다.

모든 연구원은 아침 7시까지 출근해서 연구 회의로 하루를 시작했다. 아침 식사를 하지 못한 연구원은 먹을 것을 가져와 식사하면서 회의에 참여할 수 있도록 했다. 회의의 주요 내용은 연구 과제를 개발하기 위한 브레인스토밍(Brain Storming)과 연구 과제 추진 사항 보고였다. 연구과제 개발 회의는 교육 분야에서 시급히 해결해야 할 과제가 무엇인지에 관하여 논의하고, 이를 연구하기 위한 계획서를 작성하는 것이었다. 연구의 기본방향을 함께 브레인스토밍하고 나서 연구팀을 구성하여 연구계획서를 개발토록 하는 것이다.

이렇게 개발된 연구계획서들은 연구 과제를 공모하는 기관에 제출하거나 정부 관련부처에 제안하게 된다. 각 연구 과제의 연구 책임자를 연구소장이 모두 할 수 없으므로 교육학과의 교수들에게 부탁하여 연구책임을 맡도록 하면서 박사과정 학생과 석사과정으로 구성된 연구 인력을 지원하였다. 물론 이러한 연구과제에 대하여 연구소는 연구 간접비(overhead costs)를 징수하였다. 이런 방식으로 교육연구소의 모든 연구원이 최소한 하나 이상의 연구과제에 참여하면서 학비의 일부를 충당하게 됨은 물론 값진 연구 경험을 축적하게 되었다.

연구원이 각종 관련 학회에 참여하는 것을 권장하기 위하여 학회 참가비와 교통비도 지원하였다. 학문 후속 세대인 대학원 학생들의 학회 참여는 학회 발전을 위해서는 물론 학생의 개인적인 발전을 위해서도 대단히 중요한 것이다. 강의실에서 강의를 10시간 듣는 것보다 학회 한 번 참여하는 것이 보다 값진 것이라고 연구원들에게 항상 강조했다.

한 해는 연구원들에게 여름방학에도 연구소에 매일 나와서 연구하고 공부할 것을 요구했더니 선풍기가 없어서 덥다는 것이다. 그래서 연구소의 각 방마다 에어컨을 설치해주었고, 겨울에는 가스난로를 설치해주고 따뜻하게 입을 수 있는 카디건과 방한복까지 구입해서 제공해주었다. 1990년대 초에 대학원생들이 공부하는 방에 에어컨을

설 명절 때 대학원생들의 가정 방문

필자의 연구실에서

설치한다는 것은 파격적인 일이었다. 1980년대 말까지만 해도 교수 연구실에 에어컨을 설치하는 것은 불법이라고 여겼으며, 만약 대학 본부의 눈치를 보지 않고 에어컨을 설치하게 되면 자신이 모든 비용을 부담해야 했을 정도였다.

적극적으로 연구 과제를 개발하고, 다양한 기관에 연구계획서를 제출해서 받게 된 연간 연구비는 매년 10억 원 이상이었다. 1990년대 초에, 더구나 인문사회 분야의 연구소에서 연간 10억 원 정도의 연구비를 확보한다는 것은 거의 기적적인 일이다. 대학 본부에서 매년 연구소를 평가했는데, 교육연구소는 서울대학교 연구소들 중에 가장 활발히 운영되는 최우수 연구소로 평가받았으며, 이 평가 결과는 일간지에도 보도된 바 있다. 그 당시에 연구원으로 근무했던 학생들의 대부분은 박사 학위를 하고, 현재 대학교수로 근무하고 있다. 그들은 지금도 교육연구소 연구원으로 있으면서 체험했던 연구 경험을 잊을 수 없다고 한다. 나 역시도 젊음을 바쳐서 머리 좋은 대학원생을 데리고 교육연구소를 운영했던 그때의 보람된 추억을 잊을 수 없다.

더욱 자랑스럽게 생각하는 것은 교육연구소 소장으로서 《교육학 대백과사전》을 기획하고, 교육계의 지혜를 총 결집하여 교육학 연구에 필수적인 《교육학 대백과사전》을 성공적으로 간행했다는 사실이다. 이 백과사전은 한국의 교육학을 한층 업그레이드 시키는 데 지대한 역할을 하였다고 믿는다.

교육 행정가의 자질 향상은
교육행정연수원에서

■ ■ ■

　서울대학교의 교육행정연수원은 교육 행정가의 자질 향상을 위한 연수, 교장 및 교감 자격연수 등을 목적으로 1960년에 설립된 기관이다. 교육행정연수원은 설립 이래 현재까지 53년간 일선 교육현장에서 절실하게 필요한 자질 높은 교육 행정가를 양성·공급함으로써 한국교육행정 선진화에 지대한 공헌을 하였다. 최고의 강사진을 동원하여 초·중등학교장들에게 새로운 교육행정 이론과 실제를 체득하게 하고, 개혁의지와 동기를 부여함으로써 이들이 한국 교육행정의 변화, 개선, 발전의 선도적인 활동을 할 수 있도록 하였다. 이는 교육행정지도과정 수료자 중 상당수가 시·도교육감, 교육장, 장학관, 국장 등 지방교육행정의 주요 보직에서 활동했고, 지금도 활동하고 있다는 사실이 입증한다.

　나는 이렇게 중요한 국가기관의 15대 원장으로써 교육행정지도자

과정 81기부터 85기까지를 연수시켰다는 것에 대해 자부심과 긍지를 가지고 있다. 전국 16개 시·도에서 선발된 엘리트 교장들을 연수시켜 다시 현장으로 보낸다는 것은 정말로 보람된 일이 아닐 수 없다. 지금은 교육행정연수원과 중등교원연수원이 분리·운영되고 있으나 당시에는 두 기관이 통합되어 운영되었다. 통합 운영한 이유는 사무실 공간 부족, 인력 부족, 예산 부족의 문제와 더불어 중등교원연수원은 주로 방학 때만 운영되기 때문이었다. 지난날을 되돌아보며 가장 기억에 남고 보람된 일이었다고 생각되는 것을 열거해보면 다음과 같다.

첫째는 연수원 심벌마크의 개정이다. 교육행정지도자과정을 수료한 교장들은 연수원의 심벌마크를 항상 자랑스럽게 가슴에 부착하고 다녔다. 이는 이 과정 수료자를 교육현장에서 우대하여 우선적으로 교육장이나 국장, 장학관으로 승진시켰던 초창기의 관례 때문이며, 지도자 과정을 수료했다는 긍지의 표현이라 할 수 있다. 그러나 초창기의 마크는 한자 硏(연)을 상징한 것으로서 시대적인 감각과 미적인 감각이 다소 부족했다. 그래서 공모를 통해 연수원의 영문 명칭을 National Academy for Educational Administrators(NAEA)로 변경하고, 변경된 명칭을 바탕으로 연수원 심벌마크도 변경했다. 차제에 중등교육연수원의 영문표기도 In-Service Training Center for Secondary Education(ITCSE)로 변경하고 마크도 변경했다.

둘째는 연수원 시설의 확충과 개선이다. 사범대학이 용두동에 있을 때는 연수원이 두 개의 강의실과 행정실로 비교적 여유가 있었는데 관악산으로 이전하면서 연수원은 교수회관 2층 한편에 강의실 한 곳과 행정실 한 곳으로 축소되었다. 교수회관에서 입학관리본부가 다른 건물로 이전하는 것을 계기로 세미나실을 두 곳 더 확보하고, 각 방마다 천장 부착형 최신형 냉난방 시설을 했다. 또한 삼성전자로부터 당시의 최신형 컴퓨터 50여 대를 기증받아 설치하고, 사범대학에서 교수회관으로 올라가는 언덕길 주변에 필요한 만큼 가로등을 대폭 증설하였다.

셋째는 연수원 요람 등의 발간이다. 연수원의 역사와 주요사항을 정리 · 기록하고, 연수원의 현황과 프로그램들을 관계 기관에 널리 홍보하기 위해 연수원 요람을 발간하고, 연수원의 영문 및 국문 브로슈어를 발간했다. 또한 여러 해에 걸쳐서 연수생들이 공동으로 작업한 결과를 정리하여《학교장 실무 편람》을 발간하였는데 이 편람은 학교 행정가들에게 널리 유용하게 활용되고 있다고 들었다. 그리고 그간 연구보고서 형태로 발간해오던 〈학교장의 교육칼럼〉, 〈교육지도성에 대한 나의 철학〉, 〈학교 현장의 문제와 과제〉를 저서 형태의 체제로 발간하였다.

넷째는 관악교육정책포럼의 개최이다. 이 포럼은 한국 교육의 현안 문제에 대하여 수수방관하거나 교수 개인의 의견을 제시하기보다는 관악산에 있는 서울대의 교육전문가들의 집단적인 의견을 적극적으로 제시하자는 취지에서 내가 교육연구소 소장으로 있었던 1994년에 창립한 것이다. 1997년부터는 관악교육정책포럼을 교육연구소, 교육학과, 교육행정연수원이 공동으로 개최하였는데, 2001년(6회)부

교육행정연수원에서 모로코 교사 연수 수료식

터 세 차례에 걸쳐 이 포럼을 성공적으로 개최하였으며, 포럼 개최 비용의 대부분을 교육행정연수원에서 부담하였다.

다섯째는 연수생 해외연수의 활성화이다. 외국의 학교와 교육기관을 방문하여 교육지도자로서의 견문을 넓히고 국제적 안목과 식견을 갖추도록 하는 것을 목적으로 하는 교육행정연수원의 국외연수 프로그램은 그 역사가 상당히 길고 인기 있는 프로그램이었다. 주로 서유럽의 주요국을 방문하던 이 프로그램이 1998년 IMF 금융위기로 동남아 지역 방문으로 축소되었다. 그러다가 2002년부터 국외연수 지역을 다시 유럽 혹은 미주 지역으로 확대 변경하고, 이에 필요한 경비를 각 시·도교육청과 협의하여 성공적으로 확보하였다. 예산을 확보하면서 예산의 규모를 축소하는 것은 쉬운 반면에 규모를 확대하는 것은 대단히 어렵다는 사실을 다시 한 번 인식했다.

나는 4년간 사범대학 부설 교육연구소장을 지내면서 가내공업 형태의 유명무실했던 연구소를 서울대학교 100여 개 연구소 중에 가장 활성화된 연구소로 발전시켜서 최우수 연구소로 평가받는 성과를 이루었다. 연구소 공간을 두 배 이상 넓히고, 6~7명의 연구원을 45명으로 증원하고, 연구실마다 냉방시설을 하고, 연구비 규모를 연간 10억 원 이상 확보하였다. 이와 같은 경험을 교육행정연수원 운영에도 적용하여 기대 이상의 효과를 거두고 대학 본부로부터 2년 연속 최우수 운영기관이라는 평가를 받았다.

250억 원의
도서관 지원금

  미국에서 1983년에 〈A Nation at Risk〉라는 교육개혁 보고서가 발간된 후 전 세계가 교육개혁을 앞 다투어 추진했는데, 우리나라도 예외가 아니었다. 전두환 대통령은 1985년 5월에 대통령 직속의 자문기구로 교육개혁심의회를 설치하였으며, 노태우 대통령도 1989년 2월에 동일한 성격의 대통령 교육정책자문회의를 설치·운영하였다. 나는 이 두 자문기구에서 기획조정실무위원회 위원장으로, 상임 전문위원으로 7년여에 걸쳐서 교육개혁 안을 수립·제시하는 일을 했다. 또한 교육정책자문회의 전문위원 역할을 하면서 동시에 교육부에 설치된 중앙교육심의회 연구위원으로도 활동했다.

  내가 군사정부와 직접적인 관계를 맺기 시작한 것은 이보다 훨씬 전이다. 한국교육개발원에서 정책연구 실장으로 근무할 때 하루는 국가보위비상대책회의(국보위)에서 전화가 왔다. 할 이야기가 있으니 남서울 호텔(현재 리츠칼튼 호텔이 위치한 곳에 있었음) 3층에서 만나자는 것이다. 퇴근 후 약속 장소로 갔더니, 당시 국보위에 파견되었던 교육부의 L 장학관과 육군 대령이 나를 기다리고 있었다.

그런데 대령은 낯설지가 않고 어디서 많이 본 듯하다고 했더니 대령도 나를 어디서 많이 본 것 같다는 것이다. 내가 혹시 육사 시절에 럭비를 하지 않았느냐고 물었더니 그렇다고 했다. 대학 때 우리 럭비팀은 육사와 연습경기를 많이 했으며, 정기적으로 문무전도 개최했었다. 이 문무전은 지금까지도 이어지고 있는 것으로 안다. 국보위에서 온 K 대령은 나와 함께 대학시절에 운동장에서 몸을 부닥치며 럭비를 했던 육사의 럭비 선수였다.

반갑게 서로 인사한 후 본격적인 이야기를 나누었다. L 장학관과 대령은 이번에 국보위에서 교육개혁을 추진하려고 하는데 교육개발원이 도와달라고 요청했다. 즉, 고등학교에서 대학으로 진학하는 데 병목현상이 발생하여 국민들의 불만이 크니 이를 해결할 수 있는 교육개혁 안을 만들어달라는 것이다. 이 요구의 배경에는 12·12사태 이후에 권력을 잡은 신군부가 국민들로부터 지지를 얻기 위해서는 평소 국민들의 불만을 적극적으로 해결해야 했다. 국보위는 교육문제, 특히 대학입시에 대한 국민들의 불만이 가장 큰 것으로 진단한 것이다.

1980년 7월 30일에 발표되어 7·30교육개혁이라고도 하는 '고교교육 정상화 및 과열과외 해소 대책'은 남서울 호텔에서 교육개발원 연구팀에 의하여 1주일 만에 작성된 개혁안이다. 연구팀에서 제안했던 '능력별 졸업제도'는 국보위에서 '졸업정원제'로 탈바꿈되어 훗날 사회문제가 되기도 했다. 그러나 대학에서 주·야간 학생 구분 철폐, 단과대학의 종합대학으로의 승격, 학과 규모의 확대 등을 통해 대학 입학 정원을 확대하고, 불법 과외수업을 제재하고, 교육세 제도를 도입하는 등의 긍정적인 효과도 많이 있었다.

7·30교육개혁 안을 수립하는 데 관여한 인연으로 대통령 교육개혁심의회의 상임전문위원으로, 대통령 교육정책자문회의 상임전문위원으로 계속해서 청와대 중심의 교육개혁 활동에서 중추적인 역할을 수행하게 되었다. 교육개혁 사업을 추진하면서 가장 보람 있었던 일은 교육재원 확보방안을 수립하여 정부에서 추진할 수 있도록 한 것이다.

특히 교육목적세를 도입하고, 이를 확대·유지시키는 방안을 제시하고, 교육용 전력요금을 대폭 인하했다. 또한 주택 건설업자가 학교 부지 확보에 대한 일정 수준의 책임을 지도록 하는 등의 교육재정을 GNP 대비하여 선진국 수준으로 확보할 수 있는 방안을 제시하였다. 이후 GNP 대비 교육재정 규모는 대선 때마다 선거공약으로 제시되었으며, 김영삼 정부와 김대중 정부에서 교육재정 확보의 목표로 설정되었으며 결과적으로 교육재정을 확충하는 데 크게 기여하였다.

교육정책자문회의는 교육개혁 안을 만들어서 분기별로 대통령에게 보고하였다. 한번은 위원장이 고등교육에 관한 교육개혁 안을 대통령에게 보고했는데, 대통령이 "왜 우리나라 대학생은 선진국 대학생들의 4분의 1 정도밖에 공부를 하지 않느냐?"고 질문을 던지는 것

우면동 한국교육개발원 내에 설치한 교육개혁위원회 표지석

대통령 교육정책자문회의 사무국 직원들과 함께

대통령 교육개혁심의회 전문위원 세미나

이다. 참석한 위원 중 몇 분이 답변을 하는데 질문에 대한 정확한 대답이 되지 못했다. 그래서 상임전문위원인 내가 자진해서 답변하겠다고 나섰다. 나는 서울대학교 발전계획을 수립하면서 이해하게 된 도서관 발전지수인 'ARL 지수'를 가지고 대체로 다음과 같이 설명하였다.

"ARL 지수를 비교해보면 하버드대학은 3.2이고, 미국에서 100위권에 있는 라이스대학이 1.2입니다. 그런데 이에 비해 서울대학은 −1.2에 불과합니다. 서울대학 도서관에 200만 권의 도서가 있다고 하지만 100만 권은 옛날 책입니다. 외국에서 학위를 마치고 온 신진 교수가 의욕적으로 강의를 하고, 과제를 내주지만 학생들이 참고할만한 도서가 없어서 교수의 의욕이 곧 꺾이게 됩니다. 따라서 대학 도서관에 대폭적인 투자를 하지 않는 한 우리 학생들의 공부하는 양이 선진국 학생들의 공부 양을 따라갈 수 없습니다."

내가 장시간 설명을 하니 옆에 있던 수석비서관이 짧게 이야기하라는 의미로 내 무릎을 꼬집었다. 그럼에도 아랑곳하지 않고 대통령께서 궁금해 하시니 다 설명해드리겠다며 거의 10여 분을 이야기했다. 며칠 후 한국화약으로부터 서울대학교 도서관에 250억 원이라는 거금이 지원되었는데, 이는 우연의 일치는 아니라고 생각한다.

대선공약과
대선토론

■ ■ ■

나는 교육재정학을 공부하고 한국교육개발원에 와서 제일 먼저 착수한 것이 사교육비 조사 연구였다. 상급학교 진학을 대비한 과외비와 학원비가 지속적으로 증가하고 있음에도 불구하고 과외비에 대한 현황이 제대로 파악되고 있지 못한 상태였다. 오래전에 중앙교육연구소가 한 번 조사한 것이 전부였다. 그래서 1977년에 본격적으로 과외비 조사·분석을 시작했고, 그 후에 교육개발원에서는 2년마다 거의 비슷한 방식으로 과외비를 조사하여 발표했다.

두 번째로 심혈을 기울인 것은 중앙에서 지방으로 지원하는 교육비를 보다 합리적·과학적으로 배분하여 교육재정 배분에서 교육의 기회를 형평하게 보장하고자 하는 것이었다. 교육비를 합리적으로 배분하기 위하여 교육비차이도(cost differential factor)라는 개념을 도입하여 학생의 교육적 필요를 반영하여 교육비를 배분할 수 있도록 하였다.

그리고 세 번째로 노력을 집중한 것이 바로 교육재정 확보 방안이었다. 이는 내가 대학으로 직장을 옮기고 대학에서 정년을 할 때까지 나의 핵심적인 정책연구 과제였다. 우직하다고 할 정도로 재정확보에 총력을 집중했다. 그 이유는 작은 규모의 교육재정을 어떻게 배분할 것인가에 집중하기보다는 우선 재정 규모를 확대하는 것이 급선무라고 판단했기 때문이다.

지방교육재정의 근간이 되는 지방교육재정교부금을 확충하고, 교육세를 도입하여 영구세로 전환시켰다. 그리고 안정적으로 교육재원을 확보하기 위한 방안을 수립·제시했다. 또한 지방교육 자치를 위한 재원확보 방안을 탐색하고, 대학 재정을 확보하고 재정구조를 개선하기 위한 방안을 제시했다. 사학재정 확보 방안 및 평생교육진흥을 위한 재원 확보 방안도 수립 제시하는 등 교육재정 확충을 위한 다각적인 노력을 경주하였다.

특히 전두환 대통령 임기 때 교육개혁심의회 상임전문위원으로 활동하면서 교육재정을 GNP의 3.34퍼센트에서 4.74퍼센트로 확충할 수 있는 방안을 제시함으로써 최고 정책결정자인 대통령은 물론 국민을 설득하기 쉽도록 하였다. 노태우 대통령 임기 중에도 대통령 교육정책 자문회의 상임 전문위원 역할을 하면서 교육재정을 GNP의 5퍼센트까지 확보할 것을 제안하여 청와대에 보고한 바 있다.

이와 같은 교육재정 확보책에 영향을 받아 대선 때마다 교육 공약에는 '교육재정 GNP의 몇 퍼센트 확보'가 단골 메뉴로 등장하게 되었다. 14대 대선에서는 모든 후보자가 교육재정을 GNP의 5퍼센트까지 확보하겠다고 하였는데, 민주당은 1995년까지, 국민당은 1996년까지, 그리고 민자당은 1998년까지 목표를 달성하겠다는 공약을 제시했다. 16대 대선에서는 교육재정을 GNP의 6퍼센트까지 확보하겠다고 했으며, 17대 대선에는 교육재정을 GNP의 7퍼센트 수준으로 확보하겠다는 공약이 대두했다.

14대 대선 당시 어느 한 당에 교육재정 관련 교육 공약을 만들어주었는데, 다른 당의 후보들 측에서 자기들의 교육 공약도 만들어달라고 해서 결과적으로 세 당의 교육재정 관련 교육 공약을 모두 만들어주게 되었다. 당시에는 어느 누가 대통령에 당선될 것인지 예측하기 어려웠으며, 교육 재정 확충에 관심을 가지고 있던 나로서는 어느 당의 요구도 거절할 수가 없었다.

어느 때는 시간적인 여유가 없어서 다방을 하나 빌려서 정당 선거 공약 개발팀과 밤새워가며 교육 공약을 만들어주기도 하였다. 그래서 14대 대선에서 각 후보들이 제시한 교육재정에 관한 공약이 목표 달성 년도만 다를 뿐 비슷하게 된 것이다. 15대 대선과 16대 대선에서는 한 정당의 후보자만을 위해서 교육 공약을 작성해 제시했는데, 교육재정 확보목표치를 각각 GNP의 6퍼센트와 7퍼센트로 제시하였다.

우리나라에서 각 당의 대선 후보자를 초청하여 TV토론을 처음으로 시작한 것은 15대 대선 때부터이다. 현재는 대선 후보자들을 함께 초청하여 패널들이 순번으로 돌아가며 질의 응답하는 형식이지만 당시는 후보자를 한 명씩 초청하여 여러 명의 패널들이 집중적으로 토론하는 형식이었다. 한국방송협회가 주최하고, KBS와 동아일보가 공동으로 주관한 3당 대통령 후보 초청 토론회가 1997년 8월 27일부터 29일까지 3일간 개최되었다. 패널들의 질문 내용은 광범위한데 주로 후보자의 도덕성과 전문성, 공약의 신뢰성 및 실천 가능성에 초점이 맞추어져 있었다. 나는 교육계를 대표한 패널로 참여하여 주로 후보자의 도덕성과 교육재정 확보책에 대한 질문을 하였다.

당시에는 대선 후보자들이 대선 출마를 앞두고 명당을 찾아 부모의 묘를 이장한 사례들이 있었는데, 가끔은 언론에 공개되기도 했다. 일국의 대통령이 되겠다고 출마한 사람이 미신을 믿고 선영을 옮기는 것도 문제이지만 더 큰 문제는 조상의 묘를 마치 왕릉처럼 크고 호화롭게 만든다는 것이다. 당시 한 후보가 선영을 서울 근교로 옮기면서 묘지관리 규정을 어기고 호화 분묘를 만들었다는 정보를 입수하여 신문사에서 현장을 촬영해왔다. 사진은 여러 장이었으며 말 그대로 호화 분묘였다. 이를 TV 토론 중에 폭로하면서 후보자의 도덕성을 거론할 생각으로 내 책상 밑에 보관하고 있었으나 토론을 다 끝낼 때까지 사진을 내놓지 않았다. 내가 그런 사진을 가지고 있었다는 것을 미리 알았던지 후보자는 토론이 끝나자 내게 곧장 다가와서는 신세를 많이 졌다고 하면서 특별히 고마움을 표했다. 그 후보자는 무사히 대통령이 되었는데 그때에 만일 내가 그 사진을 TV에 비추면서 후보자의 도덕성을 따졌다면 역사가 바뀌지 않았을까 생각해본다.

이와는 별도로 한국교원단체총연합회가 주관하여 제15대 대통령 후보초청 교육정책 토론회를 1997년 8월 20일부터 11월 10일에 걸

당시 김대중 대통령 후보 초청토론회

쳐 개최하였다. 나는 이 토론회의 사회자로, 토론자로 참여하여 또다시 후보자들의 교육공약을 점검할 수 있었다.

  KBS와 동아일보가 공동 주관한 TV토론에서는 후보자의 도덕성 검증을 포함하여 정치·외교·경제·문화·통일·안보·고용·교육 등을 전반적으로 다루었으나 한국교총에서 주관한 토론회에서는 교육문제에 집중했기 때문에 보다 심층적이고 구체적인 토론을 전개할 수 있었다. 이 토론에서도 나는 교육재정 확보 목표와 구체적인 확보책에 관하여 중점적으로 질문함으로써 각 후보들에게 교육재정 확보의 중요성을 각인시켰다. 특히 후보자가 대통령으로 당선되면 한국 교육 발전을 위해서 교육재정을 GNP 대비 일정 퍼센트 이상으로 확보해줄 것을 강력히 요청하였다.

학교바로세우기
실천연대(NGO)

■ ■ ■

학교는 교사에게 보람과 긍지를 갖게 하는 교육의 장이고, 학생에게는 꿈과 희망을 키우는 학습의 장이며, 학부모에게는 자녀를 안심하고 맡길 수 있는 신뢰의 장이다. 그러나 정치·경제논리에 기반을 둔 교육개혁이 추진되면서, 특히 교원정년이 쿠데타적으로 감축되면서 학교교육이 갑자기 붕괴되기 시작했다. 사명감과 열정을 가지고 적극적으로 학생을 지도하던 교원들이 교권을 박탈당하고, 권위를 상실하고, 의욕을 잃게 되었으며, 결과적으로 교육력을 발휘할 수 없는 지경에 이르렀다. 기본적인 학교 질서와 사제관계가 무너지고, 공동체 의식이 깨어져 구성원 간에 신뢰보다 불신이 압도하게 되었다.

이와 같은 학교교육 붕괴 현상을 좌시할 수 없어서 나는 1999년 가을에 한국교원단체총연합회, 대한어머니회, 주부클럽중앙회 등 5개의 단체를 주축으로 '학교바로세우기실천연대'라는 NGO를 결성하고 학교를 살리기 위한 광범한 활동을 전개하였다.

먼저 학교공동체 신뢰회복과 건전한 학교문화 조성을 위한 'SOS 운동'을 전개하였다. SOS 운동은 '우리 학교를 지원하자(Suport Our School)'는 의미와 '우리 학교를 구하자(Save Our School)'는 두 가지 의미를 가지고 있다. 황폐화되고 있는 학교교육을 더는 방치하지 말고 학교공동체를 확립하고 학교교육을 정상화시키는 활동에 우리 모두가 자발적으로 참여하자는 강한 호소가 내포되어 있는 것이다.

한편 학교공동체 신뢰회복 사업으로 학교공동체 구성원 간의 교육 분쟁을 교육적 차원에서 해소하기 위한 학교공동체 분쟁조정위원회를 설치·운영하고, 학교 바로세우기 위한 전단지를 제작·배포했다. 풍자극과 퍼포먼스 등을 통해 가두 캠페인을 전개하고, 학교 바로세우기 인터넷 상담 창구를 운영하였다. 즐거운 학교 만들기 사업으로는 이달의 자랑스러운 학교를 선정하여 소개하고, 즐거운 학교 만들기 가상 캠페인을 전개하고, 즐거운 학교 인터넷 토론방을 운영하였다.

그리고 학교 바로세우기 정책 사업으로 교육정책 현안에 대한 대안을 제시하고, 쟁점 사안에 대한 긴급 정책토론회를 개최하였으며, 학교공동체의 인식을 조사하였다. 특히나 각 학교 재학생 중 경제적으로 어려운 학생을 파악하여 사회 저명인사와 연계시켜서 이들이 학생들에게 직접적으로 재정적인 지원을 할 수 있게 하는 등 학생들이 용기와 희망을 가지고 학교생활을 할 수 있도록 하였다.

정부로부터 일체의 지원이나 협조를 받지 않고 순수한 의미의

교육재정 확충을 위한 학교바로세우기실천연대의 거리 퍼포먼스와 시위

NGO 활동을 전개한다는 것이 얼마나 어려운 일인지 절실히 느꼈다. 물론 NGO 활동에 참여하고 있는 5개의 단체로부터 부분적으로 재정을 지원받기는 하였으나 충분할 수가 없었다. 각 단체는 나름대로의 고유한 설립 목적과 활동이 있기 때문에 인력과 재정 지원에 한계가 있을 수밖에 없었다. 만 3년간 학교바로세우기실천연대를 운영하면서 깨달은 것은 합리적인 재원확보 방안이 없는 NGO는 성공할 수 없다는 것이다. 정부로부터 재정적인 지원을 전혀 받지 않고 순수하게 NGO 활동을 하는 것이 얼마나 어려운지 뼈저린 체험을 했다.

이후에도 여러 차례 다른 종류의 NGO 활동을 할 수 있는 기회가 있었으나 과거의 쓰라린 경험 때문에 나는 다시는 NGO 활동에 직접 참여하지 않았다. 이와 같은 NGO 활동을 경험하고 난 후에 오랫동안 NGO 활동을 전개하고 있는 단체나 지도자를 보면 존경스러운 마음이 저절로 생긴다. 사회 문제를 해결하기 위해 자신을 희생하면서 적극적으로 NGO 활동을 전개하는 단체에 대하여 정부는 강 건너 불 보듯 하지 말고 활동에 필요한 예산의 일부를 지원해주어야 할 것이다.

관악구 주민이라는
자긍심을 함께 나누다

■ ■ ■

　대학은 학문과 진리를 탐구하는 상아탑이므로 가능한 사회로부터 격리시켜서 외부인들이 무단히 출입하지 못하도록 해야 한다는 생각이 오랫동안 대학사회를 지배해왔다. 그래서 대학 캠퍼스 주변에 울타리를 설치하고, 수위실에서는 외부인의 출입을 철저히 통제했으며, 대학은 마치 바다 한가운데 위치한 섬처럼 존재해왔다. 즉, 지역사회와의 관계를 두절한 채 자신만의 고고한 자세를 견지해온 것이다.

　서울대학교도 오랫동안 외부인의 방문을 철저히 통제하는 정책을 유지해왔다. 그래서 지역사회와는 높은 담을 쌓고 오로지 자신의 발전만을 위한 사업을 추진해왔다. 혹시 정부의 도움이 필요하면 서울시청이나 정부 각 부처 혹은 청와대의 힘을 빌어서 문제를 해결해왔다. 대학의 시설물이나 건축 관계는 법적으로 구청에서 건축허가를 받아야 함에도 구청을 무시하고 시청을 통해서 업무를 처리했다. 뿐만 아니라 서울대학교는 1970~1980년대 학생 데모가 한창일 때 수시로 관악구민들에게 체루가스를 날려 보내서 대학 근처의 주민들이 무더운 여름철에도 창문을 제대로 열고 생활할 수 없도록 했다. 대학이 주민들에게 혜택을 주기보다는 생활에 불편만을 준 것이다.

　대학과 지역사회는 상호 도움을 주고받으며, 함께 발전하는 관계에 있는 것이다. 지역사회 내에 대학이 있어 주민의 생활이 편안해지고 만족하며, 대학이 있다는 데 대하여 긍지를 가질 수 있어야 할 것이다. 선진 외국의 경우에는 대학 주변에 대학촌이 형성되고, 대학은 주변 주민들에게 각종 혜택을 부여한다. 주민들은 생활의 편리함과 만족을 느끼고, 대학 주변에 사는 것에 대해 긍지와 자부심을 갖고 있다. 주민들도 대학의 정책을 적극적으로 지지하고, 대학에서 주관하는 각종 행사에 참여하여 보다 풍요로운 생활을 즐기고 있다. 이러한 태도와 모습이 대학과 지역사회가 함께 만들어가야 할 관계인 것이다. 그런데 서울대학교와 지역사회인 관악구와의 관계는 이런 모습이 전혀 아니었다. 대학이 지역사회에 주는 혜택이 없고 오히려 생활에 불편만을 주었기에 관악구는 대학에 대해 부정적인 태도를 가질 수밖에 없었다.

　사범대학 학장직을 맡고 있을 때 관악구민을 대상으로 '대학-지역사회 간의 협력체제 확립'이라는 주제로 특강을 할 기회가 있었다. 이 강의에서 대학-자치단체 협력체제 구축의 필요성을 강조했다. 관악구 교육현황과 문제점을 분석·제시했으며, 관악구 교육 경쟁력 제고를 위한 방안을 제안했다. 특히 총 인구수에서 관악구와 비슷한 강남구의 교육현황을 구체적으로 분석하여 비교 설명했더니 많은 참가자가 크게 공감했다.

관악구에는 세계적 수준의 서울대학교가 있으며, 강남구에는 대학이 없음에도 불구하고 일반 시민들이 관악구 거주를 회피하고, 강남구를 선호하는 이유를 무엇일까. 그 이유는 강남구에는 좋은 중·고등학교가 많으며, 사설 학원과 도서관도 많기 때문이다. 또한 봉천동과 신림동은 오랫동안 달동네와 판자촌으로 인식되어왔는데, 이러한 사실이 관악구 주민들에게 피해의식을 갖게 했다. 어린 학생들마저 봉천동이나 신림동에 사는 것을 부끄럽게 생각할 정도였으니 말이다.

이와 같은 문제를 극복하기 위해서 우선 서울대학교 사범대학의 연구팀으로 하여금 관악구가 평생학습도시로 지정받고, 교육문화도시로 지정받을 수 있도록 적극 협력토록 하였다. 그 결과 관악구가 서울시에서 제일 먼저 평생학습도시로 지정받았고, 전국에서 두 번째로 과학문화도시로 지정받았다.

그리고 관악구 평생학습센터에 관악시민대학을 설치하고 사범대학교수들이 강의를 전담토록 하였으며, 주민들의 강력한 요구를 수용하여 사범대학 내에 관악시민대학원을 설치하여 운영했다. 사범대학에서도 명강의를 하는 교수들이 참여하니 시민대학이나 시민대학원 학생들은 매일같이 전원 출석을 하였다. 또한 서울대학교 문화관에서 공연이 있을 경우 관악구청에 초청장을 넉넉히 주었고, 관악구청 직원들이 서울대학교 어학연구소에서 반값으로 어학연수를 받을 수 있도록 조치했다. 서울대학교의 크고 작은 행사에 관악구청장을 항상 귀빈으로 초대했다.

또한 지역의 이미지 쇄신을 위해서 동명 개칭을 강력히 주장하였다. 신림본동부터 신림 13동까지, 봉천 1동부터 13동까지 아무런 의미 없이 동명을 숫자로만 표시하였는데, 이것도 차례가 있는 것이 아니라 뒤죽박죽 섞여 있었다. 마치 아기를 많이 낳은 집에서 아들 이름은 1남이, 2남이, 3남이 하는 식이고, 딸 이름은 1순이, 2순이, 3순이 하듯이 무책임하게 동명을 부여한 것이다.

관악구는 역사적인 유적지가 많기 때문에 조금만 관심을 기울이면 얼마든지 좋은 동명을 찾을 수 있다. 물론 관악구에서도 내 주장에 동감했지만 관악구의 동명을 모두 변경하는 데는 굉장한 예산이 소요된다는 이유로 쉽게 수용하지 못했다. 여기서 포기하지 않고 구민을 상대로 의견을 조사했는데, 절대 다수가 동명 변경에 찬성하여 결국 동명을 바꾸게 되었다. 새로운 동명은 역사적인 의미를 갖고 있는 것이 많고, 들으면 정감이 가는 이름들이다.

보다 중요한 것은 질적 수준이 높은 초·중등학교의 유치와 사설 학원을 유치하는 일이었다. 나는 관악구에 특수목적고를 유치하고, 자립형 사립고를 지정토록 하며, 과학영재학교를 설립하고, 도서관을 증설함과 동시에 유명한 사설 학원을 유치할 것을 제안했다. 주민들이 선호하는 살기 좋은 지역사회로 만들기 위해서는 유명 대학이 필요한 것이 아니라 좋은 유치원, 초등학교, 중학교, 고등학교가 필

대학과 지역사회 협력체제 구축을 위한 합동협의회에서

관악구 발전에 기여한 공로로 받은 자랑스러운 관악인의 상 대상

요하며, 학생들이 쉽게 접근할 수 있는 사설 학원이 필요한 것이다. 그래서 나는 서울대학교 사범대학 부속중학교와 부속고등학교를 관악구로 유치하기 위해 온갖 심혈을 기울였다.

사범대학 부속학교를 서울대학교 근처로 옮겨와야 하는 첫째 이유는 사범대학 부속학교로서의 기능과 역할을 충실히 수행할 수 있도록 하기 위함이었다. 부속학교는 사범대학의 연구학교, 관찰학교, 교생 실습학교로서의 기능과 역할을 할 수 있어야 하는데 지리적으로 대학과 멀리 떨어져 있어서 사범대학에서 활용할 수 없었다. 둘째 이유는 바로 관악구의 교육환경 개선을 위한 것이었다. 관악구민 전체가 사범대학 부속학교 이전을 요구하는 서명을 하고, 서울시청을 설득했으나 성북구의 반대에 직면하여 서울시과학관 맞은편으로 부속학교를 이전하겠다는 계획은 좌절되고 말았다.

Welcome to
Homecoming Day

■ ■ ■

    학교 동창회장과 마찬가지로 학과의 동문회장도 일종의 봉사활동이라고 할 수 있다. 나는 얼떨결에 교육학과 동문회장을 맡아서 2년간의 임기를 마치고 다시 재임하여 4년이나 회장 일을 보았다. 일반적으로 동문회에는 젊은 동문들은 참석하지 않고 연세가 지긋한 대선배들만 참석한다.
    역사가 오래된 교육학과 동문회도 예외가 아니었다. 동문회는 대부분 음식점에서 연세가 많은 동문 10여 명이 모여 식사하면서 보고나 의결도 없이 대충 끝나는 것이 전례였다. 내가 동문회에 참석하여 회장으로 선출되던 때도 그랬다. 전임회장이 13회였으니 나는 순서로 보면 19회이니 아직도 멀었다는 생각에 마음 편히 참석했다. 그런데 이번에는 동문회를 활성화시킬 수 있는 동문이 회장을 맡아야 한다면서 전임회장이 나를 추천했고, 참석한 동문들이 박수로 동의했다. 예상치 못하게 나는 교육학과 동문회를 보다 젊게 하고, 활성화 시켜달라는 주문을 받으며 회장으로 선출되었다.

많은 동문들의 기대에 부응하기 위해 교육학과 동문회를 활성화시키기 위한 방안을 다각도로 검토하면서 고심하였다. 여러 고심 끝에 최근에 졸업한 젊은 동문부터 손자 손녀를 대동해서 나올 수 있는 연로한 동문까지 참석할 수 있도록 하기 위하여 우선 동문회의 성격을 '교육학과 동문 Homecoming Day'로 바꾸었다. 집회 장소도 외부의 음식점이 아니라 대학 캠퍼스로 하였다. 특히 젊은 동문들이 많이 참석할 수 있도록 Homecoming Day의 날짜를 5월 5일 어린이날로 정했다. 어린이날에 서울에서 아이들을 데리고 가서 마음 편히 하루를 즐길 수 있는 곳이 없다는 데 착안하여 그날로 결정한 것이다.

집합 장소를 교수회관 뒤편에 있는 넓은 잔디밭으로 하고, 어린이들이 즐길 수 있는 놀이기구를 임대하여 배치했다. 또한 동문들로부터 경품을 받아서 경품추첨에 사용토록 하고, 참가자는 누구나 기념품을 받아갈 수 있도록 기념품을 넉넉하게 준비하였다. 특히 참가비는 몇 명의 가족을 대동하던 간에 가족은 무료로 하고, 동문에게만 받았다.

오전 10시부터 오후 4시까지 모든 참가자가 재미있게 하루를 즐길 수 있도록 프로그램을 마련하였다. 등산을 좋아하는 사람은 등산 안내자를 따라서 관악산을 등반토록 하고, 유치원 이하의 어린이는 놀이기구를 타며 놀게 하고, 초등학생 이상은 서울대학교 캠퍼스 투어를 시키면서 부모가 다녔던 대학에 대하여 폭넓은 이해를 시킴과 동시에 부모의 대학에 대하여 자부심을 갖도록 하였다.

　첫해의 동문가족 Homecoming Day 행사에는 거의 300여 동문가족이 참여하여 가족과 함께 뜻깊고 즐거운 하루를 보냈다. 첫해의 성공은 다음 해의 성공을 예약하는 것이다. 예상대로 그 다음 해에도 동일한 날 동일한 장소에서 대성황을 이루었다. 이와 같은 전통은 후임 회장들이 그대로 이어받아 지금까지도 교육학과의 동문회는 Homecoming Day의 성격으로 매년 5월 5일에 대학 캠퍼스에서 개최되고 있다.

　이와 관련하여 교육학과의 신년하례식의 전통에 대해서도 이야기를 하고 싶다. 언젠가 설 명절 때 교육학과 조교들과 대학원생들이 봉고차를 대절해서 수유리에 있는 우리 집에 신년 인사차 오후 4시경에

매년 첫째 주 토요일 오후에 개최하는 교육학과 신년하례식

왔다. 대충 인사를 받고 의례적으로 점심 식사는 했느냐고 물었더니 아직까지 식사를 못했다는 것이다. 그래서 왜 4시가 되도록 식사를 못했느냐고 물었더니 아침부터 20여 명의 교수댁을 방문하다 보니 식사할 시간이 없었다는 것이다. 우리 집이 마지막이라고 해서 부지런히 떡국을 준비해 상을 냈더니 다들 배가 너무 고팠는지 두 그릇씩을 먹었다.

이런 방식의 신년인사는 교수댁을 일일이 방문해야 하는 대학원생들에게도 어렵고, 많은 학생들을 대접해야 하는 교수댁도 역시 부담스럽기 때문에 개선할 필요가 있다고 생각했다. 그래서 고안한 방식이 새해 첫 토요일 오후에 캠퍼스에 있는 동원생활관에 교수들과 학생들은 물론 졸업생들까지 함께 모여서 합동으로 신년하례식을 갖는 것이다. 내가 제안한 이 방식은 내가 학과장일 때는 물론 지금까지도 계속 이어져 이제는 교육학과의 좋은 전통으로 자리매김하였다.

와인 한잔으로
회의 분위기를 바꾸다

....

　사범대학 학과장회의는 주로 점심시간에 교수 회의실에서 도시락을 먹으며 진행한다. 교수들의 강의시간을 피해서 별도의 회의시간을 잡기가 어렵기 때문이다. 사범대학 학장이 되어서 교수회회의를 진행해보니 15개 학과의 이해관계가 첨예하게 대립되어 여간 어려운 것이 아니었다. 경우에 따라서는 그냥 합의를 할 수 있는 안건도 각자가 학과를 대표하고 있다는 핑계로 반대의견을 제시하거나 이견을 제시하는 것이다. 어떤 안건에 대한 합의를 도출하는 데 많은 시간이 소요될 수밖에 없었다.
　그래서 생각해낸 것이 회의 안건을 미리 보내주고 학과 교수들과 협의한 결과를 가지고 회의에 참석토록 하였다. 그리고 예민하게 반응할 안건이 있는 경우에는 와인을 준비했다가 식사시간에 제공했다. 와인 한잔에 모두 기분이 좋아져서 서로 양보하고 협력해서 이해

관계가 첨예하게 대립될 안건도 쉽사리 통과되었다. 점심 식사에 와인을 곁들이면서 하는 학과장회의는 말 그대로 화기애애한 가운데 진행될 수 있었다. 교수 회의실에서 대낮에 음주라고 하면 할 말이 없으나 와인 한잔은 술이라기보다는 회의를 효율적으로 진행시키기 위한 음료라고 해야 할 것이다.

사범대학 부속학교를 관악 캠퍼스 근처로 이전하는 문제는 역대 사대학장이 추진해온 과제이다. 나도 학장이 되면서 부속학교 이전을 강도 높게 추진하였다. 종전의 학장들과는 달리 나는 관악구청과 관악구 주민을 총동원하여 이전을 추진하였다. 사범대학에는 부속초등학교, 부속중학교, 부속여자중학교, 부속고등학교의 네 개 학교가 있는데, 모두 관악 캠퍼스에서 멀리 떨어져 있다. 1975년에 사범대학이 동대문구 용두동에서 관악산으로 이전할 때 부속학교의 부지도 마련하여 함께 이전했어야 했는데 대학만 이전하고 부속학교는 차차 옮겨오기로 했던 것이다.

그러나 관악 캠퍼스에 여러 건물이 신축되고, 사범대학을 제외한 여타의 대학들이 초·중등학교가 대학 캠퍼스로 들어오는 것에 대하여 찬성하지 않았다. 특히 부속학교가 위치한 지역의 주민들이 좋은 학교가 다른 곳으로 이전하는 것에 대하여 적극 반대했다. 세계 어느 나라의 사범대학을 보더라도 사범대학의 실험, 실습, 연구기능을 수행하는 부속학교는 대학과 아주 가까운 거리에 위치해 있다. 그래야 필요할 때 사범대학 학생이나 교수가 부속학교를 방문해서 실험·실습도 하며, 교육 연구도 수행할 수 있다. 내가 학장 재직 시에 부속학

아태지역 사범대학 학장협의회 창설 기념

아태지역 사범대학 학장협의회 창설 조인식

교를 사범대학 가까이로 이전시키지 못한 것이 못내 아쉽다.

그래도 사범대학 학장으로서 아시아 태평양 지역에 있는 사범대학의 학장들을 설득하여 아태지역 사범대학 학장협의회(Asia-Pacific Education Deans Association)를 구성한 것은 매우 뜻깊은 일이었다. 이 협의회를 구성하게 된 동기는 아시아 지역의 사범대학들이 교류 협력하면서 세계 교육의 중심 역할을 하자는 데 있었다. 지금까지 서구 국가들은 교육이론을 생산하여 공급하는(producing and supplier) 선도자(leader)였고, 아시아 국가들은 서구의 학자들이 만들어놓은 교육이론을 사용하고 소비하는(using and consumer) 추종자(follower) 역할만을 하였다. 이제 아시아의 학자들도 새로운 이론을 연구·개발하여 역으로 서구의 학자들에게 제공하는 역할을 해보자는 것이 학장협의회 구성의 근본 목적이었다. 대부분의 학장들이 이와 같은 나의 주장에 동감하고 기꺼이 학장협의회 구성에 찬성하였다. 나는 아태지역 사범대학 학장협의회 창립 회장으로서의 역할을 성공적으로 수행하고 학장의 임기를 마쳤다.

교육학학회 창설의
선구자

■ ■ ■

　내가 처음으로 학회를 창설한 것은 '한국교육재정경제학회'이다. 동국대학교의 B 교수, 서강대학교의 K 교수 그리고 나 이렇게 셋이 만나서 학회 창립의 필요성을 함께 이야기하다가 교육재정 관련 학회를 창설하자고 합의했다. 그러나 당시에는 교육재정학을 전공한 사람이 다섯 손가락으로 꼽을 정도였기 때문에 교육경제학 전공자도 회원으로 참여할 수 있도록 하자고 했다. 그리하여 학회명도 한국교육재정경제학회라고 작명했다.
　또한 한국교육학회 산하의 분과학회로 가입하게 되면 회원 확보에 문제가 발생하니 우선은 독립학회로 활동하자고 했다. 왜냐하면 한국교육학회 회원 자격 기준은 석사 학위 이상 소지자로 되어 있는데 교육재정경제학회는 회원 확보를 위해 회원의 자격 기준을 완화할 필요가 있었기 때문이다. 교육재정경제학회는 교육재정과 교육경제

한일 교육행정 공동 세미나에서 일본 교육행정학회장과 함께

관련 업무에 종사하는 정부관료, 학교 및 학교법인의 회계 관계자 등도 회원으로 참가할 수 있도록 하였다. 초창기에 학회 회원 수를 걱정했는데 각 대학에서 교육재정학과 교육경제학 분야의 석·박사를 양산하고, 학회 활동을 활발히 전개하여 지금은 한국교육학회의 어느 분과학회보다도 알차게 운영되고 있다.

두 번째로 창설한 것은 1994년에 창설한 '한·일 교육행정공동세미나'이다. 내가 한국교육행정학회 회장을 할 때 일본의 교육행정학회 회장이었던 다카쿠라 교수를 만나서 한·일 간에 교육행정학자들이 상호 왕래하면서 지속적으로 세미나를 할 수 있는 체제를 구축하자고 제안하였다. 우선 시작은 한국과 일본의 두 나라가 하지만 향후에 동남아시아의 여러 나라를 포함시키자고 했다.

　일본의 교육행정학회 회장은 나의 제안을 흔쾌히 수락하였으며, 제1회 세미나를 일본에서 개최하고, 2회 세미나를 한국에서 개최하자는 데도 합의했다. 그래서 한·일 교육행정공동세미나는 매년 일본과 한국을 오가며 교육에 관한 공동 관심사를 주제로 개최하여 현재까지 지속되고 있다. 양국의 학자들이 한자리에 모여서 공동 관심사를 논한다는 것은 양국 간의 교류 협력이라는 차원에서는 물론 양국의 교육행정학 발전에 지대한 공헌을 했다는 측면에서도 커다란 의의를 지니고 있다.

　세 번째로는 세계교육학회(World Education Research Associations)의 창립 준비위원으로서 세계교육학회 창립에 결정적인 기여를 했다. 세계 여러 나라의 교육학회장들이 미국 교육학회(American Educational Research Association)에 참석한 후 세계교육학회 창립을 논의하기 위하여 별도로 회의를 가졌다.

　첫 회의는 미국 교육학회장을 역임한 UCLA 에바 베이커(Eva F. Baker) 교수의 사회로 세계 교육학회 창립의 필요성을 설명하였다. 그런데 유럽에서 온 교육학회장들이 반대 의견을 강력하게 제기하면서 회의 분위기가 이상하게 돌아갔다. 특히 공통 언어를 어떤 것으로 할 것이냐에 대하여 촉각을 곤두세웠다. 그래서 나는 아태지역 사범대학 학장 협의회를 구성한 경험을 설명하면서 차제에 세계 여러 나라의 교육학자들이 교류 협력하면서 세계 교육문제를 함께 논의할 수 있는 학회를 창립할 필요성을 구체적으로 제시하였다. 그리고 회의 시 사용 언어는 당분간 영어를 사용하되 필요하다면 통상적인 국제회의에서 사용되는 몇 가지 언어도 함께 사용할 수 있도록 하자는 제안을 하였다. 그랬더니 반대 의견을 제시하던 유럽의 회장들이 긍정적인 방향으로 선회했다.

이후에도 몇 차례 세계교육학회 창립 준비 회의를 개최하였는데 나는 학회명을 'World Education Research Associations'로 하고 줄여서 WERA로 하자는 제안을 함과 동시에 WERA 운영의 기본이 되는 세계교육학회 정관의 초안을 작성·제시하였다. 이 정관은 내가 아태지역 학장 협의회를 구성하면서 작성해보았던 경험이 있었기에 쉽게 작성할 수 있었다. WERA의 정관은 내가 제시한 초안을 근거로 몇 차례 심의 절차를 거쳐서 수정·보완한 것이다.

학회 활동은 학회 창립에서 멈추지 않고 학회장으로서 학회를 운영하면서 보다 본격적으로 학회 발전의 초석을 다졌다. 한국교육재정경제학회의 3대 회장을 맡고 학회의 회칙을 정비하고 학회 회원 명부를 종합적으로 정리하여 학회요람을 발간하였다. 특히 학회 회원들의 힘을 결집하여 교육재정학과 교육경제학 발전에 기틀이 될 《교육재정경제학 백과사전》을 편찬하였다. 이 사전은 대학원 강의에서도 폭넓게 사용되고 있음은 물론 석·박사 학위 논문 작성 시에도 빈번하게 활용되고 있다.

또 교육행정학회장을 하면서는 학회 중진회원들을 동원하여 대학원에서 교재로 활용할 수 있는 '교육행정 전문서'를 10개의 분야에 걸쳐서 출판하였다. 여러 교수를 동원하여 책을 출판하는 일은 대단한 인내심을 필요로 한다. 공동의 집필 작업에 우선순위를 두는 교수가 있는가 하면 원고 마감일을 전혀 지키지 않는 교수가 있어서 정말로 힘들었다. 내 자신은 평생 동안 원고 제출 마감일을 한 번도 넘긴 적이 없으며, 지금까지도 이 원칙을 철저히 지키고 있다. 일반적으로 원고 마감일에 원고를 제출하지 않고 늦게 제출하는 교수의 원고 내용을 보면 함께 공동 집필하는 교수들 중에 가장 시원치 않다는 것을 경험을 통해서 알고 있다.

교육 분야에서 가장 규모가 크고 다른 교육 관련 학회의 모학회인 한국교육학회의 제38대 회장으로 취임하여 학회 중흥을 위한 다양한 활동을 전개하였다. 우선 학회의 영문 명칭을 국제적인 추세에 따라서 Korean Society for the Study of Education(KSSE)에서 Korean Educational Research Association(KERA)로 변경하고, 학회의 각종 규정을 현실에 부합하게 수정·보완하고, 학회 조직을 대폭적으로 개편하였다. 또한 세계교육학회 정관(constitution)을 인준하고, UN Global Compact Korea Network(UNGC)의 회원으로 가입하고, Asia-Pacific Educational Research Association(APERA)에도 가입하였다.

한편 교육학회는 서울과 지방을 오가며 개최하는 것이 관례였는데, 제주도의 경우에는 학회 창설 이후에 한 번도 개최한 적이 없었다. 그 이유는 섬이다 보니 회원들의 참여가 저조할 것을 우려했기 때문이다. 나는 이러한 문제가 예상됨에도 불구하고 2007년 추계 학술대회를 과감하게 제주국제컨벤션센터에서 개최하였다. 그 결과는 대

세계교육학회 창설을 위한 각국 교육학회 회장

성공이었다. 육지에서 개최할 때보다 많은 800여 명의 회원이 참가하였으며, 제주도의 렌터카가 거의 모두 예약되었고, 많은 회원들이 주말까지 제주도에 머물며 제주의 아름다운 경치를 즐겼다. 그뿐만 아니라 학회에 참가한 회원들은 제주도가 관광객 유치 차원에서 1인당 1만 원씩 지급하는 보상금도 받았다.

서울대
장기 발전 계획 수립

...

내가 서울대학으로 직장을 옮기기 전에 수행했던 연구과제들을 분류해보면 대체로 세 가지로 나누어볼 수 있다. 첫째는 장기계획 수립에 관한 것으로 장기 인력수급 전망, 장기 인력수급 전망과 대책, 과학기술계 인력의 공급 전망, 2000년을 향한 교육 장기발전구상 등이다. 둘째는 교육 재정에 관련된 연구로 교육비 분석, 교육투자 우선순위, 교육투자효과 분석, 교육목적세 연구, 교육재원 확보 방안, 지방교육재정 연구, 대학 단위교육비 산출 등이다. 셋째는 제도 개선관련 연구로 고등교육의 기회확대 및 질 관리, 사학제도, 장학제도, 교육평가 관리 체제, 대학입시제도 등이다.

이와 같은 경력 때문인지 나는 서울대학으로 오자마자 대학 본부의 일을 많이 했다. 오랫동안 기획위원으로 서울대 장기 발전계획 수립에 관여하였으며, 재정위원으로 대학재정을 분석하고 등록금을 책정하는 연구를 수행했다. 그리고 서울대 구조조정 실무위원, 국제대학원 설립추진위원, 연구소 평가위원으로 활동했으며, 수년에 걸쳐서 서울대학교 입시제도 개선을 위한 연구를 수행했다.

서울대학교는 종합화 계획에 의거하여 관악산으로 대학을 이전한 후에 여러 차례에 걸쳐서 발전 장기계획을 수립하였다. 내가 직접적으로 관여한 계획은 서울대학교 발전 장기계획(1987~2001), 서울대학교 장기발전계획에 대한 평가와 제언(1990), 서울대학교 2000년대 미래상(1995), 서울대학교 장기발전구상(1998) 등이다. 그리고 매년 발간하는 〈서울대학교 백서〉의 집필위원으로 참여하여 서울대학교가 1년간 달성한 실적을 평가하고 신년 계획을 수립·제시하였다.

대통령령에 근거를 두고 설치된 서울대학교의 위상을 제고히고 법적기반을 튼튼히 하기 위한 서울대학교법 제정에 관한 연구도 공동으로 수행하였다. 특히 1998년에 수립한 서울대학교 장기발전 구상에서는 서울대학교가 세계적인 대학으로 성장하기 위하여 2030년까지 서울대학교 캠퍼스 인구의 30퍼센트 정도를 외국인 교수와 학생으로 충원하고, 지하철역을 대학 본부 앞으로 유치함과 동시에 캠퍼스 내에 모노레일을 설치할 것을 제안하였다.

나는 교육재정 전문가로서 서울대학교 재정제도 개선에도 직·간접으로 기여했다. 서울대학교 재정운영 개선 방안 연구(1993), 서울대학교 예산제도 및 교육비 산정에 관한 연구(1995) 등을 수행하였다. 그리고 관련 연구로 대학 단위교육비 산출에 관한 연구, 대학의 학과별 경비 분석에 관한 연구, 대학 교육재정의 국제비교 연구, 대학 납입금 자율화 정책에 관한 연구, 국립대학 적정교육비 산출에 관한 연구 등을 수행했다. 전문대학 납입금 적정수준에 관한 연구도 몇 차례에 걸쳐서 수행하였으며, 자립형 사립고 적정 납입금 산출연구와 학원 수강료의 적정 수준에 관한 연구도 수행하였다.

서울대학교 입시제도 개선과 관련해서는 1996년부터 2000년까지 4회에 걸쳐서 연속적으로 연구하였다. 연구의 주요 내용은 입시전형 요소 중 합격과 불합격에 가장 큰 영향을 미치는 요소는 어떤 것이며, 입시 성적은 재학 중의 성적을 어느 정도 예측할 수 있으며, 대도시 출신 학생과 농어촌 출신 학생의 입학 성적과 재학 중의 성적은 어떤 관계가 있느냐 등이다.

이처럼 수년에 걸쳐서 서울대학교 입시전형 방법의 타당성을 평가한 이유는 학생을 보다 합리적으로 선발하기 위함이었다. 이러한 연구 결과를 바탕으로 서울대학교는 학교장 추천 입학제를 과감하게 실시할 수 있었고, 지역할당 입학 전형제를 실시할 수 있었다. 이밖에도 대학입시제도의 문제와 개선방안, 대학 신입생 선발 자율화를 위한 대학전형제도 개선방안 연구 등을 수행하여 대학들이 자율적으로 학생을 선발토록 해야 한다고 적극 강조했다.

서울대학 발전에 관한 연구만이 아니라 타 대학이나 교육기관의 장기 발전계획도 다수 수립하였다. 그 대표적인 발전계획이 부산수산대학교 장기 발전계획이다. 여러 가지 발전 방안을 제시하면서 단기간에 대학을 발전시키기 위해서는 부산공업대학과 통합하여 대학의 규모를 증대시키고, 수산 분야에 공업 기술을 접목시켜야 할 것을 제안하였다. 이 장기 발전계획에서 제안한 바에 따라 부산수산대학과 부산공업대학은 과감하게 통합하고 대학의 명칭도 부산대학교보다 앞에 위치할 수 있도록 부경대학교로 변경하였다.

부경대학이 대학 간 통합의 전례가 되어서 다른 지역의 대학들도 통합을 서두르게 되었다. 부산수산대학 발전계획 이외에도 국제산업디자인대학원대학 진단평가 연구, 국제평화대학원대학교 설립에 관한 자문연구, 민족사관고등학교 발전방안에 관한 자문연구, 금강대학교 진단평가, 과학영재학교 발전방안, 인천 경제자유구역 내 외국 교육기관 설립이 교육에 미치는 영향에 관한 연구 등을 수행하였다.

11

꿈의 고등학교
민사고에서

학교장의 역할은 교사들이 수업을 잘할 수 있도록
인적 · 물적 제 조건을 정비 · 보완하는 것입니다.
따라서 보다 효율적인 민족주체성 교육과
보다 합리적인 영재교육이 실현될 수 있도록 모든 노력을 경주할 것입니다.
행정이론과 실제적 경험을 바탕으로 주어진 여건에 안주하기보다는
학교의 성장 · 발전을 위하여 부단히 개선책을 강구할 것입니다.
역사는 하루아침에 이루어지지 않지만 "꿈은 이루어진다"는 것을 굳게 믿고
학교발전을 위하여 헌신하고 봉사할 각오로 학교장직을 수행하겠습니다.

소중한 인연의 끈이 돌아
민사고 교장에 서다

...

  2월 28일, 서울대학교에서 대학 전체로 하는 정년퇴임 행사를 모두 마치고 다음 날 민사고 교장 취임식에 참석하기 위해 저녁 늦게 횡성에 위치한 민족사관고등학교로 향했다. 교장 숙소인 기숙사에 도착한 시간은 자정을 훨씬 넘긴 시간이라서 이미 기숙사 정문도 잠겨 있었다. 기숙사 사감을 불러서 내일 아침에 교장 취임식에 참석하려고 왔으니 문을 열어달라고 하여 간단한 짐을 풀고 잠을 청했다. 누워서 생각해보니 교수로 정년퇴임을 했다는 것이 실감이 나지 않는다. 당장 내일 아침에는 학교장 취임식을 하고, 3·1절 행사 겸 개교기념일 행사 겸 입학식을 한꺼번에 거행해야 하니 정년퇴임의 아쉬움을 느낄 겨를이 없었다. 이러한 사정을 잘 아는 동료 교수 한 분이 공식 석상에서 "윤 교수님은 정년을 한 것이 아니라 민족사관고등학교로 전근을 하셨다"고 표현하였다. 정년퇴임식 다음 날 새로운 직장에서 취임식을 갖게 되니 전근이라는 말이 틀린 것은 아닌 듯싶다. 그래서 아직까지도 정년을 하고 공식적으로 하는 일 없이 집에서 쉬는 기분을 제대로 느끼지 못하고 있다.

대학에서 공식적으로 정년퇴임식을 하고 한참 후에 제자들이 별도로 정년기념식을 마련하였다. 그동안 나도 여러 차례 선배 교수들이나 동료 교수들의 정년기념식에 참석해보았는데 하나같이 식장 분위기가 가라앉아 우울하고 경우에 따라서는 아쉬움에 울적하기까지 했다. 그래서 정년기념식에 참석한 사람들이 정년을 맞은 당사자에게 축하를 해야 할지 위로를 해야 할지 모르겠다고 하는 것 같다. 나는 이런 분위기가 싫어서 정년기념식을 준비하는 제자들에게 기쁘고 즐

제자들이 마련한 서울대학교 교수정년 기념식

겁고 축하하는 분위기를 조성해달라고 했다. 그래서 기념식장의 분위기가 시종일관 유쾌하고 즐거웠으며, 어느 한구석에도 쓸쓸하거나 아쉬운 기운이 없었다. 나도 "매일같이 소풍가는 기분으로 서울대학교로 출근하여 똑똑한 학생들을 가르치면서 보람이 컸다. 게다가 아무런 사고 없이 정년을 맞게 되었으니 참석하신 모든 분이 기쁜 마음으로 축하해주시기 바란다."라고 하객들에게 인사했다. 참석자들이 이런 분위기의 정년기념식은 처음이라고 할 정도로 기쁨과 행복이 충만한 축하의 정년기념식이었다.

2008년 3월 1일, 민족사관고등학교는 무척이나 바쁜 하루였으며 그 가운데 내가 있었다. 이 전 교장의 퇴임식과 새 교장의 취임식, 3·1절 기념식, 개교기념식 그리고 신입생 입학식을 모두 한 날에 거행하니 정신이 없었다. 더구나 전날 밤늦게 학교에 도착해 잠도 제대로 자지 못한 상태에서 많은 행사를 한꺼번에 치르려니 힘이 들 수밖에 없었다.

대학 풍토와는 전혀 다른 고등학교에 와서 학교를 경영하게 되었다는 생각만 해도 마음이 설레고 기대에 부풀었다. 생각해보면 나는 한참을 돌아서 이곳에 와 있는 기분이다. 사범학교를 졸업하고 대부분의 친구들이 초등학교 교사를 하고, 몇몇 친구가 중등학교 교사를 할 때 나는 대학으로 진학하였고, 내친김에 석사 학위를 받고 외국유학을 다녀와 박사 학위를 받았다. 친구들이 초등학교나 중등학교 교장을 지낼 때 나는 대학에서 학장으로 있었다. 이제야 친구들이 거쳐간 길을 밟게 된 것이다. 오랫동안 연구소와 대학에서 근무해왔지만 고등학교가 낯설지는 않다. 그 이유는 사범학교와 사범대학을 졸업했고, 사범대학 학장으로서 부속초등학교, 부속중학교, 부속여자중학교, 부속고등학교를 관장하고, 실제로 부속학교를 자주 방문한 경험이 있었기 때문이다.

민족사관고등학교 교장으로 오게 된 연유는 이러하다. 최명재 회장(당시 파스퇴르우유)이 학교를 설립하는 과정에서 몇 차례 자문을 해 드렸는데, 이것이 인연이 되어서 민사고 설립 후 공과대학 설립에 대한 자문을 부탁받았다. 아마도 민사고가 잘 되고 있으니 공과대학을 설립하면 시너지효과가 발휘될 것이라는 막연한 기대를 가지고 있었던 것 같다. 민사고 뒷산에 신설하고자 하는 대학의 설계도를 한 뭉치 가지고 와서 회의에 참석한 교수들에게 열심히 설명하는데, 그 의지가 대단히 강했다. 대학 설립 계획이 아주 구체적이었고, 설계도가 거의 완벽했다. 참석자의 대부분이 긍정적인 반응을 보였으나 나는 정면으로 반대 의사를 표명했다.

의욕적으로 교육 사업을 확장하고자 하는 데에 격려하고 힘을 보태주지 못할망정 적극적으로 반대하는 데는 그만한 이유가 있었다. 첫째는 학생 수를 추정해보면 2000년 이후에는 고등학교 졸업자보다 대학 입학정원이 많게 되어 입학 정원을 채우지 못하고 재정적인 어려움에 직면하는 대학이 속출하게 될 것이다. 실제로 몇 년 전에 지방에 설립한 Y 공과대학의 경우에 학생 정원을 충원하지 못해 재정적인 어려움을 겪고 있다. 둘째는 이제 막 고등학교를 신설하여 아직 걸음마 단계에 있는 상황이므로 고등학교 운영에 총력을 집중해야 한다. 그런데 대학 신설에 인적·물적 자원을 투자한다는 것은 굉장한 위험부담이 된다. 따라서 섣불리 대학 설립에 착수했다가 현재의 고등학교도 제대로 운영할 수 없는 경지에 도달할 것이라고 강력하게 설득했다.

의욕에 차서 자신만만하게 회의장에 왔던 최 회장이 한풀 꺾여 대학 설립 의지를 어느 정도 접는 것처럼 보였다. 최 회장에 대한 나의 자문이 옳았다는 것은 바로 IMF 위기가 닥치면서 확인되었다. 만일 당시에 나마저 공과대학 설립에 적극적으로 찬성했더라면 공과대학 건설 계획은 그대로 착수되었을 것이고, 민사고도 건설 중인 대학도 엄청난 타격을 받았을 것이다.

우리 사회가 IMF 위기를 어느 정도 극복할 즈음에 최 회장은 나에게 민족사관고등학교 발전방안을 연구해달라고 요청해왔다. 아마도 IMF 금융위기를 경험하면서 내가 공과대학 설립에 관하여 올바른 자문을 해주었다고 판단한 듯싶다. 나는 최 회장의 부탁을 기꺼이 수락하고 민사고 발전방안을 연구하여 그 결과를 〈민족사관고등학교 발전방안에 관한 자문연구〉(2004)라는 보고서로 제출하였다. 이 자문연구보고서에는 33가지 과제를 제안했는데, 그중에 하나가 바로 '국적, 인종 등을 초월하여 교육 및 영재교육에 관한 투철한 의식을 소유하고 경영자로서의 리더십을 갖춘 자를 교장으로 초빙할 것'이다. 그리고 최 회장을 만나서 학교를 세계적인 학교로 발전시키기 위해서는 유명한 외국학자나 저명한 국내 인사를 학교장으로 초빙해야 한다는 것을 강조했다. 그랬더니 외국인보다는 내국인이었으면 좋겠다

민족사관고등학교 6대 교장 취임식

면 추천해달라고 해서 교육부장관을 역임한 이돈희 교수를 민사고 교장으로 추천했다. 이 교장의 임기가 끝날 즈음 내가 서울대학교에서 정년을 하게 되니 민사고에서 나에게 학교장직을 제시한 것이다.

이처럼 내가 민사고 교장의 자리에 오기까지는 나름 학교 발전과 관련한 교류가 있었다. 아무런 관계도 없는데 뜬금없이 민사고 교장직을 수락한 것은 아니다. 바로 뒤에 민사고 교장으로서 학교를 어떻게 운영할 것인지에 대한 교육철학과 향후 계획이 비교적 구체적으로 기술된 학교장 취임사를 그대로 전재한다. 학교장 취임사는 국문과 영문 두 가지로 준비했고, 취임식장에서는 영어로 취임 인사를 했다.

학교장 취임사

■ ■ ■

존경하는 최명재 이사장님, 내외귀빈 여러분, 학부모 여러분, 교직원과 학생 여러분!

저는 이돈희 교장선생님의 뒤를 이어 세계적인 명문 사립고등학교인 민족사관고등학교의 6대 교장으로 취임하게 된 것을 큰 영광으로 생각합니다. 세계 유명대학들이 인정하는 고등학교의 교장으로 선임되었다는 기쁨과 함께 한편으로는 선임 교장선생님들이 이루어놓은 찬란한 업적과 성과를 계승·발전시켜야 할 것이라는 무거운 책임감을 느끼게 됩니다.

민사고의 역사는 10여 년에 지나지 않지만 그 명성은 100여 년의 역사를 가지고 있는 학교들을 훨씬 능가하고 있습니다. 민사고는 명품교육의 대명사이고, 대한민국 학부모 모두가 선망하는 학교라는 것을 잘 알고 있습니다. 이는 설립자이신 최명재 이사장님의 교육에 대한 남다른 애착과 미래를 정확히 예측하는 선견지명이 있었기 때문이며, 학교발전을 위한 헌신적인 노력이 있었기 때문입니다. 또한 선임 교장선생님들의 투철한 교육관과 교직원 여러분들의 교육에 대한 열정이 조화를 이루었기에 가능했다고 봅니다.

존경하는 내외 귀빈 여러분!

그동안 민사고는 민족교육에 바탕을 두고 세계를 지향하는 영재교육기관으로서 한국 교육의 선두주자 역할을 충실히 수행하였습니다. 교원 1인당 학생 수, 교원의 질적 수준, 각종 국제 올림피아드에서의 우수한 성적, 국내외 명문대학 입학률 등에서 타의 추종을 불허하는 명실상부한 명문학교로 자리매김하였습니다. 자타가 공인하는 최고의 영재교육기관으로 성장·발전하였습니다.

21세기 사회는 지식기반사회, 개방화·세계화사회, 평생학습사회, 인간존중사회로 특징지어지고 있습니다. 지식기반사회는 창조적 지식의 창출·확산·공유·활용이 일반화되는 사회로서, 지식이 다른 어떤 생산요소보다 큰 부가가치를 창출하는 사회입니다. 그러므로 지식기반사회에서는 창조적 지식의 창출 및 활용이 그 사회의 경제적·사회적·문화적 풍요를 결정하게 됩니다. 창출되는 새로운 지식들이 불과 수초 만에 전 세계로 전파되고, 그 전파된 지식들이 인간의 경험, 가치관, 통찰, 또는 새로운 지식들과 결합하여 순식간에 더 창의적이고 가치 있는 지식으로 전환되는 시대입니다.

개방화, 세계화는 선택의 문제가 아니라 필연적인 추세입니다. 21세기의 세계는 경쟁과 협력의 시대로 변화되고 있습니다. 냉전종식과 WTO 체제의 출범, FTA 협정으로 국가 간의 교역과 투자를 가로막던 장벽들이 사라지고, 하나의 세계시장 속에서 무한경쟁 하는 시대로 진입하였습니다. 이런 상황에서 지구상의 모든 사람들은 지구촌의 공동운명체로서 국가와 민족을 위한 경쟁보다는 쾌적한 지구촌을 건설하고, 그 속에서 보람된 생활을 영위하기 위하여 상호 협력해야 할 필요성이 강력하게 대두되고 있습니다.

지식 · 정보의 폭발적 증가와 정보통신기술의 급속한 발전은 평생학습체제로의 전환을 요구하고 있습니다. 평생학습은 변화하는 직업세계에 적응할 수 있는 능력을 갖추어줄 필요성뿐만 아니라 인간의 앎에 대한 욕구를 충족시켜줌으로써 삶의 질을 향상시키는 데에도 공헌합니다.

현대사회의 산업화 · 과학화로 빚어진 인간소외나 인간경시에 대한 반성으로 21세기는 인간존중의식을 강조하는 사회로 변화하고 있습니다. 인간존중의 윤리의식은 인간의 존엄성을 인식하고 인격을 존중하는 태도로 표현됩니다. 인간존중의식은 개개 구성원의 존재가치와 존엄성을 귀히 여기는 정신, 즉 인간중심사상이며, 복지사회를 구현하는 데 있어서 바탕이 되는 정신이라고 할 수 있습니다.

내외 귀빈 여러분!

민사고 설립 이래 현재까지의 발전과정은 세 단계로 구분해볼 수 있습니다. 설립부터 2002년까지는 기반 구축기, 2003년부터 2007년까지를 위기극복 · 안정화기라고 한다면, 2008년부터는 성장 · 도약기라고 할 수 있을 것입니다. 21세기 사회변화에 부합하고, 사회변화를 선도하기 위하여 민사고는 지금까지보다 더 많은 노력을 경주해야 할 것입니다. 더욱이 새 정부의 교육정책이 '자율과 경쟁'을 표방하고 있으므로 다른 사립학교들이 민사고를 벤치마킹하면서 민사고와 경쟁하기 위하여 집중적인 투자와 노력을 할 것입니다. 따라서 민사고는 현재의 위치를 계속 유지·발전시키기 위해서 일대 전환점을 마련해야 할 것입니다.

학교의 발전은 학교장 혼자의 힘으로 되지 않고, 학교법인, 교직원과 학생, 학부모들의 총체적 노력으로 이루어진다는 사실을 잘 알고 있습니다. 그럼에도 불구하고 신임 학교장으로서의 학교경영철학 혹은 학교경영의 기본입장과 소신의 일단을 밝히는 것은 필요하다고 봅니다.

학교장의 역할은 교사들이 수업을 잘할 수 있도록 인적·물적 제조건을 정비·보완하는 것입니다. 따라서 보다 효율적인 민족주체성 교육과 보다 합리적인 영재교육이 실현될 수 있도록 모든 노력을 경주할 것입니다. 행정이론과 실제적 경험을 바탕으로 주어진 여건에 안주하기보다는 학교의 성장·발전을 위하여 부단히 개선책을 강구할 것입니다. 특히 다음과 같은 과제에 학교경영의 우선순위를 부여할 것입니다.

첫째는 교육의 수월성 추구입니다. 수월성 추구는 영재교육기관인 민사고가 지속적으로 추구해야 할 가치이며 목표라고 할 수 있습니다. 모든 학생이 자신의 잠재능력을 최대한으로 개발하여 자아를 실현할 수 있도록 새로운 교육내용과 방법을 부단히 연구·개발할 것입니다. 둘째는 교육의 국제경쟁력 제고입니다. 우리 학생들의 활동무대가 국내로부터 세계로 확대되고 있으므로 세계 표준(Global Standard)에 부합하는 교육프로그램을 제공하고, 외국 교육기관과의 교류·협력을 보다 강화할 것입니다. 셋째는 학교경영의 민주화·효율화입니다. 주요 의사결정에 모든 구성원의 참여기회를 대폭적으로 확대하고, 구성원의 의견을 최대한으로 수렴하여 모두가 만족할 수 있는 경영전략을 택할 것입니다. 넷째는 교육여건의 개선입니다. 교육의 질은 교사의 질을 능가할 수 없으므로 교사의 질적 수준을 향상시킬 수 있는 방안을 모색하고, 교육시설을 확충하고 현대화할 것입니다. 이를 위하여 학교재정의 자립기반을 구축하고, 재정을 효율적으로 운영할 수 있는 방안을 강구할 것입니다.

역사는 하루아침에 이루어지지 않지만 "꿈은 이루어진다"는 것을 굳게 믿고 학교발전을 위하여 헌신하고 봉사할 각오로 학교장직을 수행하겠습니다. 여러분의 적극적인 협력과 지원을 부탁드립니다.

감사합니다.

2008년 3월 1일
윤정일

건강을 잃으면
모두 다 잃는 것이다

...

학교 교육은 체덕지를 균형 있게 겸비한 인간을 기르는 것을 목표로 하고 있다. 그러나 학교에서 한 가지 과목만 가르칠 수 있고, 한 가지 과목만 배울 수 있다고 한다면 나는 주저하지 않고 체육 또는 운동이라고 할 것이다. 왜냐하면 건강은 지식보다 중요하고 덕성보다도 중요한 기본적인 요건이기 때문이다. '건강한 신체에 건전한 정신', '체력은 국력', '돈을 잃으면 조금 잃는 것이요, 명예를 잃으면 많이 잃는 것이요, 건강을 잃으면 모두 다 잃는 것이다'는 말들은 동서고금을 통틀어 변하지 않는 진리이다.

나는 민사고 교장으로 와서 어떤 교과보다도 체육을 강조하였다. 지덕체라는 용어도 체덕지로 바꾸면서 미래 지도자가 될 사람에게 가장 중요한 것이 체력이라는 것을 수시로 강조하였다. 학생들 간에 우리 학교는 민족사관체육고등학교라는 말이 나올 정도로 체육을 강화하고 중시했다. 고등학교 입시에서 체육 실기시험으로 4킬로미터 달리기를 부과하고, 전교생이 하루 일과를 태권도, 검도, 조깅 등 아침운동으로 시작하고, 도민체전에 전교생의 4분의 1 정도가 선수로 참여하고, 전교생 460명이 응원에 참여하는 학교가 민족사관고등학교이다. 대부분의 학생들이 태권도나 검도에서 1단 이상의 실력을 갖고 졸업하며, 단체응원을 통해 애교심과 단결심을 함양하고 있다.

민족사관고등학교는 민족 주체성 교육에 바탕을 두고 세계적 지도자(Global Leader)를 양성하기 위한 영재교육 기관이다. 따라서 일상생활에서 한복을 착용하고 한국적 가치관과 예절을 체득한다. 국궁, 가야금, 대금 등 전통적인 무예를 익히는 동시에 국제적인 표준을 충족시킬 수 있도록 교육과정을 편성·운영하고 있다. 민사고에서 체육활동은 교양 선택이나 주변적인 활동이 아니라 필수과목이며 핵심적인 활동이다. 왜냐하면 지도자가 두뇌는 빌릴 수 있으나 건강은 빌릴 수 없기 때문이다. 운동을 잘하는 학생이 공부도 잘하기 때문이다.

민사고에서는 전 교직원과 학생들에게 심폐소생술(CPR) 습득을 의무화하고, 졸업 요건으로 100미터 이상 수영을 부과하고 있다. 지도자는 위급한 상황에 처한 사람의 생명을 구할 수 있어야 하며, 물에 빠졌을 때 자신이 살아나야 함은 물론 다른 사람도 구조할 수 있는 능력이 있어야 하기 때문이다. 하버드대학의 와이드너 도서관(Widener Memorial Library)은 타이타닉호에 승선했다가 사망한 해리 엘킨스 와이드너(Harry Elkins Widener)라는 하버드생을 기리는 뜻에서 그의 어머니의 기부로 건축되었다. 그녀는 자신의 아들이 수영을 못해서 죽었다는 생각에 도서관 건축비를 출연하면서 세 가지 조건을 제시했는데, 그중의 하나가 바로 모든 하버드생에게 수영 테스트를 실시하는 것이었다.

민사고는 봄철에는 교내 체육대회를 개최하여 학생과 교사가 함께 어울려 운동하는 장을 마련하고, 가을에는 조부모님, 부모님, 아들딸과 함께하는 삼대 민속체육대회를 개최하여 대가족이 재미있게 어울릴 수 있는 기회를 마련하고 있다. 또한 겨울철에는 모든 학생을 대상으로 스키와 스노보드를 교육시키고 있다. 매주 수요일 오후는 Sports Club Day로 정해서 모든 학생과 교직원이 자신이 선호하는 운동 종목을 택해서 심신을 연마하고 있다. 학교 내의 80여 개 동아리 중에 축구, 농구, 배구, 국궁, 승마, 수영, 골프 등 체육동아리가 15개나 되며 매우 활성화되어 있다.

나 자신이 운동을 아주 좋아했으며, 가장 기다려졌던 시간이 체육시간이다. 초등학교 때부터 거의 모든 운동을 섭렵했으며, 특히 대학시절에는 4년간 학교 럭비 선수로 활동하였다. 여름에는 수영 학점을 신청해 한강 광나루에서 방학을 보내고, 겨울에는 스케이트 학점을 신청해 중랑천 야외 스케이트장에서 방학을 보냈다. 그러나 골프, 스포츠댄스, 스키는 정말로 늦게 배웠다. 남들이 다하는데 나도 배워야겠다는 생각이 들어서 서울대 사대 학장으로 일할 때 매일 아침 스포츠댄스와 골프를 연습하고, 겨울방학 때 스키강습을 받았다.

옛날에는 형제자매가 많았고, 단독주택 위주의 생활이었기 때문에 거리에서 혹은 골목에서 동네 친구들끼리 운동하는 것이 자연스러웠다. 또 학교마다 가을에 운동회나 체육대회를 예외 없이 개최했고, 대학입시에 체력장 제도도 있어 일상생활에서나 학교에서 체육이 상당히 강조되었다. 그러나 현재는 하나만 낳아서 잘 기르자는 풍토가 만연하고, 아파트 위주의 생활로 동네 운동 팀이 사라지고, 입시에 큰 영향을 미치지 않는다는 이유로 학교에서마저 체육을 소홀히 하여 청소년의 건강은 물론 국민건강이 계속 악화되고 있다.

체육이나 운동은 민주시민이 구비해야 할 기본 덕목인 협동심, 준법정신, 정의감 등을 배양하는 데 핵심적인 역할을 한다. 또한 개인의 성장과 발전에 필요한 도전의식, 성취감과 만족감을 제공해준다. 외국의 일류고등학교들이 오후 2, 3시 이후에는 자신이 선호하는 체육활동에 전념토록 하고 있으며, 유명대학들이 입시전형에서 체육활동을 중시하는 것은 바로 이와 같은 이유이다.

학교행정체제 확립

․․․

　나는 학교장 취임사에서 학교 설립 이후 2002년까지를 기반 구축기, 2003년부터 2007년까지를 위기극복 안정화기, 2008년부터 성장·도약기라고 명명하였다. 기반 구축기에는 학교 설립을 위해 관계기관으로부터 각종 인허가를 받고, 우수한 교사를 채용하고, 우수한 학생을 유치하기 위해 다양한 유인체제를 도입하는 등의 활동이 학교 설립자를 중심으로 추진되었다. 이는 학교 설립 후 6년간 네 명의 학교장이 임명된 것으로 미루어 짐작할 수 있다.

　위기 극복 안정화기에는 IMF 금융위기 때 학교의 모기업인 파스퇴르회사가 부도를 맞으면서 학교가 존폐위기에 처하게 되었고, 국가적으로 금융위기를 슬기롭게 탈출하면서 학교도 자연히 위기를 잘 관리하고 안정을 지향하는 정책을 추진하게 되었다. 그러나 학교 설립과 개교에 온갖 노력을 경주하다가 곧바로 모기업이 부도를 맞게 되어서 학교 행정체제를 정비할 시간이 없었다. 겉으로 보기에는 학생들이 미국의 명문대학으로 진학하고, 서울대학교 등 국내의 우수 대학으로 진학했기 때문에 학교 행정체제가 완벽하게 확립된 것으로 생각할 수 있으나 그렇지 못했다.

학교 행정체제를 정립하기 위해 나는 우선 학교 운영의 근간인 학교헌장, 학칙, 학생생활 규정 등을 정비하는 일을 착수하였다. 그동안은 학교 규정집이 없이 개별 규정들이 여기저기 흩어져 있었으며, 교사들이나 직원들이 어떤 규정이 있는지, 그리고 언제 어떻게 변경되었는지를 알 수가 없었다. 그래서 여기저기 흩어져 있는 규정들을 수합하고, 현실에 부합되지 않는 조문을 수정·보완하고, 불필요한 규정을 과감히 폐기했다. 또한 아직 제정되지 않은 규정은 새로 만들고, 규정 간에 상충되는 부분을 조정하고, 규정 양식에 어긋나는 규정을 바로 정정하는 등의 작업을 지속적으로 추진하여 2009년 3월에 민족사관고등학교의 학교규정집을 처음으로 간행했다. 이 규정집을 모든 교직원에게 배부하여 업무를 처리할 때 언제나 참조할 수 있도록 하였다. 그 후 변경되는 내용을 반영하고, 신규로 제정되는 규정을 첨가하여 거의 매년 학교규정집을 발간하였다. 학교규정은 학교의 모든 구성원들에게 학교의 발전 방향을 제시하고, 학교를 투명하게 운영하기 위한 지침서이다.

학교 설립이념과 교육목표를 실현하기 위해 조직 이론에 근거하여 학교 조직을 전면적으로 개편하였다. 학교 조직의 근간을 학사부 교장 산하에 교무부와 진학·상담부를 두고, 기획부 교장 산하에 학생부와 교육기획부를 설치했다. 교무부는 6개 학과와 도서관을 관장하고, 진학·상담부는 국내진학 및 국제진학과 상담업무를 관장하도록 했다. 학생부는 각 반 Advisor, 생활지도 및 특별활동 지도, 보건실과 기숙사를 관장하고, 교육기획부는 전략기획, 입학관리, 국제협력 및 대외 홍보활동을 관장토록 하였다.

그리고 각 부서장, 실장, 수석교사 등의 보직은 2년간 수행함을 원칙으로 하고, 가능한 순환근무를 할 수 있도록 하였다. 이와 같은 맥락에서 부교장의 임기도 2년을 원칙으로 하고, 순환하여 보직을 맡도록 했다. 그동안 학교에서 부교장만이 임기가 정해져 있지 않았는데, 한 번 부교장은 교장이 될 때까지 혹은 정년 때까지 근무하게 되어서 다른 교사들이 부교장직을 맡을 수 있는 기회가 제약되는 것을 시정하기 위한 것이었다. 아마도 공·사립학교를 막론하고 우리나라에서 부교장직을 임기제로 전환한 것은 민사고가 시초일 것이다.

한편 학교의 의사결정 기구와 의사결정 과정을 합리적으로 개편하였다. 의사결정의 최소 단위는 학과별 회의로서 학과의 수석교사가 회의를 주재하도록 하고, 학기당 학과별로 2회 정도 함께 식사를 할 수 있는 예산도 편성하였다. 다음 단계의 회의는 학과 수석교사, 각 부서의 부장, 각 학년의 대표 Advisor, 교장단이 참여하는 부서장 회의이다. 부서장 회의에서는 전체 교사회의에 상정할 중요 안건을 사전 심의하고, 전체 교사회의에서 심의해야 할 정도의 중대 안건이 아닌 보통의 안건을 심의·의결한다. 학교운영에 관련된 대부분의 사항이 부서장회의에서 결정된다고 할 수 있다. 학교의 최고 의사결정기구는 전체 교사회의로서 중요 안건은 반드시 교사회의의 의결을 거치도록 하였다. 그리고 협의 기구로 행정협의회를 두었는데, 구성원은 교장단 및 부장, 행정실장, 학교법인 사무국장이다. 주로 학교의 주요 사안에 대하여 상호 정보를 공유하고 협조하는 기능을 수행한다.

그간 합의된 기준이나 통일성 없이 편리한 대로 사용되어온 영문 명칭(부서명, 사무실명, 보직명)을 통일하였다. 이 통일안은 학교의 조직표를 바탕으로 하되, 현재 사회에서 보편적으로 사용되고 있는 영문 명칭을 많이 참고하였다. 확정된 영문 명칭은 영문 홈페이지, 학교 동영상은 물론 공식 서한의 직함, 명함의 영문표기에도 적용할 수 있도록 하였다. 그리고 학교에서 추진하는 사업에 있어서 모든 사업체 선정은 공개경쟁을 원칙으로 하였다. 교복, 운동복, 앨범은 물론 비전 여행을 담당할 여행사도 공개경쟁을 통해서 결정되도록 하였다.

우리는 모두
강원도 횡성군 안흥면 주민

국내 최고의 고등학교, 세계 일류 고등학교를 지향하는 민사고는 설립 이래로 안흥면, 횡성군, 강원도와는 무관하게 마치 바다 속의 섬과 같은 존재로 있어왔다. 때문에 지역사회와의 관계가 대단히 소원했고, 지역사회 발전을 위한 활동에 소극적이었다. 따라서 민사고는 지역사회로부터의 협력과 지원을 별로 받지 못했다. 나는 서울대학교에서의 대학과 지역사회의 협력 증진 경험을 살려서 민사고에서도 지역사회와의 관계 개선을 위해 다양한 활동과 사업을 전개하였다. 그 첫째가 학생과 교직원의 주소지를 안흥면으로 이전한 것이다.

주민등록법 제6조 제1항에 '시장·군수 또는 구청장은 30일 이상 거주할 목적으로 그 관할 구역에 주소나 거소(이하 '거주지'라 한다)를 가진 자(이하 '주민'이라 한다)를 이 법의 규정에 따라 등록하여야 한다.'고 규정되어 있다. 이 법에 따라서 내가 먼저 주소지를 안흥면으로 옮기고, 학생과 교직원들도 주소지를 이전토록 하였다. 연간 160여 명 학생들의 주소지를 안흥면으로 옮겨서 현재는 470여 명 학생 전원이 안흥면민이 되었다. 내가 세대주로 되어 있기 때문에 나는 대한민국에서 가장 큰 가족을 거느린 세대주가 되었다. 젊은 사람들이 대거 도시로 이주하면서 신생아 출산이 가뭄에 콩 나듯 하는 면 단위 지역사회에서 이는 매우 고무적인 일이었다.

한편 '강원도민체전'에 민사고 운동선수들이 적극적으로 참여하여 횡성군이 도민체전에서 종합 1위를 하는 데 일조하고 있으며, 횡성군에서 개최되는 각종 체육대회에 민사고의 체육시설을 개방하고 있다. 또한 인근 초·중등학교나 지역 주민들에게도 운동장을 개방하고 있다.

매년 개최되는 도민체전에는 100여 명 이상의 학생들이 선수로 참가하고 있다. 학생들이 참가하는 종목은 검도, 농구, 배구, 야구, 승마, 조정, 수중, 수구 등 다양하다. 학교에서는 응원단을 조직하여 예선에는 1학년이 응원단으로 참가하고, 준결승과 결승에는 각각 2학년과 3학년이 참가토록 하여 결과적으로 전교생을 도민체전에 참여시키고 있다. 이처럼 도민체전에 학생들을 적극적으로 참가시키는 이유는 체력은 지도자가 구비해야 할 가장 중요한 조건이기 때문이며, 체육활동 참여를 통해 애교심과 단결심을 함양하고, 나아가서 지역사회 발전에 기여하기 위함이다.

민사고 학생들이 강원도 지역 주민들을 위한 자원봉사 활동에 적극적으로 참여할 수 있도록 행·재정적인 지원을 하고 있다. 횡성군이 주최한 '세계스노보드대회'에 민사고 학생 50여 명이 통역 및 진행 요원으로 활동하였고, 2010년 '춘천 월드레저' 대회에도 민사고 학생들이 통역 요원으로 봉사한 바 있다. '안흥찐빵축제'에서 사물놀이와 가야금 공연을 하고, 지역의 불우 독거노인을 초청하여 위로 잔치를 했다. 장애를 가진 초·중등학생을 위한 또래상담과 학습도우미 및 지역 복지시설에 찾아가 봉사활동을 하고, 횡성군 청소년 문화 사업에도 학교 동아리들이 지속적으로 참여해왔다.

나는 횡성군 내 초·중학교 교장들에게 민사고 학생들의 학습지도가 필요하다면 언제든 봉사차원에서 학생들을 보내겠다고 약속한 바 있다. 최근 우리 학생들이 학습지도를 나가고 있는 학교가 10여 개나 된다. 면온초등학교의 경우에는 학생 수가 감소하여 폐교 직전이었는데, 우리 학생들이 영어와 수학을 지도하기 시작하면서 오히려 도시지역으로부터 학생들이 유학을 와서 120여 명으로 증가했다고 주요 일간지에 보도된 바 있다.

무엇보다 민사고는 안흥면과 횡성군의 경제에 직·간접적으로 영향을 주고 있다. 우선 민사고 학생과 교직원 500여 명이 안흥면으로 주소지를 이전함에 따라 횡성군은 연간 약 6억 원의 지방재정 교부금을 추가로 지원받게 되었다. 지역의 인구가 1명이 증가될 때 중앙으로부터 지원받을 수 있는 금액이 약 120만 원이기 때문에 추가지원금이 6억 원으로 추정된다.

민사고 학부모들이 신입생 예비소집, 졸업식, 성년의 날 행사, 학부모회의, 입학시험, 3대 민속체육대회, 민사고 GLPS 캠프 등 정기적인 학교 행사에 참가하는 수가 약 9,100명이나 되고, 외부인들의 공식, 비공식적인 학교 방문자 수가 2만 명이 되므로 이들이 횡성군 관내에 주는 경제적 유발효과는 대단히 크다. 특히 민사고를 벤치마킹하기 위해 공식적으로 방문하는 방문객 상당수가 외국에서 오므로 횡성군을 직·간접으로 홍보하는 비물질적, 비가시적 효과는 물질적, 가시적인 수익보다 크다고 할 수 있다.

조금은 불편해도
안전할 수만 있다면

■ ■ ■

민사고는 도시와 멀리 떨어져 산속에 위치한 완전 기숙형 학교이므로 화재, 집단 식중독, 교통사고 이 세 가지에 대한 대책이 주기적으로 점검되어야 한다. 내가 교장으로 와서 제일 먼저 관심을 갖고 집중적으로 체크한 것이 바로 이 세 가지였다.

학교가 직영하고 있는 식당의 경우에 위생이 철저하지 못해서 식중독이 1건이라도 발생하면 역학조사를 위해서 1주일간 식당을 닫아야 하므로 학교 전체가 휴교를 할 수밖에 없다. 그래서 민사고는 학생들에게 외부 음식의 반입을 철저히 금지시키고 있으며, 학부모들에게도 이 사항을 반복적으로 주지시키고 있다. 나는 시간이 날 때마다 영양교사에게 최고의 식자재를 사용할 것을 강조하고, 위생에 만전을 기하도록 부탁한다. 민사고 식당은 학생들은 물론 학부모들 간에도 좋은 평을 받고 있다. SBS에서도 민사고 식당을 집중적으로 취재해서 방송한 적이 있다. 전국에 유명한 식당이 많은데 그중 왜 민사고 식당을 취재하느냐고 물었더니 우리나라에 손꼽히는 식당이 세 개 있는데, 첫째는 청와대 식당이고, 둘째는 국회 식당, 셋째가 민사고 식당이라는 것이다.

민사고 건물은 대개 목재를 위주로 한 한옥 스타일이라서 유난히 화재에 취약하다. 특히 민족교육관은 99칸 전체가 화재에 약한 목조 한옥이며, 고층 기숙사에 전교생을 수용하고 있으므로 화재에 대한 특별대책이 필요하다. 특히 심각한 문제는 가장 가깝다는 횡성소방서와 둔내소방서에서 아무리 빨리 출동해도 20분 이상 걸린다는 것이다. 따라서 소방서를 믿기보다 자체적으로 화재를 진압할 수 있는 소방시설을 갖출 필요가 있다고 판단했다. 그래서 소방서장을 초청하여 학교의 화재방지 시스템을 종합적으로 점검하고, 학생들을 대상으로 한 소방 훈련을 부탁했다. 그 후 소방서장의 점검 결과에 따라 필요한 요소요소에 소화기를 배치하였고, 어떠한 화재가 발생하더라도 전교생이 기숙사에서 혹은 강의실에서 무사히 탈출할 수 있도록 화재 대피훈련을 정례화 하였다.

민사고는 개교 이래 매월 마지막 금요일은 귀가일로 정해서 학생들을 단체 귀가시켜왔다. 학생 수가 적을 때는 버스의 수가 몇 대 되지 않았지만 학생 수가 460명이 넘으면서 동원되는 버스가 14대 정도 되었다. 학교장으로 부임한 첫 달의 마지막 주 금요일에 기숙사 앞에서 14대의 버스에 학생을 태워서 부산, 광주 등 전국 각지의 도시로 수송하는 모습을 보고는 걱정이 태산 같았다. 만일에 한 대라도 사고가 생긴다면 대형 사고가 되는데 이를 어떻게 할 것인가 하는 걱정으로 밤잠을 이룰 수가 없었다. 모든 버스가 목적지에 도착해서 학생들을 무사히 귀가시켰다는 보고를 사감으로부터 들을 때까지, 그리고 일요일 저녁 9시에 다시 사감으로부터 모든 학생이 무사히 귀교했다는 소식을 들을 때까지 마음이 불안하기 짝이 없었다. 그래서 학교가 주도해서 지금의 단체 귀가제도를 개선해야겠다는 생각을 갖게 되었다.

오랫동안 시행하던 제도를 변경한다는 게 여러 모로 쉽지 않겠지만, 단체 귀가 때 발생할 수 있는 대형 교통사고를 예방해야 한다는 생각이 훨씬 강했다. 그래서 생각한 것이 학교가 주도하는 단체 귀가제도를 없애는 대신에 학교에서 원주 버스 터미널까지 셔틀버스를 운행하고, 고속버스 휴게소인 횡성휴게소에서 고속버스를 타고 내릴 수 있도록 해달라고 국토해양부에 민원을 제출한 것이다.

학교가 버스를 제공하여 귀가하는 제도를 없애는 데 대하여 학생이나 학부모의 저항이 대단히 컸다. 버스로 귀가 및 귀교시켜주는 제도를 믿고 민사고에 진학했는데, 이 제도를 갑자기 없애면 어떻게 하라는 것이냐며 강하게 반발했다. 내 대답은 국내외 어떤 학교도 학교가 버스를 제공하여 단체 귀가시키는 예가 없으며, 예상되는 대형 교통사고를 사전에 예방하기 위한 것이며, 대신에 학교는 원주 버스터미널까지 셔틀버스를 운행하여 학생들의 귀가와 귀교에 지장이 없도록 하는 한편, 횡성휴게소에서 고속버스를 승하차할 수 있도록 추진하겠다고 하였다.

위험부담을 최소화하기 위하여 계란을 한 바구니에 담지 말라는 투자 원칙도 있듯이 대형버스로 학생을 정기적으로 귀가시키지 않겠다는 것이 내 주장이었다. 처음에는 거세게 반발하던 학부모들이 점차 내 설명에 동감하며 수긍했다. 대신 추석 명절과 설 명절만은 버스를 제공해달라고 했다. 그래서 명절 때 2회와 스승의 날에 모교의 스승을 찾아뵙고 인사를 하도록 연 3회 제공하는 것으로 합의했다.

한편 주말에 원주 버스터미널까지 셔틀버스를 한동안 운행하면서 국토해양부에 확인해본 결과, 민사고의 요구를 수용해서 실험적으로 횡성과 또 다른 한 곳을 정해 고속버스 휴게소에서 승하차하는 것을 실시해보겠다고 했다. 처음 국토해양부에 이러한 요청을 하고자 할 때 대부분의 주변 사람들이 실현 불가능할 것이라고 반대 의견을 제시했다. 그러나 나는 해보지도 않고 미리부터 불가능하다고 예단하는 것은 잘못이니 민원을 제기하라고 하면서 민원으로 보낼 내용까지 직접 만들어주었다. 그 핵심 내용은 '민사고 학생들이 귀가할 때 원주 버스터미널까지는 차로 30분이 걸리는데, 횡성 고속버스 휴게소까지는 정문에서 걸어서 10분 정도이다. 따라서 횡성 고속버스 휴게소에서 타고 내릴 수 있도록 조치해주면 좋겠다' 는 것이었다.

국토해양부에서는 실험적으로 실시한 결과 고속버스 휴게소에서 승하차하는 데 아무런 문제가 없고 주민들이나 이용객들로부터 호평을 받았다면서 전국적으로 확대 실시하겠다고 하였다. 물론 학생들이 귀가하고 귀교할 때 고속버스를 이용하는 것이 학교에서 제공하는 버스를 이용하는 것보다 불편할 것이다. 그러나 대형 사고를 예방

한다는 측면에서 보면 잘된 일이라고 할 수 있다. 요즈음에는 학생들이 귀가할 때 타고 오라고 각 지역의 학부모들이 연합해서 버스를 대절하여 학교에 보내기도 하는데 많을 때는 7~8대가 되며, 다른 학생들은 부모의 승용차를 이용하거나 횡성 휴게소에 가서 고속버스를 이용한다. 여하튼 교통편이 좋지 않은 지역에 위치한 민사고에서 할 수 있는 최선의 방법이 고속버스 휴게소에서 마음대로 고속버스를 타고내릴 수 있도록 하는 것이었다.

교원 평가를 반영한
인센티브제도 도입

▪ ▪ ▪

민사고는 과거 수년 동안 매학기 말에 학생들에 의한 강의 평가를 실시해왔다. 평가 방법은 정량적인 방법과 자유롭게 의견을 기술하는 정성적인 방법을 함께 썼다. 그러나 결과는 학교 운영개선에 반영하거나 강의 방법을 개선하는 데 적극적으로 활용되지 못했다. 그래서 교원평가를 다양한 방법으로 실시하고, 그 결과를 교원 보수에 적극 반영할 목적으로 〈민족사관고등학교 교원업적주의 보수제도 도입 방안 연구〉를 외부 전문가에게 용역 의뢰하여 연구보고서를 출판했다(2009. 3). 연구보고서의 내용과 결과를 중심으로 민사고 교사 전체를 대상으로 정책토론회를 개최하고 찬반 토론을 할 수 있도록 하였다. 그리고 2010년 2월부터 본격적으로 인센티브제도를 도입·운영할 목적으로 교원 업적주의 보수제도 평가 관련 규정과 시행세칙을 제정하였다. 평가 영역은 자질 및 태도 평가 영역과 근무실적 및 근무

수행능력 평가 영역으로 구분하고, 평가자는 학생, 동료교사, 수석교사, 대표 Advisor, 부장, 교장단으로 했다.

인센티브제도는 교사의 직무수행성과를 장려금 결정의 기준으로 삼아 열심히 일하는 경쟁력 있는 교원에게 금전적인 보상을 함으로써, 보다 적극적으로 교수 학습 방법을 개선하여 수업의 질적 수준을 더욱 높이려는 동기와 의욕을 고취하고자 하는 것이다. 즉, 열심히 가르치고 일하는 교사가 우대받는 학교 풍토를 조성하기 위한 것이다.

처음에는 평가 결과 열등한 교사의 보수를 삭감하여 우수한 교사에게 인센티브로 주는 것으로 오해하고 반대하는 교사들이 있었다. 그러나 교사의 현행 보수를 그대로 유지하면서 별도의 예산을 마련하여 우수한 교사에게 주는 것임을 이해시켜 모든 교사의 합의를 이끌어냈다. 그래서 학교는 1억 원의 예산을 별도로 확보하여 8,000만 원은 교사들에게, 2,000만 원은 행정직원들에게 평가 결과에 따라서 차등적으로 인센티브를 지급하게 되었다.

매학기 교원 평가 결과는 본인에게 전달되는데, 여기에는 자신이 전체 교사 중 몇 퍼센트에 속하는지를 알 수 있게 순위를 퍼센트로 제시하고, 학생들이 자유롭게 기술한 평가를 가감 없이 그대로 전달한다. 그리고 평가에서 낮은 점수를 받은 교사에게는 의무적으로 수업 컨설팅을 받도록 했다. 수업 컨설팅은 서울대학교 교수학습개발센터(CTL)의 협력을 받아 진행되고 있는데, 교사가 자신의 수업을 녹화해서 서울대학교에 보내면 CTL의 전문가가 이를 분석한 후 그 결과를 가지고 교사에게 지도와 조언을 하는 식으로 하고 있다. 또한 평가에서 낮은 점수를 받은 교사에게는 교장단이 수업을 직접 참관하여 지도와 조언을 하기도 한다.

  업적주의 보수제도와는 별도로 수습 기간 중에 있는 신규채용 교사와 계약제 교사의 경우에는 정기적으로 교장단이 강의를 참관하여 강의를 평가하고, 학과 수석교사와 학과 교사들의 평가를 근거로 재계약 여부를 결정하게 된다. 반면에 평가에서 우수한 성적을 받은 교사에게는 전체 교사를 대상으로 연구수업을 하거나 자신만의 특별한 교수 방법을 공개토록 함으로써 수업의 내용과 방법 개선을 위한 풍토를 조성하고, 교내장학과 동료장학이 자연적으로 이루어지도록 하고 있다.

G-20 High School에
정식 가입하기까지

■■■

민족사관고등학교는 1996년 개교 이래 학교 발전의 기반을 조성하는 데 심혈을 기울이느라 외부 기관과의 협력관계를 체결하고 인적 교류를 추진할 여력이 없었다. 그래서 2008년까지 자매결연을 하고 교류를 실시한 기관이 세 곳에 불과했다. 1997년 10월 9일에 공군 제8 전투비행단과 자매결연을 하고, 2006년 11월 8일에 몽골의 Secondary School No.2 of Kharkhorin과의 자매결연, 2007년 3월 20일에 문무대왕함과의 자매결연이 전부였다. 나는 학교장 취임사에서 학교의 국제경쟁력을 제고시키겠다고 했다. 우리 학생들의 활동무대가 국내로부터 세계로 확대되고 있으므로 세계표준에 부합하는 교육프로그램을 제공하고, 외국 교육기관과의 교류·협력을 보다 강화하겠다고 표명한 바 있다.

제일 먼저 MOU를 체결한 곳은 싱가포르의 명문학교인 Raffles

G-20 High School의 교장단

Institute였다. 2009년 5월에 서명한 협정은 양교 간 교류·협력을 핵심으로 한 것이었으며, 그 후에 양교의 학생과 교사가 교차 방문하여 상호 이해를 증진하기도 했다. 2010년에는 미국의 Phillips Exeter Academy, Choate Rosemary Hall, Lawrenceville School과 캐나다의 Havergal College, Bishop Strachan School를 방문하여 교류·협력을 위한 MOU 협정을 제안하였으며, 특히 캐나다의 Havergal College는 나의 제안에 적극 찬동하여 방문 당일에 우리 학교와의 MOU를 체결하였다. 2011년에는 영국의 유명 사립고등학교인 Eton College, Tonbridge School, Radley Colledge, Benenden School, St Paul's School을 방문하여 상호 이해와 협력을 제안하였다.

교류·협력은 외국의 학교뿐 아니라 국내의 교육기관과도 필요한 것이다. 특히 민사고가 위치한 강원도의 학교들과도 MOU를 체결할 필요성이 있어서 강원도 교육청을 설득하여 강원도 내 특수한 성격을 지닌 세 학교, 즉 민사고, 강원과학고, 강원외국어고등학와의 3자 간 교육 교류협력을 체결하였고, 한국과학영재학교와는 체육 교류를 제안하여 2011년 6월에 제1회 체육교류전을 개최하였다. 또한 2012년에는 본교와 강원도청 간 '동해안권 경제자유구역 개발을 위한 MOU'를 체결하였으며, 제3기갑여단과도 MOU를 체결하였다. 민사고는 공군, 해군과는 오래 전에 자매결연을 맺은 바 있어 이번에 육군과 MOU를 체결하게 됨으로써 육·해·공의 삼군과 결연을 맺은 셈이다.

민사고가 그간 이룩한 교육성과와 적극적이고도 능동적인 국제 교류·협력정책은 외국의 명문학교들로부터 높은 평가를 받아 2012년 4월에 민사고는 세계 명문학교의 집합체인 G-20 High School의 정식회원으로 가입하는 성취를 이뤘다.

14년간 방치됐던 여학생 기숙사 완공

■ ■ ■

　민족사관고등학교는 남녀공학의 완전 기숙형 사립학교로서 학생 수용 능력을 확충하기 위해 1996년부터 남녀 기숙사를 신축하던 중 IMF 외환위기를 맞았다. 이때 학교 설립자가 운영하던 파스퇴르회사가 부도로 매각됨으로써 부득이 남학생 기숙사만을 2000년에 완공하여 남녀 학생이 층을 달리하여 함께 사용해오고 있다. 여학생 기숙사는 1998년에 5층까지 골조 공사만 마친 상태에서 현재까지 14년간 방치된 상태였다.

　이로 인해 청소년기에 있는 학생들의 생활지도 및 면학 분위기 조성에 많은 어려움을 겪고 있으며, 학생 수용 능력의 한계로 규모의 경제를 실현할 수 없을 뿐만 아니라 입시에서 어느 한 성별의 우수한 학생이 많아도 수용 인원의 한계에 직면하여 우수학생을 탈락시킬 수밖에 없는 상황이었다. 특히나 학교 교문을 들어오면서 공사가 중단된 흉물스러운 모습을 보게 되어 마치 민사고 전체가 활기를 잃고 퇴보하는 것 같은 인상을 줄 수 있어 보기가 좋지 않았다. 공사가 중단된 건물을 더 이상 방치하면 건물의 안전성에도 문제가 발생하여 건물을 철거해야 할 것이고, 만일에 건물을 철거하면 그간의 매몰 경비를 포기해야 하는 것이라 여간 고민이 많았다.

나는 공사가 중단된 여학생 기숙사를 철거하기보다는 빠른 시일 내에 완공해야 할 필요가 있다고 판단하고, 이를 완공하기 위한 계획을 수립하였다. 우선 기숙사 완공을 위해서 학교가 자구적인 노력을 경주하고 그 결과를 가지고 학부모들로부터 기부금을 모금하고, 지방자치단체와 중앙정부에 지원을 요청하는 전략을 수립했다. 그래서 제일 먼저 착수한 것이 법인 사무국에 기부금 확보 전담인력(Fund-raiser)을 확보하고, 교직원을 대상으로 한 기부금 모금이었다.

민사고 교사들은 당초에 공립학교 교사 봉급의 두 배를 받고 있었는데 IMF 외환위기 때 몇 달씩 봉급을 받지 못한데다, 외환위기 후에는 공립학교 교사 봉급의 1.5배로 감액되어 여유롭지 않았다. 이처럼 가까운 과거에 이미 봉급을 받지 못했거나 감액되었는데 다시 매달 여학생 기숙사 완공을 위한 기부금을 내달라고 하니 쉽게 동의를 얻기 힘들었다. 그러나 여학생 기숙사 완공의 필요성을 재차 강조하고, 교직원이 먼저 기부금을 내야 학부모나 정부에 지원을 요청할 수 있다고 설득한 끝에 전 교직원이 2년간 매달 봉급에서 일정율의 금액을 기부금으로 공제하는 데 서명했다.

한편 강원도청과 강원도 교육청에도 여학생 기숙사 완공을 위한 재정 지원을 지속적으로 요청하고, 청와대 교육문화 수석에게도 여

학생 기숙사 완공의 필요성을 설명하면서 지원을 요청했다. 이러한 재정 지원 요청에 대해 강원도청은 2005년 3월과 2009년 4월 두 차례에 걸쳐 기숙사 완공 사업비 총액의 20~25퍼센트를 지원하겠다는 약속의 공문을 보내온 바 있다. 그리고 교육과학기술부에도 지방자치단체가 재정지원을 약속하였는데 중앙 정부에서도 지원해주어야 하는 것이 이치에 맞지 않으냐고 수차례에 걸쳐 설명과 설득을 했다. 또 학부모를 대상으로 기부금을 모금하기 위해 민족사관고등학교 후원 음악회를 개최하기도 했다.

이와 같이 다양한 활동을 전개한 결과 교직원으로부터 1억 4천만 원을 모금했고, 후원 음악회를 통해 학부모들로부터 3억 원을 확보하였다. 또한 2011년 7월 1일에 교육과학기술부로부터 지방교육재정특별교부금 21억 원을 확보하는 성과를 올렸다. 그러나 두 차례에 걸쳐서 기숙사 공사비의 일정률을 지원하겠다고 공문으로 약속한 강원도청은 평창 동계올림픽 준비에 필요한 예산이 부족하다는 이유로 예산 지원에 소극적이었다. 그래서 2012년 3월, 다시 강원도지사를 만나서 재정지원을 재차 요청하였다. 이 자리에서 지사는 도교육청과 협의해서 지원을 모색하는 한편 기금으로부터의 지원이나 후원기업을 연결해주는 등의 구체적인 방안을 강구토록 함께 동석한 도청 관계자에게 분명히 지시하였다. 그러나 시간이 지나도 지사의 약속과 지시가 이행되지 않아 어쩔 수 없이 민사고는 기존에 확보한 예산만으로 기숙사 완공 계획을 세웠다.

교육과학기술부로부터 지원받은 지방교육재정특별교부금은 2년 내에 집행하지 못하면 반환해야 하므로 부득이 예산 범위 내에서 기숙사 완공 사업을 추진할 수밖에 없었다. 따라서 당초에 계획했던 8층까지의 완공을 수정해서 5층까지 중간 마무리를 하고 나머지는 향후 예산이 확보되면 8층까지 완공하는 것으로 하였다.

　공사를 재개하기 위해 우선 14년간 방치되었던 골조공사의 안전진단을 철저히 하고, 5층까지 중간 마무리를 위한 설계를 다시 하고, 입찰공고를 하였다. 2012년 12월 말 경에 공사업체를 선정하고 공사계약을 체결하였으나 공사 시작은 다음 해 봄에 하는 것으로 하였다. 이번 여학생 기숙사 완공 사업을 통해 건설공사 경험자가 없는 단위학교에서 학교 건물을 증축하거나 신축한다는 것이 얼마나 힘든 일인지를 몸소 체험하며 느낀 바가 많았다.

| 에필로그 |

청소년들이여, 용감해라

■ ■ ■

아직도 여러분에게 결정된 것은 아무것도 없다. 이제 여러분은 출발점에 서 있다. 어느 누구도 여러분보다 앞서 있거나 뒤처져 있지 않다. 여러분 앞에는 어떠한 장벽이나 방해물도 없으며, 제약도 없다. 만일에 그런 것이 있다면 그것은 여러분 스스로가 지레짐작해서 만들어 놓은 가상의 것이다. 여러분은 지금부터가 시작이고 서서히 무엇인가를 해야 한다. 이제 여러분이 무엇을 위해 무슨 일을 하느냐에 따라서 인생의 향방이 결정되고, 도달하는 목표지점이 달라진다.

인간을 창조한 조물주는 인간에게 가장 중요한 세 가지를 아주 공평하게 주었다. 그 세 가지는 시간, 자기 결정권, 노력에 대한 보상이다. 사람들은 누구나 이 세 가지를 공평하게 부여받았기에 자기 자신에 대해 전적으로 책임을 져야 하는 것이다. 조물주가 우리에게 준 이 보물을 어떻게 관리하고 쓰느냐에 따라서 큰 사람 혹은 작은 사람이 될 수도 있으며, 인류 역사에 길이 기억된 훌륭한 사람 혹은 평범한 사람이 될 수도 있다. 그것은 온전히 청소년 여러분의 선택과 마음 자세에 달려 있는 것이다. 창조주는 모든 사람 앞에 놓인 백지 위에 시간, 자기 결정권, 노력에 대한 보상을 올려놓았다. 여러분은 이것을 어떻게 쓸 것인가?

모든 사람에게 주어진 시간은 동일하다. 하루 24시간, 일주일 7일, 한 달 30일 혹은 31일, 1년 365일, 그리고 유아기-청소년기-장년기-노년기로 이어지는 인생행로는 누구에게나 똑같다. 누구의 시간은 길고 누구의 시간은 짧을 수 없고, 누구에게는 하루에 해가 두 번 뜰 수가 없다. 누구는 유아기가 길고 청소년기를 건너뛰어 곧바로 장년기로 갈 수 없다. 인간의 수명도 당초에 조물주가 주기는 120년을 주었는데 인간이 관리를 잘못해서 평균 80년 정도를 산다고 한다. 모든 게 최첨단으로 변해가는 요즘, 평균 수명 100세 시대에 접어들었다고 하는데, 어쨌든 인생을 짧게 살 것인가 혹은 길게 살 것인가도 순전히 자신에게 달려 있는 것이다.

시간의 단위가 농경사회에서는 '계절'이었고, 산업사회에서는 '시간'이었는데 정보화 사회에서는 '초'로 바뀌었다. 컴퓨터 모니터 화면에서 커서가 초단위로 깜박거리며 인간을 협박하고 있다. 현대 사회가 너무 빠르게 변화하고 생활이 고속도로를 달리는 것 같아서 반작용으로 'slow city' 같은 것이 생겨나기도 한다. 시간을 계절 단위로 관리할 것이냐 시간 단위 혹은 초 단위로 관리할 것이냐는 여러분이 결정할 문제로서 그리 중요하지 않다. 그런데 가진 것이 시간밖에 없다는 식으로 아무런 계획 없이 시간을 낭비할 것이냐, 아니면 빈틈 없는 계획을 세워서 철저히 관리할 것이냐는 대단히 중요하다.

누구에게나 주어진 똑같은 시간을 어떻게 효율적으로 활용하느냐에 따라서 성공과 실패가 결정되는 것이다. 하루 24시간을 30시간으로 늘려서 쓰는 사람이 있는가 하면 10시간으로 줄여서 쓰는 사람이 있다. 한 번 흘러간 시간은 되돌릴 수가 없다. 시간을 천금같이 아껴 쓰는 사람이 있는가 하면 아무런 의미 없이 흥청망청 탕진하는 사람이 있다. 1분 1초의 짧은 시간이라고 해서, 자투리 시간이라고 해서 가볍게 여기고 낭비하면 훗날 크게 후회한다. "티끌모아 태산"이라고 하지 않았던가? 청소년 여러분에게 정말로 중요한 것은 돈이 아니라 시간이라는 것을 유념하기 바란다. 공부를 잘하는 학생은 머리가 좋아서 잘하는 것이 아니라 시간을 효율적으로 사용하기 때문에 잘하는 것이다.

우리가 조물주에게 받은 두 번째의 보물은 자기 결정권이다. 이는 자기 선택권이라고도 할 수 있다. 어느 부모에게서 태어날 것이냐를 자신이 결정할 수 있는 사람은 한 사람도 없다. 또 유아기에 어느 곳에 살면서 어느 유치원을 다니고, 초등학교를 다닐 것이냐를 자신이 결정하는 아이도 없다. 그러나 점차 나이가 들어 청소년기로 접어들면서 부모가 나를 대신해 결정해주는 일이 줄어들고 자기 스스로 결정할 영역이 점차 확대된다. 중학생이 되고 고등학생이 되면서 자신이 결정할 일이 갑자기 넓어져서 불안을 느끼는 경우도 있다. "차라리 부모가 결정해주면 마음이 편할 텐데, 혹은 선생님이 정해주거나 형 또는 누나가 선택해주면 좋을 텐데" 하는 생각이 들 때도 있을 것이다. 그러나 부모나 선생님 혹은 형제자매는 내 인생을 대신 살 수 없는 제3자라는 사실을 알아야 한다. 따라서 부모나 선생님, 또는 가까운 사람들의 충고나 자문을 경청은 하되 그대로 따르려고 하지 말기 바란다. 자신의 인생은 자신이 책임지고 사는 것이지 누가 대신 살아주는 것이 아니라는 사실을 결코 잊지 말기 바란다.

독립적으로 결정하고 선택하는 일은 빠르면 빠를수록 좋다고 본다. 특히 청소년들에게 가장 큰 관심사인 진학 선택과 진로 결정이 그렇다. 자신이 어느 방향으로 갈지를 모르고 방황하는 시간이 길면 길수록 시간과 정력을 낭비하고 실패할 가능성이 높다. 학교를 선택하여 입학하고 생활하는 것도 자신이며, 공부를 하는 것도 자신이지 결코 부모나 형제자매가 아닌 것이다. 자신이 미래에 어떤 일을 하며 어떻게 살 것인가에 따라서 전공 영역을 선택하고 대학을 선택하는 것이지 누가 추천해준다고 해서 혹은 부모가 좋아하지 않는다고 해서 자신의 애초 계획을 바꾼다면 그때부터 후회스러운 인생길이 시작되는 것이다.

나 아닌 그 어떤 누구를 위해서 살 생각은 버려야 할 것이다. 인생은 생방송과 같아서 결코 두 번 다시 반복할 수 없는 것이다. 철저히 자신이 계획한 길을 따라서 준비하고 달려가야 한다. 대학에 들어가서 전공학과나 영역을 잘못 택했다고 후회하며 전과를 심각하게 고려하며 갈등을 겪는 일이 없도록 하기 위해서는 철저히 자기 위주로 결정하기 바란다. 누구를 위해서가 아닌 나 자신을 위한 길을 찾기 바란다.

  과학자가 될 것이냐, 정치가가 될 것이냐 혹은 자선 사업가가 될 것이냐를 결정하는 것은 여러분 자신이지 친구도 부모도 아니다. 무엇을 하며 어떻게 사는 것이 가치 있는 것이냐는 각자의 인생관과 가치관에 따라 다르다. 무슨 일을 하던 간에 자신이 만족할 수 있고 자신이 높고 깊은 의미를 부여할 수 있으면 그것이 바로 성공적인 인생을 사는 것이다. 인생의 성공과 실패를 판단하는 기준은 자신에게 있는 것이지 타인에게 있는 것이 아니다. 남에게 보이기 위한 삶보다는 자신이 만족하며 행복을 느낄 수 있는 삶이 진정한 성공이다.

  우리 인생은 결코 길지 않기 때문에 남의 눈치를 보며 다른 사람이 어떻게 생각할 것인가를 걱정할 시간적인 여유가 없다. 자신만을 위해서 자신이 좋아하고 가치를 부여한 일을 열정을 다하여 힘차게 밀고 나가기 바란다. 혹시 넘어지면 그 자리에서 다시 일어나서 용기 있게 재도전하라. 분명 실패에서 배우는 바가 있으니 걱정할 필요가 없다. 그래서 과학에서는 실패라고 말하지 않고 실험이라고 말한다.

  조물주가 인간에게 공정하게 배분해준 것 중 가장 중요한 것은 바로 노력에 대한 보상이다. 같은 노력에 대하여는 같은 보상을 주고 다른 노력에 대하여는 다른 보상을 준다. 조물주는 절대로 이 분배 방식을 위배해서 누구에게는 더 보상하고 누구에게는 덜 보상하는 일이 없다. 가끔 이런 생각을 할 수도 있다. 옆의 친구는 나보다 덜 공부했는데 좋은 성적을 받았고, 다른 사람 못지않게 열심히 일했는데 나는 실패만을 반복하고 있다고 불평할 수도 있다. 과연 그럴까? 성공하고 있는 사람을 보면서 또는 성공한 사람을 보면서 "참 힘들이지 않고 쉽게 성공하네."라고 할 수도 있다. 왜냐하면 성공한 사람의 노력과 과정을 보지 않고 결과만 보고 평가하기 때문이다. 열 길을 파야 깨끗한 물을 얻을 수 있지 고작 한 길을 파고 깨끗한 물을 얻고자 한다면 이는 봄에 씨를 뿌리지도 않고 가을에 수확을 하고자 하는 것과 같은 것이다.

높은 뜻을 세웠으면 그것을 달성하기 위한 노력을 해야 한다. 학기 말 시험에서 좋은 성적을 받기를 원한다면 열심히 공부해야 한다. 자신이 원하는 좋은 대학에 입학하고자 한다면 실력을 향상시켜야 한다. 올림픽 경기에서 금메달을 따고자 한다면 다른 선수보다 많은 땀을 흘리며 기량을 향상시켜야 한다. 아무런 노력 없이 좋은 결과를 기대한다는 것은 공짜로 값 비싼 물건을 얻겠다는 것과 별반 다르지 않다. 비싼 가격을 지불해야 좋은 상품을 구입할 수 있듯이 좋은 결과를 얻으려면 그에 상응하는 시간과 노력을 투자해야 하는 것이다.

"뜻이 있는 곳에 길이 있다"고 하듯이 불가능은 없다. 단지 어떤 일이 가능할 수 있도록 하는 데 필요한 노력이 부족했기 때문에 그 일이 불가능했던 것이다. "시작이 반이다"라고 하지 않는가. 청소년들이여, 지금 바로 여러분의 뜻을 실현하기 위한 행동을 시작하라. 조물주께서는 노력한 만큼 보상해주기 위하여 항상 여러분 옆에 대기하고 있다.

꿈에는 가격이 없다. 높고 큰 꿈은 비싸고 낮고 작은 꿈은 싼 것이 아니다. 모두 공짜다. 따라서 기왕이면 높고 큰 꿈을 갖기 바란다. 오늘 여러분의 꿈이 여러분의 내일을 결정한다. 마음속에 새겨진 꿈을 크게 써서 책상 앞에 붙여라. 그리고 그 꿈을 실현하기 위하여 용감히 도전하라. 여러분의 그 간절한 꿈은 반드시 이뤄질 것이다.

청소년들에게 이렇게 자신 있게 강력히 권고하지만 나에게는 아직도 못 이룬 소박한 꿈이 있음을 고백한다. 내 꿈은 이러하다. 한적한 시골에 그리 크지 않아도 마음에 드는 집을 지어 마당에는 잔디를 깔고, 보기 좋은 관상수와 유실수를 심고, 채마전에 채소도 심고 싶다. 베란다에는 파라솔을 꽂을 수 있는 야외용 탁자가 놓여서 읽고 싶은 책도 읽고, 가끔은 커피나 와인도 함께할 수 있었으면 좋겠다.

마당 주변에는 꽃이 아름다운 복숭아나무, 살구나무, 배나무, 사과나무, 앵두나무 등과 열매가 아름다운 모과나무, 감나무, 대추나무 등을 심어서 이른 봄부터 늦가을까지 화사한 꽃과 과일을 바라볼 수 있도록 하고, 마당의 적당한 곳에 백목련과 자목련, 철쭉, 진달래, 개나리, 라일락을 심고, 집 대문 옆에는 능소화나무와 목백일홍을 심어서 한여름에도 아름다운 꽃이 피고 지는 모습을 볼 수 있으면 좋겠다. 화단에는 백일홍, 봉숭아꽃, 맨드라미, 과꽃, 분꽃, 접시꽃, 금송화, 파초, 모란꽃, 채송화 등이 매년 정겹게 경쟁하면서 꽃을 피웠으면 좋겠다. 이렇게 못다 이룬 남은 꿈이 있어야 내세에서 할 일이 있다고 스스로 위로해본다.